KB119263

매우 예민한 사람들을 위한 상담소

매우 예민한

사람들을
위한
상담소

전홍진 지음

한겨레출판

차
례

1부 불안편   35
"걱정이 꼬리에 꼬리를 물어 잠이 안 와요"

2부 우울편   113
"무엇 때문에 살아야 하는지 모르겠어요"

3부 트라우마편   197
"잊고 싶은 기억이 자꾸 떠올라요"

4부 분노편   265
"이유 없이 화가 나고 감정조절이 안 돼요"

5부 실전편
예민함을 나만의 장점으로 만들어보자   333

저는 대학병원에 근무하는 정신건강의학과 전문의입니다. 지금까지 20년을 넘게 우울증 환자를 진료하면서 1년에 1만 명 가까운 환자들을 만났습니다. 그분들의 사연을 들으며 TV나 영화에서 나오는 일들이 실제로도 일어난다는 사실을 알게 되었습니다. 그분들에게 제가 우울증이라는 하나의 진단을 내리는 경우라도 사실 한 분도 같은 사연을 가진 분은 없습니다. 증상의 호전도 중요하지만 그 사람을 이해하고 방향을 제시하는 것이 치료의 중요한 핵심이 됩니다.

'매우 예민한 사람들'은 보통 사람들보다 작은 일에도 쉽게 예민해지고 별것 아닌 일로 넘기지 못하는 분들입니다. 예민한 사람들이 다 우울증이 오는 것은 아니며 자신의 분야에서 성공한 분들도 많습니다. 다만 그러기 위해서는 자신의 예민성을 잘 다루는 방법을 터득해야 합니다. 이분들은 누가 알려준 것이 아니고 스스로 고생하면서 시행착오를 통해 알게된 경우가 많습니다. 예민하지만 성공한 분들도 어려움을 겪게 되면 다른 분들처럼 우울증·불안증·불면증이 오기 쉽습니다. 제가 글을 쓰게 된 이유는 예민한 분들이 자신의 마음을 스스로 잘 다룰 수 있도록 도움을 드리기 위해서입니다.

3년 전에 《매우 예민한 사람들을 위한 책》을 출판했고 정말 많은 관심을 받았습니다. 그 후 〈한겨레〉에서 〈전홍진의 예민과 둔감 사이〉라는 칼럼을 연재한 지 3년이 되었습니다. 이 책은 칼럼을 바탕으로 그간의 생각들을 모으고 거기에 살을 붙여 세상에 내놓게 된 것입니다. 이번에도 독자분들에게 예민한 마음에 도움을 주는 책을 한 권 선물해드리고 싶다는 생각에 준비하게 되었습니다. 편안한 소파에 앉아 따뜻한 아메리카노 한잔을 마시며 다양한 사연을 가진 분들의 사례 이야기를 들려드리는 것으로 생각해주시면 됩니다.

이 책에는 심각한 증상이 있는 환자들의 사례는 싣지 않았습니다. 부담 없는 내용을 쉽게 접할 수 있도록 우리 주변에서 흔히 볼 수 있는 예민한 분들의 이야기를 썼습니다. 이

글을 읽고 나서 자신과는 전혀 다른 이야기라고 생각하실 분들도 있을 것 같습니다. 하지만 주위에 '이렇게 예민한 사람들이 많구나' 생각하며 읽어주시면 다른 사람들을 이해하는 데 큰 도움이 될 것입니다.

개인별로 자세한 것은 반드시 정신건강의학과 전문의와의 진료와 상담을 통해서 파악해야 합니다. 책의 내용을 통해 자신에 대한 진단이나 의학적 판단을 하지 않도록 부탁드립니다. 책을 읽으며 자신이나 배우자, 친구, 가족의 예민성에 대해 바라보는 시각을 넓히면 좋겠습니다.

책에 나오는 사례들은 특정인을 지칭하지 않으며 이해를 돕기 위해 여러 경우를 통합해서 만들었습니다. 사례들은 모두 가명을 쓴 것임을 밝힙니다.

제가 일하는 삼성서울병원과 성균관대학교의 모든 분들과 제가 교원창업한 디지털 의료기기 및 디지털 치료제 개발 ㈜메디트릭스의 직원들, 제 랩의 연구원들께 이 책을 빌어 감사하다고 말씀드리고 싶습니다. 그리고 책의 출판에 큰 도움을 주신 한겨레출판 김진주 편집자님께 감사합니다. 선생님의 도움이 없었다면 이 책이 세상에 나오지 않았을 것입니다.

제가 진료하는 모든 분들과 그 가족들이 항상 건강하고 행복하게 지내도록 항상 기원하고 노력하고 있습니다. 그리고 예민함으로 힘들어하는 분들이 잘 지내시는 데 이 책이 도움이 되기를 기원합니다.

아내와 두 딸에게도 깊은 감사를 드립니다.

2023년 6월

전홍진

예민한 사람을 위한 연구

코로나 팬데믹이 시작되던 2020년 7월 첫 책이 출간된 뒤 매우 큰 관심을 받게 되었습니다. 사실 저나 출판사도 책이 그 정도로 잘 되리라고는 예측하지 못했습니다. 왜냐하면 저는 '정신의학에 대한 내용에 일반인이 관심이 있을까' 하는 의구심이 있었기 때문입니다. 그러다 책이 출간된 지 얼마 안 되어 잘 알려지지 않았을 때 '최인아책방'의 최인아 대표님과 인터뷰하며 나눴던 이야기들이 아직도 기억납니다. "사람들이 예민성에 관심이 높아진 이유는 정신질환까지는 아니지만 평소에 예민한 특성이 있고, 도움을 받기를 원하는 분들이 많다는 반증입니다. 교수님이 독자들에게 자신의 예민한 특성을 이해하고 잘 관리하면 오히려 장점으로 활용될 수도 있다고 알려주시는 게 큰 의미가 있어 보입니다." 최인아 대표님의 이 이야기는 그 후 저에게 큰 도움이 되었습니다. 특히 사례 위주로 제시한 글들이 자신이나 가족·주위 사람들을 대입해서 생각하고 이해하는 데 도움이 된다는 사실을 알 수 있었습니다.

사람들 중에는 우울증이 오기 전에 매우 예민한 상태에 있는 경우가 많습니다. 자신의 예민성을 잘 관리해서 우울증이 발생하지 않도록 하는 것이 도움이 됩니다. 특히, 어린 시절에 트라우마를 겪은 분들, 가족이 오히려 도움이 되지 않는 분들, 대인관계가 잘 되지 않는 분들은 하나같이 예민한 특성을 가진 경우가 많습니다. 이분들이 어떤 정신적·신체적 문제로 인해 우울증이 발생하게 되는 경우가 많습니다.

그동안 12개 병원에서 176명의 대상자에게 '매우 예민한 사람'을 평가하는 설문을 적용한 연구가 완료되었습니다. 이 척도에서 "예"가 13개 이상이면 매우 예민한 사람으로 평가됩니다(표 1).[1]

표 1. 자신이 매우 예민한 사람인지 스스로 평가해보세요

	예	아니오
1. 배우자(친구)가 한 사소한 말에도 쉽게 화가 난다.		
2. 사람들이 많은 곳에 가면 답답하다.		
3. 층간소음에 민감하다.		
4. 밤에 잠이 오지 않아 다음 날 힘든 경우가 많다.		
5. 끔찍한 영화나 TV를 보지 못한다.		
6. 드라마나 영화를 보고 눈물을 흘린다.		
7. 다른 사람들에게 폐를 끼치지 않는지 항상 걱정한다.		
8. 다른 사람들에게 싫은 소리를 하지 못한다.		
9. 먼 미래의 일까지 미리 걱정한다.		
10. 큰 병이 있지 않을까 불안하다.		
11. 사람들에게 소심하다는 이야기를 자주 듣는다.		
12. 문단속·가스 불·지갑이 제대로 있는지 여러 번 확인한다.		
13. 운전을 할 때 사고가 나지 않을까 지나치게 걱정한다.		
14. 항상 긴장 속에 사는 것 같다.		
15. 중요한 일을 앞두고 설사나 변비에 시달린다.		
16. 밤에 무서워서 TV를 틀거나 불을 켜고 잔다.		
17. 사람들과 눈을 잘 맞추지 못한다.		
18. 긴장을 하면 호흡이 잘 되지 않는 경우가 많다.		
19. 감정 기복이 심하다.		
20. 쉽게 죽고 싶은 생각이 든다.		
21. 걱정이 꼬리에 꼬리를 물고 계속된다.		
22. 여러 사람들 앞에 서는 것을 피한다.		
23. 자신을 싫어하는 사람이 있는 상황을 견디지 못한다.		
24. 시험, 발표에서 항상 평소보다 실수를 한다.		
25. 권위적인 사람과 함께 있는 것이 불편하다.		
26. 약을 먹지 않으면 불안해서 견딜 수 없다.		
27. 가족이 늦게 들어오면 사고가 난 것 같아 불안하다.		
28. 배우자가 바람을 피울 것 같은 생각이 든다(또는, 친구가 자신을 배신할 것 같은 생각이 든다).		

* 28문항 중에서 "예"가 13개 이상이면 '매우 예민한 사람'으로 보임

매우 예민한 사람들은 어떤 사람들인가

'예민하다'는 영어로 'sensitive'인데 외부의 자극에 민감하다는 뜻입니다. '매우 예민한 사람들Highly Sensitive Persons, HSP'은 직역하면 '아주 섬세하고 예민한 사람들'인데 의학적인 용어나 질병명은 아닙니다.[2] 2006년 미국의 임상심리학자 일레인 아론 박사가 제시한 개념으로 '외부 자극의 미묘한 차이를 인식하고 자극적인 환경에 쉽게 압도당하는 민감한 신경 시스템을 가진 사람'을 의미합니다.

예민한 사람들이 보는 세상은 덜 예민한 사람들과는 차이가 있습니다. 비교하자면 고성능 카메라와 마이크를 장착하고 매우 복잡한 프로그램이 많이 설치되어 있는 컴퓨터와 같습니다. 남이 보지 못하는 것을 보고 듣지 못하는 소리를 듣고, 생각하지 못하는 것을 생각합니다. 모든 것에 이렇게 예민하면 뇌가 과부하에 걸릴 것입니다.

　매우 예민한 사람들은 특이한 사람들이 아니고 우리가 주위에서 흔히 만날 수 있는 사람들입니다. 배우자일 수도 있고 가족일 수도 있고 주위 동료나 친구일 수도 있습니다. 잘 모르면 이해하기 어렵고 갈등이 생길 수도 있지만, 예민한 사람들은 스스로 자신의 예민성을 잘 다루고 조절할 수만 있으면 오히려 살아가는 데 도움이 될 수도 있습니다.

　주변인들은 매우 예민한 사람들을 보면 뇌 구조가 어떻길래 그렇게 예민한지 한번쯤 생각해보게 됩니다. 다른 사람들 같으면 쉽게 웃고 넘길 이야기도 그렇게 넘기지 못하고 계속 생각하고 힘들어하는 것을 보면 답답하기도 합니다. 밤에 잠을 이루지 못하고 작은 소리에도 깨는 것을 보면 안쓰러운 생각이 들기도 합니다. 왜 이렇게 예민한지 궁금해하지만 이것이 반드시 병적인 것은 아닙니다.

　사실 성공한 사람들 중에도 예민한 사람이 많습니다. 남들이 예사로 보고 넘길 만한 일을 꼼꼼히 따져보고 열심히 생각해보아야만 성공할 수 있기 때문입니다. 하지만, 성공한 분들도 예민한 특성 때문에 쉽게 우울해하고 불안해할 수도 있고 잠을 잘 이루지 못하는 경우도 생깁니다. 매우 예민한 사람들이 잘 지내고 자신의 기능을 잘 발휘하기 위해서는 주위의 도움이 필요한 경우가 많습니다.

타고난 예민한 기질

매우 예민한 사람들은 태어날 때부터 다른 사람들과 차이가 있는 경우도 있습니다. 갓 태어난 신생아 중에서도 쉽게 울고, 밤에 잠을 안 자고, 계속 보채는 경우를 볼 수 있습니다. 건강에 별다른 문제가 없는데도 예민한 것은 타고난 기질 temperament과 관련이 있습니다. 기질은 태어나면서부터 관찰되는 자극에 대한 반응성을 의미하는데, 기질적으로 예민하게 태어나는 사람들이 있습니다. 주위를 보면 어릴 때 많이 보채서 어머니가 키우기 힘든 아기였다는 사람도 있습니다. 이 기질은 유전적인 영향을 받습니다. 결국 부모의 기질을 물려받게 되는 경우가 많습니다.

미국 워싱턴대학교 클로닝거 교수의 기질 및 성격이론[3]에 의하면 기질 유형은 반응 양식에 따라 자극 추구·위험회피·사회적 민감성·인내력 기질로 구성됩니다(그림 1). 이 네 가지 성향은 하나만 있는 것이 아니고 모두 지니고 있는 경우도 있습니다. 이 중 예민한 분들이 지닌 타고난 기질은 위험회피 기

자극 추구
(Novelty Seeking)
: 새롭거나 신기한 자극에 쉽게 끌림

위험회피
(Harm Avoidance)
: 위험하거나 싫어하는
상황에 대해 회피하는
것으로 반응함

사회적 민감성
(Reward Dependence)
: 타인의 표정·감정에
민감하게 반응함

인내력
(Persistence)
: 지속적인 강화가 없어도 한 번
보상된 행동을 꾸준히 지속함

그림 1. 클로닝거 교수의 기질 및 성격이론

질과 사회적 민감성으로 볼 수 있습니다.

위험회피 기질이 있는 아이들은 내성적이고 걱정이 많은 특징이 있습니다. 낯가림이 심하고 낯선 장소에서 쉽게 불안해하고 위협을 느낄 수 있습니다. 어린이집이나 학교를 갈 때 엄마와 떨어지지 않으려고 울고 보채고는 합니다. 이런 위험회피 성향이 높은 사람은 조심성이 많고 주의를 기울이기 때문에 큰 실수를 하는 경우는 많지 않습니다. 하지만 가능성이 낮은 일도 지나치게 주의를 기울이고 사소한 것에 집착하다가 결정이 늦어지는 경우가 많습니다. 이런 사람은 자신이 큰 병에 걸리지 않았는지 과도하게 걱정하는 쪽으로 변하는 경우도 많은데 이러한 상태를 '건강염려증'이라고 합니다. 또한, 위험한 일을 피하기 위해 집에만 머무르는 '집순이·집돌이'가 되기도 합니다.

사회적 민감성의 기질을 가진 아이들은 다른 사람들의 표정이나 감정에 민감합니다. 주변사람들의 칭찬과 인정을 받고 싶은 욕구가 있지만 이것이 잘 되지 않으면 힘들어할 수 있습니다. 야단을 맞지 않으려고 무척 노력하며, 그러기 위해서 부모님이나 윗사람의 표정과 말투를 계속 살피며 눈치를 너무 많이 보게 됩니다. 자신의 주위 사람들의 행동이 자신의 잘못 때문이라고 잘못 해석해 지나친 죄의식을 가지는 경우도 있습니다.

고반응성 아이와 저반응성 아이

미국 하버드대학교 제롬 케이건Jerome Kagan 교수는 20년간 아동 발달 연구를 해온 이 분야의 대가입니다. 그는 태어날 때 보이는 기질이 그 이후 생애의 성격을 결정하는 데 중요한 영향을 준다는 사실을 밝혔습니다. 케이건 교수는 미국 북동부 중산층 가정의 생후 4개월 된 유아 450명을 대상으로 연구를 진행했습니다.[4]

그중 생후 4개월 된 리사와 마저리에게 밝은 색이 칠해진 모빌과 동물 봉제 완구를 얼굴 앞에서 이리저리 움직이고, 사람이 없는데 스피커에서 소리가 나게 했습니다. 희석된 알코올을 면봉에 묻혀 아기들의 코 앞에서 희미한 냄새를 풍겨서 아기들에게 낯선 자극을 주었습니다.[5] 이런 자극에 리사는 이따금씩 옹알거리거나 웃었지만 팔다리를 흔들어대거나 자리에서 몸을 비틀거나 우는 일은 거의 없었습니다. 반대로 마저리는 팔다리를 심하게 흔들고 짜증내거나 울고, 등을 들썩거리는 행동을 반복했습니다. 이 아기들이 16살이 되었을 때 마저리는 매우 예민하고 불안이 많은 사춘기 소녀가 되어 있었고 리사는 느긋하면서도 편안한 성격이 되어 있었다고 합니다.

　　450명의 유아들은 리사와 마저리처럼 두 가지 반응으로 나뉘어 나타났습니다. 20퍼센트의 아이들은 심각하게 울거나 팔다리를 많이 움직이는 '고반응성'을 보였습니다. 40퍼센트의 아이들은 조용하고 차분하며 팔다리를 간간히 움직이는 정도의 '저반응성'을 보였습니다. 나머지 40퍼센트의 아기들은 중간 정도의 반응성을 보였습니다.

　　이후 아이들을 추적 연구했을 때, 고반응성을 보인 아이들은 마저리처럼 불안이 많고 예민한 특성을 나타냈습니다.

이 아이들은 섬세한 감수성을 지니고 내면을 향해 깊은 생각을 하는 특성을 보였습니다. 하지만 부모의 양육이나 성장 환경이 아이에게 갈등을 유발할 때 섬세한 감수성이나 예민한 특성은 보다 심각하게 예민해지고 내적으로 고립되는 양상으로 진행하는 특성을 보였습니다. 케이건 교수는 아이의 예민한 특성에 맞게 환경이나 양육 방식을 잘 설정한다면 타고난 기질을 좋은 방향으로 발전시켜 건강한 성격을 형성하게 할 수 있다고 했습니다.

또한 그는 고반응성인 아이들의 뇌에서 편도체가 쉽게 잘 흥분한다는 사실을 밝혔습니다. 유아 때 고반응성인 아동과 사춘기 청소년들에게 낯선 상황은 편도체를 활성화시키고 대인관계에서 사회적 불안감을 느끼기 쉽게 만든다는 사실을 확인했습니다.

안전기지Secure base의 역할

영식씨는 20대 후반의 남성으로 삼형제 중에 막내입니다. 직장을 다니다가 그만두고 지금은 카페에서 아르바이트를 하고 있습니다. 하룻동안 주로 하는 일은 헬스장에 다니면서 근육을 키우는 일입니다. 별명도 '헬스보이'입니다. 운동으로 다져진 자신의 몸을 찍은 셀카나 영상을 SNS에 올리며 '좋아요'를 받는 것이 그의 큰 기쁨입니다. 대학을 졸업하고 직장에 들어갔지만 팀장과 크게 다투고 그만두었습니다. 그 후로는 다시 회사에 들어갈 생각은 하지 않고 있습니다.

영식씨는 형이 두 명 있는데, 모두 전문의입니다. 영식씨의 아버지는 공무원이었는데 자식들에게 무척 엄한 편이었습니다. 삼형제가 어릴 때 잘못을 하면 아버지에게 회초리를 맞고 심한 경우에는 따귀를 맞기도 했습니다. 특히 영식씨의 아버지는 자식들의 성적에 관심이 많았는데 시험을 봐서 성적이 이전보다 떨어지면 떨어진 점수만큼 회초리를 들었습니다.

영식씨에게 학교를 다니는 것과 시험은 공포의 대상이었습니다. 시험을 마치고 오면 아버지에게 맞지 않을까 하는 두려움이 앞섰습니다. 영식씨는 학교 선생님께도 눈을 잘 맞추지 못하고 항상 긴장을 했습니다. 초등학교 때는 소변을 가리지 못하고 학교에서 바지에 실수를 해 친구들에게 놀림을 받기도 했습니다. 반면에 영식씨의 두 형들은 아버지의 마음에 들기 위해 최선을 다해 공부했고 서로 경쟁을 했습니다. 그래서 아버지에게 맞는 일이 많지 않았습니다. 맞는 것은 영식씨의 몫이었습니다. 영식씨의 어머니는 아이들을 위해 엄격하게 훈육을 해야 한다고 생각했고 영식씨에게 "너는 형들처럼 되려면 멀었다. 왜 아직도 그 모양이니"라며 꾸짖는 일이 잦았습니다.

영식씨는 형들과 다르게 태어날 때부터 위험회피 기질과 사회적 민감성이 높았고, 쉽게 울고 놀라는 '고반응성'의 특성을 보였습니다. 이런 특징을 가진 아이에게 반복적으로 체벌을 하는 것은 아동학대에 해당될 수 있습니다. 영식씨는 어릴 때 체벌로 인한 트라우마가 시간이 지나고도 반복되었습니다. 결국 학교에서의 친구관계나 직장에서의 팀장과의 관계에서도 분노가 쉽게 발생했습니다. 누군가 나를 공격하지 않는지 항상 걱정 속에서 살았습니다. 그는 한 번도 행복하거나 편안하게 살아본 적이 없었습니다.

영식씨는 헬스장에서 운동을 하면 마음이 편해지는 것을 알게 되었습니다 근력 운동으로 몸이 커지면 이상하게 기분이 좋아졌습니다. 영식씨의 마음속에는 맨날 맞고 지내던 왜소한 자신이 있었고 몸을 만들어 그 두려움을 없애보려고 한 것입니다. 헬스장에서 근력 운동을 하는 것이 트라우마로 인해 예민해진 자신을 편안하게 해주는 '안전기지'가 된 것입니다.

남극의 겨울밤에 이글루가 하나 있고 안에는 따뜻한 불

이 켜져 있다고 상상해보세요. 하늘은 별이 가득하고 밖에는 찬바람이 불고 있습니다. 여기에 자신이 혼자 남겨져 있다고 생각해봅시다. 이글루가 없다면 남극을 구경하기는커녕 당장 생존을 걱정해야 할 것입니다. 그 자리에 꼼짝 않고 앉아서 다른 사람들이 자신을 구해주기만을 기다려야 할 것입니다. 남극의 여기저기를 탐험하고 싶은 생각이 들기는 어려울 것입니다.

반면에 따뜻한 불이 켜져 있는 이글루가 있다면 안에 들어가 몸을 녹이고 바람을 피할 수 있습니다. 그러다 날이 밝으면 어디를 가볼까 생각할 수도 있습니다. 나를 보호해주고 생존에 대한 걱정을 하지 않아도 되는 존재가 있다는 것은 큰 힘이 됩니다. 이 이글루가 바로 '안전기지'가 되는 것입니다.

'안전기지'는 영국의 정신과 의사 존 볼비에 의해 제시된 이론[6]으로, 내가 믿고 의지할 수 있으며 함께 있으면 마음이 편안해지는 대상을 의미합니다. 이는 애착을 통해 형성되는데, 애착이란 강하고 지속적인 유대감을 말합니다. 태어나서 1년 동안 유아와 부모의 초기 관계 형성이 애착을 형성하는 첫 번째 중요한 시작이 됩니다. 초기 애착 관계가 잘 형성되면 그 후에 인생에서 맺어지는 대인관계에 도움이 됩니다. 부모를 안전기지로 잘 형성했다면 다른 사람들과 긍정적인 관계를 형성하는 데 좋은 역할을 하게 됩니다.

안전기지는 존 볼비의 '낮선 상황 실험'에서 알 수 있습니다. 먼저 14개월 된 아기와 엄마를 방 안으로 들어오게 한 뒤 아기에게 장난감을 가지고 놀게 합니다. 엄마가 조용히 방을 나가면 아기는 패닉 상태가 되어 장난감은 버려두고 밖으로 나간 엄마를 찾으며 울게 됩니다. 엄마가 돌아와 아기를 안아준 뒤 아기가 정서적으로 안정이 되면 다시 장난감을 가지고 놉니다. 아기는 엄마에게 애착이 형성되어 있고 엄마는 아기의 '안전기지' 역할을 합니다. 안전기지가 없다면 세상을 탐구하지 못하고 자존감이 낮은 항상 예민한 상태가 됩니다. 어머니가 있어도 충분한 애착이 서로 형성되지 않으면 안전기지가 되지 않고 아이는 낮은 자존감에서 벗어나기 힘들게 됩니다.

만화 〈스누피〉에서 보면 스누피의 친구 라이너스가 가지고 다니던 '애착 담요'와 같은 물건도 안전기지가 될 수 있습니다. 영국의 의사인 도널드 위니컷Donald Woods Winnicott 박사는 아기가 스트레스 상황에서나 잠자리에 들 때 또는 엄마로부터 감정적으로 분리해가는 과정에서 일반적으로 부드러운 담요나 장난감 등의 물건을 최초의 소유물로 갖게 되는데, 이를 중간대상Transitional Object이라고 했습니다. 중간대상은 엄마와 아이 사이의 영역에 속하고 엄마가 없어도 아이가 불안해하지 않을 수 있도록 안심시키는 대상이 됩니다.

안전기지가 잘 형성되면 타고난 '고반응성'과 위험회피와 사회적 민감성 기질을 가진 사람들도 자신의 예민성을 스스로 조절하는 데 큰 도움이 됩니다. 일반적으로 안전기지는 부모가 되지만 부모의 성격이 좋지 않거나 불화가 있다면 안전기지의 역할을 못하게 될 수도 있습니다. 하지만 좌절할 필요는 없습니다. 이제부터라도 자신의 안전기지를 만들어가면 어릴 때 부모님이 해주지 못했던 역할을 대신할 수 있습니다. 반려자가 그 역할을 할 수 있으면 가장 좋지만 그도 아니면 직업이 그 역할을 할 수도 있습니다. 그렇지 않다면 친구나 담당 의사·취미활동·반려동물도 가능합니다. 하지만 자신의 안전기지가 하나도 없다면 자신의 예민성을 조절하는 데 어려움을 겪게 됩니다.

적당한 좌절optimal frustration의 역할

민영씨는 20대 후반의 여성입니다. 그는 중소기업에서 마케팅을 담당하고 있습니다. 그는 명품 가방이나 액세서리를 사는 것으로 월급의 대부분을 소비하고 있습니다. 신상이 나오면 오픈런을 해서라도 반드시 손에 넣어야 합니다. 새로 산 물건을 예쁘게 걸치고 셀카를 찍은 다음 SNS에 올리는 것이 민영씨에게는 가장 즐거운 일입니다. 요즘에는 골프를 배우고 있습니다. 예쁜 골프웨어를 입고 그린에서 스윙하는 것을 사진을 찍어 SNS에 공유합니다. 민영씨의 수입으로는 감당이 잘 되지 않는 상황이지만 마이너스 통장을 만들어서 결재를 하고 있습니다.

민영씨는 중고등학교 시절부터 자신이 친구들에게 무시당한다는 생각을 많이 해왔습니다. 친구들은 좋은 옷을 입고 맛있는 반찬을 먹는데 민영씨는 집안 사정이 좋지 못했습니다. 부모님은 시장에서 장사를 하고 계셨는데 민영씨는 친구들이 그 사실을 알게 될까봐 무척 신경이 쓰였습니다. 그래서 일부러 시장 근처에는 가지도 않았고 친구들에게는 부모님이 큰 사업을 하고 계신다고 이야기했습니다. 그는 친구들이 자신을 부르지 않거나 인사를 하지 않으면 자기 집의 사정을 알고 무시하는 게 아닌가 걱정이 되었습니다. 민영씨의 부모님은 어려운 환경 속에서도 민영씨가 원하는 것이라면 무리를 해서라도 모두 사주고 들어주곤 했습니다. 그래서 겉으로 보기에는 남부럽지 않게 보였고 번듯한 대학에도 진학할 수 있었습니다.

민영씨는 상상 속 자신을 부잣집 딸로 생각했고 행동도 그런 생각에 맞춰져 있었습니다. 그는 자신의 품위 유지를 위해 점점 더 많은 돈이 필요했습니다. 만나는 남자친구도 과시하는 것을 좋아하는 성격이었습니다. 남자친구는 변변한 직장은 없지만 고급 명품을 좋아했고 외제차를 끌고 다녔습니다. 길을 가다가 다른 사람들이 쳐다보면 자신을 부러워하고 있다고 생각했습니다. 민영씨는 점점 대인관계가 자신과 비슷한 성향을 가진 사람들로 채워지기 시작했고 이제는 더 이상 감당하기 어려운 빚을 지게 되었습니다.

미국의 초등학교에서는 점심 식사 시간에 배식을 할 때 일부러 아이들을 줄 서서 기다리게 한다고 합니다. 배고픈 것을 기다리고 참을 수 있는 능력을 가르쳐주려는 것입니다. 안전기지가 필요하다고 모든 것을 다 들어주는 건 좋은 것은 아닙니다. '적당한 좌절'이라는 다른 축이 마음의 성장 과정에 필요합니다. 적당한 좌절이란 아이가 견딜 수 있을 정도의 좌절을 경험하고 견뎌보면서 마음의 맷집을 기르게 하는 것을 말합니다. 적당한 좌절과 안전기지의 형성은 특히 자존감의 형성에 매우 중요합니다.

매우 예민한 사람들은 견딜 수 있는 자극의 정도가 처음에는 낮습니다. 예를 들어 야단을 맞았을 때 좌절을 견딜 수 있는 능력도 충분하지 않습니다. 이 경우에는 좌절을 주기 전에 안전기지의 역할을 충분히 제공해야 합니다. 상대방에 대해 안전기지로 생각하고 믿음이 생기면 그 사람이 준 적당한 좌절도 견딜 수 있게 되기 때문입니다. "나를 좋아하기 때문에, 나를 위해서 그렇게 한 걸 거야." 이런 믿음이 생긴다면 안전기지와 적당한 좌절이 잘 진행되고 있는 것입니다. 만약 "엄마는 나를 싫어해, 나는 쓸모없는 존재인 것 같아. 더 이상 견디기 힘들어"와 같은 생각이 든다면 안전기지의 역할이 충분치 않거나 좌절이 견딜 수 없을 만큼 큰 상황이 됩니다.

매우 예민한 사람들이 다른 사람의 시선이나 말에도 상처받지 않고 자존심의 저하를 느끼지 않는다면 자신의 예민성을 충분히 조절할 수 있는 경지에 이르게 됩니다. 민영씨는 명품 가방이나 액세서리를 사고, 과시하는 것을 좋아하는 친구들을 만나며 자신의 자존심을 유지하려고 했지만 이는 좋은 방법이 아닙니다. 자신에게 도움을 줄 수 있는 친구들은 명품으로 꾸미지 않아도 민영씨 자체를 이해해줄 수 있는 친구이거나 도움을 줄 수 있는 전문가입니다. 이대로 계속된다면 결국 자신이 감당할 수 없는 정신적·경제적 한계점에 도달하게 됩니다. 자신의 마음을 이해해주고 안심시킬 수 있는 안전기지를 찾는 편이 민영씨의 예민성을 조절하는 데 큰 도움이 됩니다.

트라우마의 경험

'트라우마Trauma'는 실제적이거나 위협적인 죽음·심각한 질병 혹은 자신이나 타인의 신체적·물리적 통합에 위협이 되는 사건을 경험하거나 목격한 후 겪는 심리적 외상을 말합니다. 쉽게 말해 트라우마란 큰 정신적 충격을 준 사건으로 인해 겪는 심리적 외상이라고 말할 수 있습니다.

현재까지의 연구에 의하면 어린시절의 트라우마는 일반적인 트라우마general trauma, 신체적 학대physical abuse, 성적 학대sexual abuse, 방임과 정서적 학대neglect and emotional abuse로 나눌 수 있습니다. 어린시절의 트라우마는 성인이 되면 우울증이나 불안증·공황장애 등으로 연결될 수 있습니다.[7]

매우 예민한 사람들은 '대인관계의 편안함'을 경험할 수 있다면 큰 도움이 됩니다. 사람들에게서 받은 트라우마는 편안한 대인관계를 통해서 극복할 수 있습니다. 기분이 안정되고 편안한 느낌을 주는 사람이 예민한 사람들에게 잘 맞습니다. 갑자기 화를 내고 폭력 성향이 있는 사람은 전혀 맞지 않

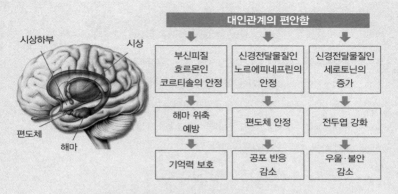

시상하부

시상

편도체

해마

대인관계의 편안함		
부신피질 호르몬인 코르티솔의 안정	신경전달물질인 노르에피네프린의 안정	신경전달물질인 세로토닌의 증가
해마 위축 예방	편도체 안정	전두엽 강화
기억력 보호	공포 반응 감소	우울·불안 감소

그림 2. 대인관계의 편안함이 주는 뇌 신경계 효과

코르티솔Cortisol

스트레스를 받으면 분비되는 스테로이드 호르몬이다. 양쪽 신장의 위쪽에 위치한 부신의 피질에서 분비된다. 스트레스와 같은 외부 자극에 맞서 신체가 대항할 수 있도록 신체 각 기관으로 더 많은 혈액을 방출시킨다. 그 결과 맥박과 호흡이 증가한다. 또한 근육을 긴장시키고 정확하고 신속한 상황 판단을 하도록 하기 위해 정신을 또렷하게 하며 감각기관을 예민하게 만든다. 만성적으로 코르티솔이 분비되면 해마의 기능을 떨어뜨리고 위축시켜 기억력에 영향을 줄 수 있다.

습니다. 편안한 대인관계를 한 번이라도 성공하면 사람들을 만나는 재미에 빠지게 될 수도 있습니다. 편안한 대인관계는

노르에피네프린Norepinephrine

스트레스를 받을 때 분비되는 카테콜아민 호르몬이다. 부신의 속질과 교감신경의 말단에서 분비된다. 혈관을 수축시켜서 이완기와 수축기 혈압을 모두 상승시킨다. 심박동을 증가시켜서 가슴이 두근거리게 한다. 각성상태를 유발해서 밤에 분비되면 불면증을 유발할 수 있다. 노르아드레날린Noradrenaline이라고도 한다.

자신과 같은 것을 좋아하는 사람에게서 얻는 경우가 많습니다. 그렇게 되기 위해서는 매우 예민한 사람들은 내가 무엇을 좋아하는지 파악해야 합니다. 내가 좋아하는 것은 안전기지의 역할을 하기도 하고 안전기지를 만들 수 있는 연결고리 역할을 하기도 합니다. 예를 들어, 테니스를 배운다면 테니스를 함께하는 사람들과 친하게 지내면서 편안한 대인관계를 만들어볼 수 있습니다. 건강 댄스를 배우면서 함께 운동하는 사람들과 즐거운 이야기를 나눌 수도 있습니다.

우리 뇌는 많이 쓰는 부분이 강화됩니다. 대인관계에 편안함을 느낀다면 이전에 경험한 트라우마의 기억이 약해지고 새로운 좋은 기억으로 채워 나갈 수 있습니다. 스트레스 호르몬인 '코르티솔'과 '노르에피네프린'이 안정되고 '세로토닌'이 증가되면서 해마 위축이 예방되고 편도체가 안정되며 전두엽이 강화될 수 있습니다(그림 2). 대인관계의 편안함이 뇌의 신경을 안정시키고, 갑자기 트라우마를 경험한다 하더라도 극복할 수 있는 '회복탄력성'을 만들어줄 수 있습니다. 매우 예민한 사람들은 자신의 예민성이 '선을 넘어가지 않도록' 잘 조절할 필요가 있습니다. 그렇게 된다면 안전기지, 적당한 좌절, 편안한 대인관계를 통해 자신의 예민성을 스스로 조절할 수 있습니다. 또한 예기치 못한 트라우마를 경험하더라도 잘 극복할 수 있게 됩니다.

세로토닌 Serotonin

신경과 신경 사이의 신호를 전달하는 신경전달물질의 하나이며 인간을 포함한 동물의 위장관·혈소판·중추신경계에서 볼 수 있다. 세로토닌은 행복감을 포함한 광범위한 감정을 느끼는 데 기여한다. 위장관의 세로토닌은 위장관 운동을 조절하는 등의 생리적 기능을 가지고 있다. 나머지는 중추신경계에 위치한 세로토닌 신경에서 생산되어 분비되며, 기분, 식욕, 수면의 조절에 관여한다. 우울증을 치료하는 항우울제는 신경의 세로토닌을 증가시키는 작용을 하는 경우가 많다.

회복탄력성 Resilience

'제자리로 돌아오는 힘'을 일컫는 말로, 주로 시련이나 고난을 이겨내는 긍정적인 힘을 의미한다.

1부

불안편

"걱정이 꼬리에 꼬리를 물어
잠이 안 와요"

매우 예민한 사람들은 외부 자극의 미묘한 차이를 잘 느낍니다. 차이를 느끼는 것은 관리하기에 따라서 능력이 될 수도 있고 자신을 민감하게 만들어 우울증, 공황장애, 불면증을 만들 수도 있습니다. 주변 사람들의 표정이나 말투의 미묘한 차이를 느낄 수 있다면 사람들의 감정에 자신을 잘 맞출 수 있을 것입니다. 하지만, 어떤 사람의 표정이나 말투가 자신을 불편하게 한다면 왜 그런지 계속 생각하게 되고 예민함의 정도가 더 높아질 것입니다. 매우 예민한 사람이 트라우마가 될 정도로 자신을 압도하는 경험을 하게 되면 더 이상 견디지 못하고 자기방어 시스템이 무너져버릴 수도 있습니다.

그레벤Greven 등의 연구에 의하면 매우 예민한 사람들은 '차이를 느

동기 간 경쟁

한쪽 또는 양쪽 부모로부터 사랑, 감정 및 관심을 얻으려고 하거나 인정받기 위하여 형제 또는 자매 간에 일어나는 경쟁이다. 특히, 동기 간에 나이 차이가 적거나 같은 성일 때 더 잘 나타난다. 관심을 받으려고 하는 행동이 부모가 원하는 행동일 수도 있지만 원하지 않는 행동일 수도 있다. 인간뿐만 아니라 동물에서도 부모의 관심이나 음식을 놓고 동기 간에 싸우는 것을 관찰할 수 있다.

끼는 데 대한 민감성'이 있으며 주변 환경에도 민감한데, 부정적인 환경뿐 아니라 긍정적인 환경에도 민감하다고 했습니다(그림 3). 예를 들어 어린 시절에 형제 간에 경쟁심도 더 클 가능성이 높습니다. 이를 '동기 간 경쟁Sibling rivalry'이라고 합니다.

매우 예민한 사람들은 어린 시절 동기 간 경쟁의 상황에서 부모가 자신에게 주는 관심의 차이를 느끼는 데 더 민감합니다. 이것이 분노나 반항으로 나타날 수도 있습니다. 부모가 자신에게 관심을 가지고 신경 쓰는 시간이 많아지는 느낌을 받으면 긍정적으로 자극되어 더 도움이 될 수도 있습니다. 하지만, 관심받는 데 지나치게 신경을 쓰게 되면 부모만이 아니라 다른 사람들의 눈치를 많이 보는 특성이 형성이 될 수도 있습니다. 상대방의 표정이나 말투가 자신을 무시하는 것인지 계속 신경 쓰고, 상대가 무시하지 않는데도 무시하는 것으로 해석하기 쉽습니다. 그러면 자신이 어린 시절에 관심을 덜 받게 되었을 때 받은 상처를 다시 재경험할 수도 있습니다.

'감각 처리에 대한 민감성'은 생각의 깊이가 깊고, 감정적인 반응성이 강하며 타인에 대한 공감능력이 높은 것을 의미합니다. 자신에게 어떤 일이 주어지면 다른 이들보다 더 깊이 있게 생각할 수 있기 때문에 다양한 가능성을 고려하고 타인을 배려하며 보다 좋은 의견을 내는 성향이 될 수 있습니다. 영화나 드라마를 보면 공감을 해서 울기도 하고 주인공과 자신을 동질화하기도 합니다. 그

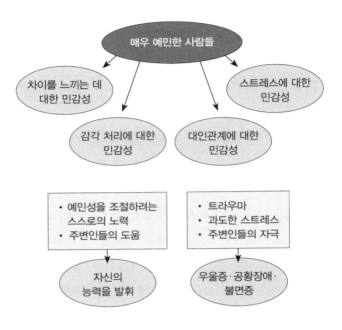

그림 3. 매우 예민한 사람들의 민감성[8]

러나 드라마 속 주인공이 자신이 가진 트라우마나 갈등을 잘 연기
해서 감정의 전이가 최대로 일어났을 때 문제가 발생하기도 합니
다. 주인공을 자신과 동일시하면서 자신이 가진 트라우마를 크게
생각하게 되면 '베르테르 효과Werther effect'로 인해 죽고 싶은 생각이
들 수도 있습니다.

유명인의 자살이 일반인들 사이에서 모방 자살로 이어지는 영향을 의미한다. 베르테르 효과는 괴테의 소설 《젊은 베르테르의 슬픔》이 출간된 18세기 말 유럽에서 소설의 주인공 베르테르를 흉내낸 모방 자살이 급증했다고 해서 붙여진 이름이다. 저자가 속한 연구팀은 2005~2011년 7년간 국내에서 자살로 사망한 9만 4845명을 조사했는데, 그 결과 국내 자살 사건의 18퍼센트가 유명인 사망 후 1개월 이내에 집중된 것으로 나타났다.[9] 유명인 한 사람이 자살한 후 1개월 동안 하루 평균 자살자는 45.5명이었다. 자살 전 1개월간 하루 평균 자살자가 36.2명이었던 것과 비교하면 하루 평균 자살자가 9.4명(25.9퍼센트) 늘어난 수치다. 20~30대 젊은 여성은 유명인의 자살 방법까지도 그대로 모방하는 경우가 많았으며, 유명인 사망 후 자살률이 크게 높아지는 시점에 이런 경향이 더 강했다.[10]

'대인관계에 대한 민감성'은 사람들과 함께 대화를 나누거나 발표를 하는 상황에서 흔히 나타납니다. 갑자기 호흡이 곤란해지거나 어지러운 느낌이 들기도 하고 말이 어둔해지는 느낌이 들기도 합니다. 대화를 할 때 그 사람이 하는 대화의 내용 이외에 말투나 표정에 지나치게 민감하게 반응하기도 합니다. 가족이나 친한 친구와 대화를 할 때는 훨씬 나은 것을 보면 몸에 문제가 있는 것은 아니라는 것을 알 수 있습니다. 하지만 이따금 배우자나 가족과도 다투거나 갈등이 있을 때는 비슷한 경험을 할 수 있습니다. 호흡이 안 되는 증상은 폐나 심장 문제와는 관련이 없으며 긴장이 올라가서 생기는 것입니다. 목이 조이는 것 같은 느낌도 흔히 받을 수 있습니다. 긴장이 심해지면 '관계사고'라고 해서 다른 사람이 서로 떠들거나 웃는 것이 자신을 두고 하는 것처럼 느껴지기도 합니다.

관계사고 Idea of reference, IOR

다른 사람의 말이나 행동 또는 환경 현상이 자신에게 어떤 영향을 주기 위해 일어난다고 생각하는 것을 말한다. 말·행동·현상이 객관적으로는 자신과 무관한데도 스스로 연결 고리를 찾고 이를 사실이라고 여기게 된다. 관계사고가 있으면 자신만의 상상 체계를 만들고 이를 통해 부정적이거나 피해의식을 갖고 현실을 해석하게 되어 예민해지며 우울이나 불안이 심해질 수 있다.

'스트레스에 대한 민감성'은 같은 스트레스를 받아도 더 크게 느끼게 되는 현상을 말합니다. 소음이나 빛 자극 등에도 민감합니다. 보통 사람들은 같은 자극을 반복해 들으면 점점 더 둔감해지는데 매우 예민한 사람은 반대로 점점 더 예민해지고 견디지 못하게 됩니다. 외부 자극에 한번 생각이 꽂히면 자극이 자신을 향하는 것으로 생각되고 관계사고로 진행되는 경우도 있습니다.

예를 들어, 배우자가 갑자기 큰 소리를 질렀을 때 매우 예민한 사람들은 민감한 감각 처리 과정에 의해 더 크게 소리를 느끼게 됩니다. 놀라서 뇌의 공포와 관련된 편도체가 자극을 받게 되면 쉽게 전신의 알람 시스템인 교감신경계를 활성화시켜 몸이 전투 태세가 됩니다.

자율신경계

자율신경계는 교감신경계와 부교감신경계로 나눌 수 있다. 교감신경은 위급한 상황에 빠졌을 경우 빠르게 대처할 수 있도록 도와주는 역할을 하며 부교감신경은 위급한 상황에 대비하여 에너지를 저장해두는 역할을 한다. 교감신경계의 특수부위인 부신은 신장의 위에 위치하고 있으며 피질 부위에서 스테로이드 호르몬인 코르티솔이 분비되고 수질부위에서는 에피네프린·노르에피네프린을 분비하여 혈관을 수축시키고 심장 박동수를 증가시키며 혈압을 올리게 된다.

우리 몸이 장시간 불안을 느끼면 자신도 모르게 교감신경계가 계속 쉬지 않고 활성화됩니다. 교감신경계는 비상시에 대응하기 위해 우리 몸의 긴장을 증가시키는 역할을 합니다. 교감신경계의 활성화로 인해서 우리 몸 전체에 변화가 일어납니다. 밤에 잠이 잘 오지 않고 답답한 느낌이 들거나 심장 쪽으로는 가슴이 두근거리고 뻐근한 느낌을 받기도 합니다. 호흡기 증상으로는 숨이 잘 안 쉬어지는 듯하고 한숨을 쉬게 됩니다. 위장관 증상으로는 소화불량·메스꺼움·변비·설사가 생기게 됩니다. 뇌의 반응은 두통이나 어지러움증으로 나타납니다(그림 4).

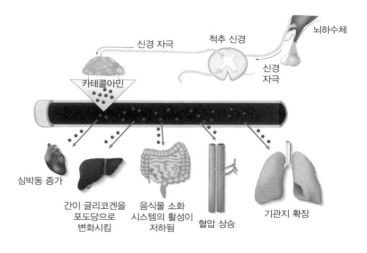

그림 4. 스트레스 시스템의 활성화

매우 예민한 사람들은 예민성을 조절하려는 스스로의 노력뿐 아니라 가족, 친구, 동료를 포함한 주변인의 도움을 통해 서로 편하게 잘 지낼 수 있습니다. 이들은 주로 집에서 가만히 있으며 에너지를 최소한으로 소비하려고 합니다. 마치 곰이 에너지를 적게 쓰기 위해 겨울잠을 자는 것과 유사한 기전입니다. 또한 계절의 변화에 따라 에너지의 변동과 우울증이 오는 분들이 있는데 이를 계절성 우울증이라고 합니다.

계절성 우울증 Seasonal affective disorder

계절적인 흐름을 타는 우울증의 일종이다. 가장 많은 형태는 가을과 겨울에 우울 증상과 무기력증이 나타나는 등 증상이 악화되다가 봄과 여름이 되면 증상이 나아진다. 또한 정기적으로 매해 2, 3월 초봄에 우울한 증상이 심해지는 우울증도 있다. 겨울철 우울증의 경우 햇빛의 양과 일조시간의 부족이 에너지 부족과 활동량 저하·슬픔·과식·과수면을 일으키는 것으로 알려졌고, 봄철 우울증은 갑작스러운 일조량 변화로 인한 생체 리듬의 불균형이 원인이 된다. 두 경우 모두 오전에 집 밖에서 햇볕을 쬐면서 걷는 것이 일조량을 늘려서 회복에 도움이 된다.

예민한 영미씨와
꼼꼼한 정식씨는

함께 살 수
있을까요

코로나19가 팬데믹에서 엔데믹으로 바뀌었지만 고금리와 물가 상승으로 계속 어려운 시기입니다. 변화의 와중에 우리는 자신도 모르게 조금씩 예민해지면서 예전부터 내재하던 자신의 모습들이 조금씩 더 증폭되어 나오는 것을 경험하게 됩니다. 40대 부부인 영미씨와 정식씨도 그렇습니다.

영미씨는 젊을 때부터 감성이 풍부하고 예민한 편이었습니다. 영화나 드라마를 보는 것을 좋아하고, 책을 읽으면 내용에 몰입해 자신이 주인공인 것처럼 눈물을 흘리며 쉽게 감정에 동화되는 매우 예민한 사람이지요. 작은 소리에 쉽게 놀라기도 하고 사소한 말에도 상처를 받았습니다. 이런 사람들은 평소에도 다른 사람보다 높은 수준으로 긴장이 유지되는데, 코로나 기간 동안 예민 지수가 더욱 높아지면서 영미씨는 이따금 폭발 직전에 다다르게 되었습니다. 코로나 기간 동안에는 비대면 수업이 늘어나면서 영미씨는 아이들과 하루 종일 함께 지내게 되었고, 아이들 공부도 시키면서 층간소음에도 주의를 기울여야 하고 삼시세끼를 챙겨야 했습니다. 더욱이 정식씨처럼 매우 꼼꼼한 남편이 재택근무를 하게 된다면 무척 힘든 상황이 벌어지게 됩니다.

남편인 정식씨는 영미씨와 동갑으로, 금융 계통 회사의 과장으로 근무하고 있습니다. 정식씨는 무척 꼼꼼하고 완벽주의적인 사람입니다. 직장에서는 유능하고 성실한 직원으로 정평이 나 있는데, 꼼꼼한 성격 덕에 업무에 실수가 없기 때문입니다. 하지만 "인간 컴퓨터"라는 별명처럼 타인의 감정을 파악하고 이해하는 데에는 약합니다. 재택근무를 하면서 그의 꼼꼼함은 무척 심해졌습니다. 하루 종일 집안을 쓸고 닦으며 아파트 현관 주위와 화장실을 매일 락스로 닦고 운동화도 매일 세탁했습니다.

문제는 정식씨가 영미씨에게도 집 안 청소와 소독에 동참하라고 요구하며 시작되었습니다. 한번은 영미씨가 좋아하는 드라마를 보고 있는데 갑자기 정식씨가 텔레비전을 꺼

버리고 당장 집을 치우라며 영미씨에게 버럭 소리를 질렀습니다. 영미씨는 그 소리에 갑자기 숨이 쉬어지지 않고 심하게 어지러움을 느껴 그 자리에 주저앉고 말았습니다. 그 뒤로도 답답해지면 창문을 자주 열었는데 그럴 때마다 정식씨는 바이러스가 들어온다며 바로 문을 닫았습니다. 서로 언성을 높이는 일이 잦아지면서 두 사람은 더 이상 함께 지내기 어려울 것 같다는 생각까지 들게 되었습니다.

예민한 영미씨에게는 남편의 소리가 천둥소리처럼 몇 배로 크게 들렸을 겁니다. 감성이 풍부하고 예민한 사람은 소리에 특히 민감합니다. 음악을 하는 분들이 아주 민감한 귀를 가지고 작은 음의 차이도 파악하는 것처럼요. 정식씨가 내지른 크고 날카로운 목소리는 영미씨의 교감신경계를 최대로 활성화해 긴장을 높이고 심박출량도 급격히 증가시킵니다. 이러한 현상으로 머리가 핑 돌면서 그 자리에 주저앉고 말았던 것입니다. 공황발작이 일어난 것이지요. 그는 남편의 지나친 결벽증 탓에 숨이 막힐 것 같은 답답함을 자주 느꼈고, 무기력해지고 자주 우울감에 빠지기도 했습니다. 남편 얼굴을 마주치지 않는 것이 소원이라는 생각까지 들었습니다.

영미씨의 상태에 대해서 심층적인 검사를 해보았습니다.

먼저 폐나 심장 검사에서는 이상이 없었습니다. 뇌에 이상이 있는지 자기공명영상(이하 MRI)과 자기공명혈관조영술(이하 MRA)을 통해 확인해보았습니다. MRI는 뇌의 모양을 보기 위한 검사이고, MRA는 뇌혈관을 보기 위한 검사입니다. 하지만 영미씨가 MRI 기계 안에서 심한 공황발작 증상을 일으켜 중간에 촬영을 중단하고 말았습니다. 공황 증상은 버스·지하철 등 대중교통을 이용할 때, 터널·극장·대형마트·비행기 등 쉽게 빠져나오기 어려운 장소에 있을 때 흔히 발생합니다. 공황이 발생하면 우리 뇌는 평소에 위험하지 않은 소리나 자극을 민감하게 느끼게 되고 응급 상황에 대응하는 교감신경계를 활성화시킵니다.

MRI와 MRA상으로는 영미씨에게 아무런 이상이 발견되지 않았습니다. 다만, 생체신호를 측정하는 바이오피드백 검사를 시행했을 때 스트레스 상황에서 갑자기 호흡수와 맥박과 근긴장도가 증가하는 특징을 볼 수 있었습니다. 심리검사에서는 우울감과 '예기불안'이 있는 것으로 파악되었습니다. 불안감과 긴장감이 상승하면서 평소에도 에너지 소모가 크고, 쉽게 깜짝깜짝 놀라곤 했습니다. 항상 긴장하다 보니 집중력이 떨어져서 방금 들은 것도 잘 기억하지 못하고 사람 이름을 생각해내지 못하는 일이 많았습니다. 우울증으로 집중력

저하가 온 것일 뿐 치매 초기에 보이는 단기기억의 저하나 방향감각의 저하는 뚜렷하지 않았습니다. 감정 기복이 심해지면 아침에 더 늦게 수면 상태에서 깨게 됩니다. 생체 리듬이 오후나 밤으로 밀려, 생활패턴과 생체 리듬 시간이 맞지 않게 됩니다. 이런 상황이 계속되면 무기력해지고 불면증과 우울증, 공황장애가 올 수도 있습니다.

정식씨는 과도하게 청결에 집착하는 습관이 있습니다. 자신의 불안을 줄이기 위해 해온 것입니다. 이것을 '강박행동'이라고 합니다. 결벽증은 강박증의 한 종류인데 병까지는 아니더라도 이따금 증상이 심한 분들이 많이 있습니다. 직업적으로 필요한 경우에는 도움이 될 수도 있지만 심한 경우 자신의 에너지를 지나치게 사소하고 필요 없는 것에 집착하게 만들어 가족들이나 동료들까지 힘들게 할 수 있습니다.

정식씨도 영미씨처럼 몸이나 뇌에는 이상이 없었습니다. 하지만 심리검사 때 의자에 무엇이 묻어 있지 않은지 반복해서 확인하고 나서야 앉을 수 있었습니다. 여러 가지 일을 동시에 수행해야 하는 과제에서 정식씨는 무척 어려움을 겪었습니다. 한 가지 일을 반복하는 것은 잘했지만 몇 가지 일을 번갈아가면서 수행하도록 하면 전체적인 일의 진행이 매우 느려지는 것을 볼 수 있었습니다. 스트레스 상황에서는 불안이 증가하면서 강박행동이 더 심해졌습니다. 스스로 불안을 감소시키기 위해 반복적으로 강박행동을 했던 것입니다. 강박행동의 다른 증상으로는 수를 반복적으로 센다거나, 집에 있는 물건이 똑바로 놓이게 한다거나, 반복적으로 손을 씻는 행동, 물건을 버리지 못하고 쌓아놓는 행동 등이 있습니다.

강박행동 Compulsive behavior

생각하지 않으려고 해도 반복적으로 침투하는 강박사고 obsession와 불안을 감소시키기 위해 반복하는 행동이다. 강박행동에는 씻기 washing, 확인하기 checking, 물건 쌓아두기 hoarding, 정리하기 orderliness 등이 있다. 영화 〈이보다 더 좋을 순 없다〉의 주인공 멜빈(잭 니콜슨 분)이 보이는 행동이다.

결벽증 Mysophobia

결벽증은 강박증의 한 종류이고 정신의학적으로 정식 진단명은 아니다. 청결함에 대한 강박증이 결벽증이라고 할 수 있다. 지나친 손 씻기나 불결하다고 생각하는 것에 대한 회피, 공중 화장실을 포함한 공중 물건 및 시설 사용 거부, 타인과의 신체적 접촉을 포함하여 나아가 접촉을 해야 하는 사회적 상황에 대한 회피, 개인 용품을 타인과 나누어 쓰지 못하는 증상 등이 있다.

영미씨와 정식씨를 공통적으로 힘들게 만드는 것은 '예민한 마음'이었습니다. 코로나로 인한 갑작스러운 환경의 변화 이후 두 사람 모두 이전보다 무척 예민해졌습니다. 그래서 자신의 성향이 강화된 것으로 볼 수 있습니다. 영미씨는 원래 감정 기복이 있는 편이었는데 우울하고 불안하면서 숨이 쉬어지지 않고 심하게 어지러움을 느끼는 공황 증상으로 나타났고, 정식씨는 결벽증이 있는 편이었는데 과도하게 청결에 집착하는 강박 증상으로 나타난 것입니다. 이때 가장 중요한 것은 서로의 성향을 인지하고 이해해주는 것입니다. 예민하고 민감한 사람들은 함께 있으면 서로 의지가 되고 편안한 대상이 가까이 있으면 증상의 호전에 큰 도움이 됩니다. 이것을 '안전기지'라고 하는데 어린아이가 엄마에게서 느끼는 편안함을 어른이 되어서 느끼는 것입니다.

영미씨는 쉽게 빠져나가지 못하는 공간에서 불안감이 커지기 때문에 엘리베이터를 타거나 대중교통을 이용하는 데도 어려움이 있습니다. 그래서 하루 종일 집에만 있는데, 그렇다고 편안하지도 않고 줄곧 불안한 생각에 사로잡혀 있게 됩니다. 이럴 때 정식씨가 영미씨를 데리고 밖으로 나가 맛있는 것도 먹고, 쇼핑도 같이하면서 신경을 분산시키면 영미씨도 답답한 마음이 많이 편해지고 공황 호전에도 도움이 됩니다. 영미씨에게 의지가 되는 역할을 지속적으로 담당해주면 영미씨는 정식씨를 안전기지로 느끼게 됩니다. 특히, 정식씨는 소리를 지르지 않는 것이 영미씨에게 큰 도움이 됩니다. 영미씨는 다시 공황발작이 오지 않을까 지나치게 걱정하기 쉬운데 이것을 '예기불안'이라고 합니다. 남편 목소리만 들으면 그때의 공포가 떠오르기 때문에 정식씨가 생각하는 것 이상으로 영미씨는 정식씨에게 미운 마음이 들 수도 있습니다. 정식씨가 영미씨에게 부드러운 표정을 지으며 조용히 이야기하면 영미씨 또한 불필요한 긴장 때문에 소비되는 많은 에너지를 줄일 수 있습니다.

영미씨는 공황발작이 일어나면 바로 자리에 앉아서 눈을 감고 입을 다물고 천천히 복식호흡을 해야 증상을 가라앉힐 수 있습니다. 정식씨는 청결 강박을 줄이려면 청소 시간을 정해두고 너무 길지 않게 해야 합니다. 예를 들어 일주일에 한 번 특정 시간에 청소를 하고, 그 외에 하지는 않는 것이 좋습니다. 퇴근한 뒤에는 자신의 꼼꼼함도 회사에 남겨두고 집으로 와야 합니다. 자주 명상을 하면서 편안하게 행동해보면 정식씨의 마음뿐 아니라 영미씨에게도 도움이 됩니다. 중요한 것은 서로를 위하고 이해하려는 마음입니다. 자신을 이해하

고 가족을 이해하면 이웃과 직장 동료를 이해하고 세상을 보
는 시각을 넓힐 수 있습니다.

성질 급한
그 상사만 보면

마음이
쪼그라들어요

직장은 하루 중 가장 오랜 시간을 보내는 곳입니다. 학교를 다닐 때와는 다르게 수직적인 조직에 속해서 일을 하게 됩니다. 다양한 개성과 성격을 지닌 사람들이 직장에서 모여 지내면서 어려움을 겪게 되기도 하고 이를 잘 극복해내기도 합니다. 직원들끼리 잘 지내는 것은 개개인의 커리어를 위해서도 중요합니다. 출근할 때마다 힘들고 불편한 직장이라면 자신의 역량을 충분히 발휘하기 어려울 것입니다.

현민씨는 어릴 때부터 둔하다는 이야기를 듣고 자랐습니다. 다른 사람들보다 조금 느린 것이 현민씨의 특징입니다. 말투도 느리고 행동도 조금 느립니다. 부모님은 그런 현민씨가 항상 걱정이었지만 그의 타고난 성향을 어떻게 바꿀 방법은 없었습니다. 게다가 여러 가지 일을 동시에 처리하기 어려워 고등학교 때도 여러 과목 시험을 한꺼번에 보면 항상 몇 과목을 포기해야 하는 일이 많았습니다. 친구들과 어울리지 않고 혼자 지내는 것을 좋아했는데, 친구들이 서로 떠들고 이야기할 때도 혼자서 조용히 공부하는 스타일이었습니다. 대학에 들어가서도 조용히 공부만 하는 편이었고 주로 헤드폰으로 음악을 들으면서 캠퍼스를 다녔습니다. 그는 항상 혼자 노는 것을 좋아했습니다.

그렇게 지내던 현민씨가 번듯한 회사에 들어가 마케팅부로 발령이 나게 되었습니다. 마케팅 부서에는 현민씨와 정반대 타입의 진영 과장이 있었습니다. 현민씨는 부서 이동 첫날부터 이전에 경험해보지 못한 시련을 겪게 되었습니다. "새로운 계획안을 짜 보세요." "인계받은 자료 정리도 부탁해요." "내일 브리핑할 내용은 준비가 되었지요?" "예, 알겠습니다. 예…" 대답은 했지만 결국 질책이 떨어졌습니다. "아니 아직도 준비가 안 되었어요? 지금까지 뭐 한 거죠?" "그게 아니라, 제가 업무 파악이 잘 안 되어서요." "그러면 내가 업무 인계를 다시 해야 하나요?"

현민씨는 정신이 없었고 결국 일을 하나도 제대로 해내

지 못했을뿐더러 회사에서 계속 버틸 수 있을지도 의문이 들었습니다. 진영 과장이 지나가는 것을 보기만 해도 숨이 턱턱 막히는 것 같고 심장 박동이 빨라졌습니다.

그 뒤로 현민씨는 회사를 몇 번 그만두려고 했지만 가족의 만류도 있고 이만한 곳을 다시 찾기도 힘들 것 같아 버티기로 했습니다. 하지만 매사에 무기력해졌고 밤이 되면 내일에 대한 걱정으로 생각이 꼬리에 꼬리를 물고 잠이 잘 오지 않았습니다. 회사에서는 항상 긴장을 해서 저녁이 되면 모든 체력이 소진되었고 자고 일어난 뒤 아침에 출근하기도 몹시 힘들었습니다. 동료들은 진영 과장이 원래 그렇다면서 조금 지나면 익숙해질 거라고 현민씨를 안심시켜주었습니다. 하지만 현민씨는 자신이 일을 제대로 처리하지 못해서 동료들에게까지 피해를 끼치게 되자 결국 동료들이 자신을 싫어할 것이라는 조바심마저 들었습니다.

진영 과장은 현민씨를 바라볼 때마다 짜증이 밀려왔습니다. 일을 신속하게 파악하도록 하고 더 실력을 키워주기 위해 도와주고 싶어 독촉했던 건데, 현민씨는 무슨 피드백만 주면 말을 한 번에 알아듣지 못할뿐더러 입을 꾹 다물고 아무 말도 하지 않아 진영 과장의 속을 터지게 했습니다. 진영 과장은 이전부터 일처리가 빠르다는 평가를 받았고, 더 좋은 평가를 받기 위해서 업무가 주어지면 일사불란하게 진행해서 결과를 만드는 것을 무척 중요하게 생각했습니다. 그는 결국 현민씨를 다른 부서로 전출시킬 생각을 하게 되었고 다른 부서원들에게 현민씨에 대한 부정적인 이야기들을 하게 되었는데, 이것이 현민씨의 귀에도 들어가게 되었습니다.

요즘은 대인관계를 충분히 경험해보지 못하고 성인이 된 경우가 많습니다. 예전처럼 형제가 많지 않고 동네 친구들과 어울릴 기회도 거의 없습니다. 아파트에 살면서 학원을 다니는 데 익숙합니다. 더욱이 코로나 기간 동안은 학교에서 대인관계를 체험해볼 기회도 별로 없었습니다. 대학에 들어가서도 다양한 대인관계와 체험을 하기보다는 입사 준비를 위한 스펙을 마련해야 합니다. 그러다가 갑자기 직장에 들어가게 되면 태어나서 처음으로 본격적인 대인관계를 경험하게 됩니다. 다양한 특징을 가진 사람들을 경험하고 그 사람에 맞추어 대인관계를 유지해보는 연습을 해본 적이 없는 상태에서 어려움을 겪게 됩니다.

사람마다 생각하는 속도의 차이가 있습니다. 이것을 '정신운동속도Psychomotor speed'라고 합니다. 현민씨는 정신운동속도가 느린 편이고, 반대로 진영 과장은 빠른 편이지요. 진영 과장처럼 정신운동속도가 빠른 사람은 다른 사람보다 상황을 빠르게 파악하고 대처하는 능력이 뛰어납니다. 하지만 빠르다 보면 실수를 할 수도 있고 너무 의욕이 앞서서 협력하는 능력이 떨어지게 됩니다. 반면에 현민씨처럼 속도가 느린 사람은 동시에 여러 가지 일을 하면 더 느려지게 됩니다. 하지만 한 가지 일을 꾸준히 하면 인내심 있게 잘해내고 실수가 적은 장점도 있습니다.

정신운동속도

사람마다 생각하는 속도의 차이가 있는데 이를 정신운동속도라고 한다. IQ 검사라고 알려져 있는 웩슬러 지능 검사에서 이것을 측정한다. 우울증, 강박증, 치매가 있는 경우에도 느려질 수 있다(부록에 이를 측정하는 선 추적 검사(Trail Making Test)가 소개되어 있다).

현민씨처럼 정신운동속도가 느린 사람은 업무가 바뀌거나 처음 겪는 익숙하지 않은 상황에 더 적응하기 어렵습니다. 그러나 현민씨는 진영 과장에 대한 지나친 불안감이 생각을 더 느리게 만든다는 점을 인지해야 합니다. 자신이 하는 일에 대해 계속 부정적인 생각이 들면 결국 스스로 만든 결과물을 신뢰할 수 없게 됩니다. "내가 만든 자료는 뭔가 잘못이 있고 그것을 과장도 싫어할 거야"라는 부정적인 사고 때문에 검토

하는 데 시간이 오래 걸리고 작은 결정도 내리기 힘들어집니다. 느리고 꼼꼼한 분들은 사소한 일에 대한 결정도 불안 때문에 시간이 오래 걸리는 경우가 있습니다.

정신운동속도는 그 사람의 타고난 성향과 기분의 상태에 따라서 영향을 받게 됩니다. 예를 들어, 기분이 들뜨거나 불안정하면 더 빨라지게 됩니다. 다만 너무 속도가 빨라지면 예민해지고 다른 사람과 다툼이 일어날 수도 있습니다. 우울증이 오면 정신운동속도는 최고로 느려져 마치 컴퓨터가 멈춘 것처럼 정신이 멍하게 됩니다. 자신의 생각에 빠져드는 경향이 강해지면 윗사람의 지시에 일을 빠르게 처리하기 어렵고 부정적인 생각에 빠져들게 됩니다.

어느 한쪽으로 결정을 하는 시간이 오래 걸려 전체적으로 느려지고 정해진 시간을 지키지 못하는 것을 '강박적 느림 Obsessive slowness'이라고 합니다. 어느 쪽이든지 결정을 해야 한다면 한쪽으로 빠르게 결정하고 사소한 일에 신경을 안 쓰는 것이 강박적 느림을 줄일 수 있습니다. 주어진 일에 몇 번 성공해서 자신감을 얻게 되면 내가 잘할 수 있는 방법이 무엇인지 요령이 생기게 됩니다. 진영 과장은 칭찬을 통해 현민씨의 방향성을 잡아주어야 합니다.

진영 과장처럼 매우 예민한 사람들이 보는 세상은 덜 예민한 사람들과는 차이가 있습니다. 비교하자면 고성능 카메라와 마이크를 장착하고 매우 복잡한 프로그램이 많이 설치되어 있는 컴퓨터와 같습니다. 남이 보지 못하는 것을 보고 듣지 못하는 소리를 듣고, 생각하지 못하는 것을 생각합니다. 모든 것에 이렇게 예민하면 뇌가 과부하에 걸릴 것입니다. 예민하기 때문에 일을 빨리 파악하고 감각이 좋기는 하지만 예민한 성격 탓에 다른 사람들과 갈등이 쉽게 일어나게 됩니다.

자신의 예민성을 잘 이용하기 위해서는 현민씨가 일을 느리게 한다고 다그치는 것보다는 어떤 점이 힘든지 살펴보는 세심한 마음을 갖출 필요가 있습니다. 처음부터 진영 과장이 현민씨를 안심시켜주고 일을 조금씩 주면서 적응하기를 기다렸다면 현민씨에게도, 진영 과장에게도 큰 도움이 되었을 것입니다. 더 좋은 관리자가 되기 위해서는 현민씨와 같은 직원이 잘 적응하게 만드는 조력자의 역할도 해야 합니다. 자신의 생각의 속도로 모든 사람이 움직인다고 생각하고 일을 마구 던지면 결국 조직의 기능이 떨어지게 됩니다.

자신이 가진 타고난 성향이 잘 바뀌지는 않습니다. 현민씨는 '느리지만 정확하고 믿을 수 있는 사람'이 되어보면 어떨까요? 느린 것을 바꿀 수는 없지만 자신이 잘하는 것을 발전시키면 조직에 잘 적응하는 사람이 됩니다. 다만, 일 이외에 신경을 분산시키면 느린 현민씨는 결국 모든 일을 제대로 하지 못하게 될 수도 있으니 주의하시면 좋겠습니다. 반대로 진영 과장은 다른 사람들이 일을 파악하는 시간을 주고 이것을 도와주는 역할을 해야 합니다. 자신의 예민성을 줄일 수 있는 활동을 찾아 스스로를 조절해보는 것도 도움이 됩니다.

타인과
눈을 못 맞추고

누가 보면
글씨를 못 쓰는 사람

우리는 사람의 얼굴을 보고 누구인지 파악하고 그 사람의 감정 상태를 알 수 있습니다. 얼굴 중에서도 사람을 파악하는 데 가장 중요한 부분은 '눈'입니다. 코로나 이후 모든 사람이 마스크를 쓰는 상황에서도 얼굴만 보고 누구인지 쉽게 파악할 수 있었던 것은 상대방의 눈을 볼 수 있었기 때문입니다. 눈을 가리고 입이 드러나는 마스크로 실험을 해보면 그 사람이 누구인지 파악하기 쉽지 않습니다. 또한, 눈은 사람의 감정이나 상태를 파악할 수 있게 합니다. 상대의 눈을 보면 화가 났는지, 피곤한지, 즐거운지, 내 이야기에 집중하고 있는지 알 수 있습니다. 다른 사람과 눈을 맞추고 대화하지 않으면 상대방이 자신의 이야기에 집중하지 않는다는 느낌을 줄 수 있습니다.

　성훈씨는 중고등학교를 다닐 때부터 선생님 앞에만 가면 눈을 어디다 두어야 할지 몰라 힘들었습니다. 선생님과 이야기할 때도 주로 옆을 보거나 아래를 내려다보면서 대화를 나누었습니다. 잠시라도 타인과 눈을 마주치면 심장이 두근거리고 호흡이 멎는 느낌이 들어 바로 시선을 아래로 두곤 했습니다. 잘못을 해서 야단 맞으러 가는 상황이 아닌데도, 선생님이 자신을 부르면 그것만으로 무척 부담스러웠습니다. 친구들과 대화를 할 때도 눈을 잘 쳐다보지 않는 경우가 많았습니다. 수업 중에도 선생님이 자신의 이름을 부를 때면 온몸에 소름이 돋으면서 어지러워 일어서다 넘어질 뻔한 적도 있습니다.

　대학에 입학하고 나서는 거의 친구들과 어울리지 않고 혼자 수업을 듣고 공부하는 데 집중했습니다. 다행히 이때부터 스마트폰 메신저 서비스가 보편화되면서 성훈씨는 굳이 타인과 대면하여 이야기하지 않고도 지내는 데 문제가 없었습니다. 밖에 나가면 사람들이 자신을 쳐다보는 것 같기도 하고 혹시라도 눈이 마주칠까 두려워 보도블록 바닥만 보며 걸어가는 경우가 많았습니다. 다른 사람과 우연히 시선이 부딪히면 몹시 불편했고, 다른 사람들이 자신의 이런 어려움을 알아차릴 것 같아 두려웠습니다.

　한번은 강의 시간에 졸려서 노트에 낙서를 하는데 옆에서 인기척이 느껴졌습니다. 깜짝 놀라서 쳐다보니 교수님이 자신이 쓴 낙서를 내려다보고 있었습니다. 성훈씨는 갑자기 손이 떨리며 움직여지지 않는 느낌이 들었습니다. 교수님께 연신 죄송하다고 하는데, 강의실에 있는 친구들이 웅성거리는 소리가 들려왔습니다. 마치 성훈씨를 보고 비웃는 듯한 느낌이 들었습니다. 그 이후에 다른 사람이 조금이라도 자신을 쳐다보는 듯하면 글씨를 쓰기가 힘들어져 노트를 접어 자신의 손으로 가리며 쓰게 되었습니다. 그런데도 누가 보는 듯한 느낌이 들면 손에 힘이 들어가지 않고 한 자 한 자 정확하게 글씨를 쓰기가 어려웠습니다.

　성훈씨는 팔 신경에 문제가 생긴 것이 아닌가 싶어 검사를 받아봤지만 근육이나 신경에는 아무 이상이 없는 것으로 나타났습니다. 그 뒤로도 계속 수업시간에 필기하기가 어려워져 대학을 휴학하고 집에서 쉬게 되었습니다. 성훈씨는 집에서도 가족들과 눈을 마주치지 않고 이야기할 때가 많습니다. 그래도 낯선 사람들 앞에서보다는 가족이 훨씬 편합니다. 성훈씨가 눈을 마주쳐도 아무렇지 않은 대상은 반려견뿐입니다. 성훈씨는 점점 집에만 있게 되고 자신이 세상과 담을 쌓게 되는 것 같아 걱정입니다. 학교에 복학하려고 해도 예전의 기억이 떠올라 접게 됩니다.

성훈씨는 용기를 내어 부모님과 함께 인근 정신건강의학과에서 진료를 받게 되었습니다. 담당 의사는 아버지, 어머니 그리고 성훈씨에게서 공통점을 발견했습니다. 가족이 모두 의사와 눈을 잘 마주치지 않고 이야기를 하는 것이었습니다. 의사가 성훈씨 가족들 모두 눈을 잘 마주치지 않고 이야기한다는 점을 설명하려고 했지만, 다들 거기에는 관심이 없고 성훈씨가 어떤 정밀검사를 해야 다시 글씨를 쓸 수 있는지에만 관심이 있었습니다.

'누가 보고 있을 때 글씨를 쓰기 힘든 것'과 '다른 사람과 눈을 못 마주치는 증상'은 '불안'이라는 공통점이 있습니다. 이렇게 불안이 높은 분들은 다른 사람들에 비해 매우 예민한 성향을 가진 경우가 많습니다. 소리에도 잘 놀라고 다른 사람의 인기척에도 깜짝 놀랍니다. 일반적인 사람들은 놀라지 않을 자극에도 심하게 놀라게 됩니다. 그러면 교감신경계가 최대로 항진되어 심박동을 증가시키고 호흡이 빨라지며 자기 마음대로 근육을 움직일 수 없게 됩니다. 성훈씨는 어릴 때부터 대인관계에서 불안을 느끼고 있었습니다. 누가 쳐다보고 있을 때 글씨를 쓰는 것에 실패하면서 트라우마에 사로잡히게 되었고 언제든 작은 자극으로도 교감신경계가 최대로 항진됩니다.

문제는 성훈씨네 가족들 모두 불안이 높다는 점에 있습니다. 성훈씨의 어머니는 성훈씨를 출산한 뒤 심한 산후우울증에 시달렸습니다. 그래서 어린 성훈씨를 제대로 돌봐주기 힘들었고 울거나 칭얼대도 귀찮게만 느껴졌다고 합니다. 어머니는 사람들이 많은 곳에 가면 숨이 막히는 공황 증상이 있어서 성훈씨를 데리고 밖에 나가는 일이 드물었고 항상 집 밖은 두려운 곳이라고 생각했다고 합니다. 성훈씨의 아버지도 어릴 적부터 '걱정도 팔자'라는 이야기를 자주 들었고, 지금도 불안과 걱정이 많은 편입니다. 대인관계를 거의 하지 않고 공방에서 물건을 만드는 일을 하는데, 무척 꼼꼼하다고 입소문이 났을 정도입니다.

성훈씨와 가족들은 평균보다 불안감이 매우 높은 편이었습니다. 세 사람 모두 대인관계가 적고 시선교류가 잘 안 되지만 모두 성향이 비슷하기 때문에 서로에게 문제가 있다고 생각해본 적이 없었다고 합니다. 집이라는 작은 공간 안에서 살아가는 데 세 사람은 아무 문제가 없었습니다. 가만 보면 가족 간에 대화를 할 때도 눈을 잘 안 마주치는 것이 보였습니다. 담당 의사가 눈을 안 마주치고 이야기하는 것에 대해 다시 설명하자 세 사람은 이구동성으로 다른 사람의 눈을 쳐다보는 것이 몹시 불편하다는 점에 동의했습니다.

타인이 보는 앞에서 글씨를 쓰기 힘든 증상은 과거의 트라우마로 인한 불안과 연관되어 있고 쓰는 행위 자체에 힘든 기억이 연결되어 있습니다. 정신의학자 조셉 울페의 이론에 따르면 이는 '체계적 탈감작법'으로 치료가 가능합니다. 자극을 견딜 수 있을 만큼 서서히 단계를 올려 하나씩 극복해 공포를 제거하고 둔감하게 만드는 방법입니다. 예를 들어, 처음에는 사람들이 보는 앞에서 글을 쓰는 것을 상상해봅니다. 다음 단계로 가족이나 친구와 같이 편한 사람이 보는 앞에서 글을 써봅니다. 이 단계도 성공하면 담당 의사가 보는 앞에서 글씨를 함께 써보는 연습을 하는 것입니다. 이 단계도 성공하면 다시 강도를 올리고 그 또한 성공하면 더 힘든 상황에서도 가능하게 됩니다.

'시선을 맞추는 것'은 대인관계의 기본입니다. 아기는 태어난 직후부터 부모와 시선을 맞추며 웃음을 짓게 되는데 이를 '사회적 미소Social smile'라고 합니다. 이 사회적 미소가 아기에게는 대인관계 훈련의 시작이 됩니다. 어머니가 산후우울증이나 다른 이유로 아기와 시선 교류 연습을 하기 어렵다면 아버지나 다른 가족이 대신할 수 있습니다. 아기에게 '도리도리 까꿍' 놀이를 하며 시선을 교류하면 좋은 연습이 될 수 있습니다. 성훈씨는 아이 때부터 어머니와의 분리불안이 무척 심했다고 합니다. 어머니와 떨어지지 않으려고 하고, 하도 울어서 유치원도 보내기 힘들었습니다. 유치원에서 소변을 가리지 못한 적도 많았다고 하는데 선생님께는 이야기하지 않고 집에 와서야 어머니에게 말했다고 합니다. 이는 성훈씨 아버지의 어린 시절과 비슷했습니다.

다른 사람의 눈을 보지 못하는 것을 '시선공포증'이라고 합니다. 시선공포증은 스스로 인식하고 노력을 해야만 줄어들 수 있습니다. 긴장을 하면 더 심해집니다. 예를 들어 다른 사람들 앞에서 발표를 하거나 면접을 볼 때 더 나타나기 때문에 자신의 능력에 지장을 주게 됩니다. 눈을 보며 이야기하면 상대방을 기억하기 쉽고 서로 감정적인 교류를 하게 됩니다. 다른 사람이 자신을 어떻게 생각할지에 대해 걱정을 많이 하는 분들의 경우, 눈을 똑바로 마주치지 못하는 경우가 많습니다. 그러다 보니 시선을 치켜뜨기도 하고 옆으로 두게 됩니다.

눈을 치켜뜨게 되면 눈 아래로 흰자가 많이 보이게 되고 검은 동자는 눈 위쪽으로 가려지게 됩니다. 이렇게 되면 대화하는 상대방은 공격적으로 느껴지게 됩니다. 이러한 눈을 예로부터 우리나라에서는 삼백안三白眼이라고 했습니다. 눈을 정면에서 바라보았을 때 왼쪽, 오른쪽, 아래쪽 흰자위가 보이는 눈을 의미하지요. 자신이 그런 증상이 있다면, 먼저 거울을 보고 눈의 아래쪽 흰자위가 보이지 않도록 고개를 조절해보세요. 검은 눈동자가 안구의 가운데에 위치하려면 고개를 조금만 들면 됩니다. 다소 거북한 느낌이 들 수도, 거울에 비치는 자신의 눈이 부담스러울 수도 있습니다. 눈을 맞추면서 미소를 지어보고 어떤 미소가 자연스러운지 생각해보세요.

타인의 눈을 보는 것도 체계적 탈감작법으로 치료가 가능합니다. 전문의에게 진료를 받으면서 거울을 보고 자신의 눈과 마주치는 연습을 꾸준히 해보세요. 처음에는 자기 눈을 보는 것도 불편합니다. 그 후에 부모님이나 형제, 친한 친구들과 이야기하며 시선을 맞추는 연습을 해보면 좋습니다. 그러고 나서 타인에게 피드백을 받으면 좋습니다. 성훈씨네는 부모님 또한 눈을 잘 마주치지 못하고 불안이 높기 때문에 부모님도 성훈씨와 함께 연습을 하는 것이 좋겠습니다. 연습을 하다가 고개가 돌아가는 게 느껴지거나 눈을 치켜뜨게 되면 다시 시선을 맞춰봅니다. 타인과 시선을 마주하는 것이 편해지면 점점 사람들을 만나는 것도 편해지고 더 많은 사람을 만날 수 있습니다. 중요한 것은 생각과 행동이 바뀌어야 마음도 바뀐다는 것입니다.

자신도 모르게

생각에 빠져드는
사람

○
○
○

민지씨는 30대 초반 취업 준비생으로 서울에서 혼자 원룸 생활을 하고 있습니다. 대학을 졸업하고 여러 번 취업에 도전했으나 실패했고, 주로 집에서 혼자 공부를 하거나 TV·유튜브를 보면서 지냈습니다. 평소에도 혼자 집에서 먹고 자는 경우가 많은데 집 밖으로 나가는 일이 한 달에 손에 꼽을 정도로 드물었습니다. 석 달 전부터는 자신도 모르게 생각에 깊게 빠져들 때가 많아졌습니다. 단어를 하나 들으면 마치 꼬리에 꼬리를 물듯 여러 생각이 연상됩니다. 예를 들어, 공부를 하다가 책에서 '강원도'라는 단어를 읽으면, 예전에 누군가와 함께 강원도에 갔던 생각이 나고 그 사람과 함께 보았던 바다가 떠오릅니다. 바다를 생각하면 갑자기 울적한 생각이 듭니다. 그 사람이 입었던 푸른색 셔츠가 생각나면서 '나와 헤어진 뒤 지금은 어떻게 살고 있을까' 하는 생각이 듭니다. 갑자기 기분이 울적해지면서 어릴 때 부모님과 떨어져 서울에 올라오면서 보았던 한강이 생각납니다.

민지씨는 휴대폰 벨소리가 울리거나 초인종 소리가 나기 전까지 자신만의 생각에 빠져들어 있습니다. 이런 일들이 반복되면서 공부를 거의 하지 못하고 있습니다. 생각을 깊게 하고 나면 당이 떨어져 집으로 야식을 배달시켰습니다. 무언가를 먹고 나면 생각에 빠져드는 느낌도 줄고 기분도 나아지는 듯한 느낌이 듭니다. 자려고 불을 끄고 누우면 다시 생각에 빠져드는데 최근에 체중이 늘면서 무릎에 무리가 갔는지 통증이 느껴졌습니다. 그러자 민지씨는 관절염으로 고생하시는 어머니가 떠올라 자신도 관절염이 아닌지 걱정이 되었습니다. 어머니 생각을 하면 얼른 취직을 해야겠다는 생각이 간절해집니다. 문득 이번 주에 입사 면접이 예정되어 있다는 사실이 떠올랐습니다. 민지씨는 면접 볼 생각을 하면 이전 회사 면접에서 자신에게 매몰차게 질문을 했던 사람의 얼굴이 떠올라 자신이 없어졌습니다. 가슴이 두근거리고 답답하고 잠이 오지 않았습니다.

그러던 어느 날 민지씨는 자신의 고향 친구가 유방암으

로 사망했다는 소식을 들었습니다. 민지씨는 서울에 올라온 뒤 사귄 친구가 거의 없었습니다. 세상을 떠난 친구는 민지씨가 어릴 때 고향에서 친하게 지내던 몇 안 되는 친구 중 하나였습니다. 사실 서울에 와서 연락을 한 적은 몇 번 없었지만 친구가 죽었다는 사실에 큰 충격을 받았습니다.

민지씨는 그 이후로 계속 '죽음'이라는 것에 관해 깊은 생각에 빠져 들어갔습니다. '사람은 어차피 죽는데 내가 이렇게 취업 준비를 하면서 고통받는 것이 무슨 의미가 있을까' 하는 생각이 들었습니다. 그때 다시 민지씨는 면접장에서 자신을 매몰차게 몰아 세웠던 면접관 생각이 났습니다. 세상 사람들이 왜 자신에게 차갑게 대하기만 하는지 눈물이 나기 시작했습니다. 그러자 가슴이 두근거리고 답답해지면서 통증이 오는 것 같았습니다. 혹시 자신도 유방암에 걸린 것이 아닌지 걱정되기 시작했습니다. 검색을 통해 유방암 위험 요인에 가족력이 있다는 것을 알고 난 뒤 자신의 사촌이 유방암으로 투병 중인 사실이 떠올랐습니다. 미래가 온통 고통으로 느껴지기 시작했습니다. 민지씨는 이 고통에서 영원히 벗어날 방법은 없을지 다시 생각에 빠져들게 되었습니다.

민지씨는 자신의 생각에 빠져드는 경향이 강했습니다. 집중력·반응속도·과제 전환 능력과 같은 뇌의 다른 능력도 저하되어 있었습니다. 단어연상검사를 해보면 우울·죽음·피해·고통 등과 같은 부정적인 단어로 생각이 연결되는 경향이 있었습니다. 민지씨는 '주요우울증'으로 진단되었습니다. 우울증은 자신의 부정적인 생각으로 늪처럼 빠져들어가는 경향을 강화시킵니다. 내가 무언가를 잘못했다거나 다른 사람이 나를 싫어한다는 생각이 흔히 동반됩니다.

우울증이 심해지면 생각의 진행에도 문제가 생기게 됩니다. 이때 '생각 흐름의 왜곡'이나 '피해의식' 같은 것이 흔히 동반됩니다. '생각 흐름의 왜곡'은 자신이 보는 것, 듣는 것 등 외부의 지각을 자신이 몰두하는 쪽으로 연결 지어 생각하는 것입니다. 예를 들어, 민지씨는 친구가 죽었다는 연락을 받고 '죽음'에 몰두한 이후에는 배가 아프거나 머리가 아플 때도 '죽으면 아프지 않을 텐데' 하는 방향으로 생각이 흘렀습니다. '피해의식'은 다른 사람이 하는 행동이나 말이 자신에게 해를 주기 위한 것으로 해석하는 것을 말합니다. 예를 들어, 면접관이 자신에게 질문을 하는 것이 자신을 떨어뜨리려고 일부러 그러는 것이라고 생각합니다. 그러면 지나치게 긴장하게 되고 상대방의 질문에 제대로 대답하기 어려워집니다.

우리 뇌는 시각·청각·후각·미각·촉각의 오감의 자극을 받아들이면서 조율을 통해 정상적으로 작동을 하게 됩니다. 마치 TV나 라디오의 주파수를 맞추어 노이즈를 없애는 과정과 유사합니다. 민지씨처럼 집 밖으로 나가지 않고 혼자만 지내면 외부의 자극이 줄어들게 되면서 뇌는 제대로 조율을 하지 못하고 정상적인 기능을 하지 못하게 될 수 있습니다. 우울증이 오면 전두엽의 기능이 떨어지면서 외부 자극에 대한 판단을 정확하게 못하고 집중력이 더욱 떨어지게 됩니다. 과거의 기억은 더 생생해지는데 주로 상처받았거나 힘들었던 기억이 현재와 연상되어 자꾸 떠오르게 됩니다. 부정적인 생각에 사로잡히다 보면 결국 앞으로 겪어야 할 일들이 지나치게 고통스럽게 느껴질 수 있습니다.

자동적 사고 Automatic thought

내가 의도하지도 않았는데 자신만의 생각의 흐름에 따라 저절로 생각이 결론으로 도달하는 것을 의미한다. 아론 벡Aron T. Beck이 제안한 인지적 성격이론의 주요 개념이다(부록에 자동적 사고에 대한 내용이 있다).

민지씨는 치료를 받으면서 집 밖으로 나가보기로 했습니다. 집에만 있는 것은 마치 동굴에 사는 것과 비슷합니다. 캄캄한 우울의 동굴 속에서 과거에 상처받은 자신의 그림자를 계속 보고 있는 것과 같습니다. 컨디션이 저조할수록 집 밖에 나가서 햇볕도 쬐면서 산책도 하고 상점에도 들르면서 외부 활동을 해보는 것이 좋습니다. 민지씨는 이제 공부도 집에서 혼자 하지 않고 도서관에 가서 하기로 했습니다. 필요할 때에는 담당 정신건강의학과 전문의와 상담 치료를 통해 외부의 자극을 부정적으로 받아들이지 않도록 연습했습니다. 그러자 자신의 신체에서 느껴지는 자극을 병으로 과도하게 해석하지 않게 되었습니다. 죽음에 대한 생각으로 깊이 빠져 들어갈 때는 담당 선생님을 더 자주 만났습니다. 민지씨는 표정도 밝아지고 현실감이 생기면서 취직에도 성공하게 되었습니다. 직장에서 새로운 업무를 배우고 동료들과 어울리며 자신만의 부정적인 생각에 빠져드는 경향을 극복할 수 있었습니다. 그 뒤로 자신이 한때 집이라는 동굴에 갇혀 죽음에 대한 생각에 집착하고 세상을 온통 두렵게 느낀 시절이 있었다는 것을 깨닫게 되었습니다.

스트레스를
받으면

어지러운 사람

　지영씨는 40대 워킹맘으로 두 아들의 엄마입니다. 그런데 3개월 전 회의에서 프레젠테이션을 하다가 갑자기 심하게 어지러워 똑바로 서 있기 힘든 증상이 나타났습니다. 더 이상 프레젠테이션을 진행하지 못한 채 비틀거리며 자리로 돌아가 앉아서 쉬었더니 조금씩 어지러운 증상이 사라졌습니다. 좀 괜찮아진 줄 알고 운전하며 퇴근하던 도중 도로가 막히자 지영씨는 갑자기 다시 심하게 어지러워지면서 숨이 멎는 듯한 느낌이 들었습니다. 급히 근처에 차를 세우고 조금 쉬었더니 다시 어지러움증이 가라앉았습니다. 그 뒤부터 조금만 피곤하거나 힘들면 안면 근육이 멍하고 둔한 느낌이 들면서 어지러운 증상이 나타났습니다.

건강검진 상으로는 별다른 문제가 없었지만 지영씨의 어지러움증은 점점 심해지는 것 같았습니다. 혹시나 수평 감각에 이상이 있을까 싶어 이비인후과에 방문해 정밀검사와 전정신경검사를 받았지만 딱히 귀에서는 이상이 발견되지 않았습니다. 담당 의사는 지영씨에게 스트레스 때문인 것 같다는 이야기를 했습니다.

사실 지영씨는 최근에 큰 아들 영식이의 담임 선생님께 연락을 받은 적이 있었습니다. 영식이가 친구들을 때려서 문제가 되었으니 피해자 부모들과 만나 합의를 해야 할 것 같다는 것이었습니다. 선생님은 영식이가 평소에도 친구들과 잘 어울리지 못하고 학교생활에 문제가 있다고 이야기했습니다. 지영씨는 그간 아들이 학교생활을 잘하고 있는 줄 알았는데 담임 선생님께 이런 이야기를 들으니 하늘이 무너지는 듯한 느낌이 들었습니다. 게다가 피해자 부모를 만나야 한다는 생각에 선생님과의 통화를 끊은 뒤 심한 어지러움증을 느꼈습니다.

이 이야기를 전해들은 남편은 원래 아이들은 싸우면서 크는 것이라며 나 몰라라 했습니다. 지영씨는 아들이 원하는 고등학교에 진학하는 데 문제가 될까봐 불안하고 초조해졌습니다. 밤에 자다가도 아들이 친구들을 때리는 것을 말리는 꿈에 시달렸습니다. 아들에게 자초지종을 들어보니 친구들이 자신에 대한 나쁜 소문을 퍼뜨렸고, 사실 자신은 피해자라고 이야기했습니다. 악의적인 이야기를 하지 말라고 말하다가 결국 주먹다짐을 하고 말았다는 것입니다.

지영씨는 피해자 부모들과 만나게 되었습니다. 그들은 지영씨에게 아들을 깡패로 잘못 키웠다고 삿대질하며 큰 소리를 질렀습니다. 지영씨는 갑자기 심한 어지러움과 호흡곤란을 느끼며 얼굴이 창백해졌고 그 자리에서 주저앉아 정신을 잃고 말았습니다. 놀란 부모들은 지영씨를 흔들며 정신 좀 차려보라고 깨웠고, 10분 정도 뒤 지영씨는 정신이 들었지만 심한 어지러움증이 지속되어 정신건강의학과 외래 진료를 보게 되었습니다.

담당 의사는 지영씨에게 뇌 MRI와 MRA 검사를 했지만 별다른 이상을 찾지 못했습니다. 결국 귀나 뇌에는 문제가 없고 스트레스로 인한 어지러움증으로 판단되었습니다. 어지러움증이 계속되면 이비인후과를 방문해 진료를 받고 이석증이나 전정신경염 등의 질환이 있는지 확인해야 합니다. 하지만, 지영씨처럼 귀나 전정기관·뇌에 이상이 없는데도 어지러움증을 느끼는 분들이 많습니다. 검사 결과 지영씨는 두 아들로 인해 스트레스를 받을 때, 사람들이 많은 곳에서 발표를 해야 할 때, 차가 막히는 도로나 터널에서 운전을 해야 할 때 특히 어지러움을 많이 느끼는 것으로 나타났습니다.

지영씨처럼 사람들이 많은 곳이나 차가 막히는 도로에서 갑작스러운 심한 불안을 느끼는 것을 '광장공포증'이라고 합니다. 광장공포증은 급히 빠져나갈 수 없는 상황에 타인의 도움을 받지 못하고 혼자 있게 되는 것에 대한 공포를 의미합니다. 피해자 부모들과 만났을 때 갑자기 심한 어지러움과 호흡곤란을 느끼며 얼굴이 창백해진 것은 '공황발작'이라고 합니다. 공황발작이 반복되면 공황장애로 진단됩니다.

자식들로 인한 스트레스는 직장 내 스트레스와 함께 지영씨의 긴장을 높이고 있었습니다. 그는 어지러움을 느낄 때 실제로 긴장이 증가하면서 심박수가 빨라지고 손이 떨리는 것으로 확인되었습니다. 커피를 좋아해서 거의 물 대신 커피를 마시고 있었는데 자세히 살펴보니 하루 열 잔 이상 마시는 것으로 확인되었습니다. 간식으로 초콜릿도 자주 먹고 있었습니다. 가끔 카페인이 들어 있는 두통약을 복용해왔고 최근에는 감기에 걸려서 감기약도 복용했다고 합니다. 평소에 너무 과도하게 카페인을 섭취하고 있었습니다.

지영씨는 커피를 하루에 한 잔으로 줄이고 초콜릿과 카페인이 들어간 두통약을 끊기로 했습니다. 처음 며칠은 오히려 더 불안하고 초조하면서 커피가 너무 마시고 싶었지만 일 주일 정도 지나자 괜찮아졌습니다. 또한 코막힘을 완화시키기 위해 지영씨가 복용한 감기약의 '슈도에페드린'이라는 성분이 있었는데, 이는 교감신경계에 작용해 긴장을 증가시켜 어지러움증을 악화시킬 수 있습니다. 함께 들어 있던 '항히스타민'이라는 성분도 졸리고 어지러움증을 유발할 수 있어 다음 번에는 슈도에페드린 성분이 없고 졸리지 않은 3세대 항히스타민제를 복용하기로 했습니다.

정신건강의학과 주치의는 지영씨를 진료할 때 남편도 함께하게 했습니다. 지영씨가 어지러움증에서 벗어나기 위해서는 남편의 도움이 매우 중요합니다. 앞으로는 두 아들로 인해 문제가 발생할 때 남편이 맡아서 살펴주기로 했습니다. 다른 학부모들을 만날 때도 남편이 나서니 지영씨는 든든한 느낌이 들었고 어지러움증도 줄어들었습니다. 어지러움증이 심해질 경우에는 넘어져서 다치거나 교통사고로 이어질 수도 있기 때문에 몸이 힘들 때는 무리하게 일을 하지 않고 운전도 되도록이면 남편이 하게끔 했습니다. 두 아들에게도 엄마가 왜 자꾸 어지러워지는지 설명해주고 학교에서 문제를 일으키지 않도록 교육하는 것도 진행했습니다. 남편은 자신도 어릴 때 학교에서 말썽을 많이 피웠지만 지금은 직장도 잘 다니고 괜찮다고 했지만 지금은 시대가 바뀌어서 그렇게 대처하면 안 됩니다. 다른 아이들에게 피해를 주지 않도록 아버지가 잘 교육해야 합니다. 지영씨의 가족은 이번 일을 계기로 서로 자신을 돌아보게 되었습니다. 지영씨의 어지러움증도 많이 좋아지고 다시 활기찬 워킹맘으로 일할 수 있게 되었습니다.

10만분의
1의 확률도

미리 걱정하는
사람

민철씨는 정밀한 기계를 만드는 회사에서 근무하고 있습니다. 불량이 있는지 최종적으로 검수하는 일을 합니다. 10만분의 1밀리미터의 오차가 나더라도 불량이 생기는 일입니다. 사람의 안전과 관련된 기계에 불량품이 들어간다면 사고가 날 수 있기 때문에 부품 하나하나 꼼꼼하게 확인을 해야 합니다. 민철씨가 이 일을 한 지도 10년이 지났습니다. 그는 회사에서도 인정받아 팀장직을 맡고 있습니다. 평소 민철씨의 꼼꼼하고 완벽주의적인 성격 덕분인지, 민철씨 손을 거치는 부품은 불량도 거의 없었습니다. 민철씨 덕에 회사도 수출이 크게 늘어 국가에서 상도 받았습니다.

민철씨가 회사에 가기 위해서는 긴 터널을 하나 통과해

야 합니다. 매일 같이 자차로 출퇴근을 하면서 터널을 통과하지 않고 우회하면 30분 이상 시간이 더 걸립니다. 그러던 어느 날 민철씨가 터널에 진입했는데 그날따라 터널 끝이 보이지 않고 어둡게 보이면서 막막한 느낌이 들었습니다. 순간적으로 호흡이 어려워지고 어지러운 증상이 나타났습니다. 그래서 핸들을 꽉 붙잡고 운전을 하는데 앰뷸런스 소리가 크게 들리며 무척 시끄러워졌습니다. 터널 중간에 추돌사고가 나서 사람이 다친 모양이었습니다. 그 사고로 인해 터널에 앞뒤로 차가 꽉 막혀 민철씨는 오도 가도 못 하게 되었습니다. 갑자기 등골이 오싹하고 불안한 느낌이 들면서 차를 버리고 탈출하고 싶어졌습니다. 점점 호흡이 더 막혀오면서 자신이 이 터널에서 빠져나갈 수 없지 않을까 하는 공포감이 밀려왔습니다.

시간이 지나 사고는 수습되었고 민철씨도 겨우 집에 도착할 수 있었습니다. 집에 오니 온몸이 땀범벅이 되어 마치 옷을 입고 목욕한 것처럼 젖어 있었습니다. 아내가 민철씨를 보고는 무슨 일이 있었는지 묻는데도 민철씨는 아무 말도 할 수 없었습니다. 밤에 자려고 침대에 누웠는데도 잠이 오지 않고 귓가에 앰뷸런스 소리가 생생하게 들렸습니다. 민철씨는 한숨도 잠을 이루지 못하고 다음 날 회사에 출근하게 되었습니다.

그 일이 있고 난 뒤로 민철씨는 터널이 없는 길로 우회해서 가게 되었고 출퇴근 시간이 왕복 1시간 정도 더 길어졌습니다. 출근을 하면 이전보다 더욱 꼼꼼하게 검수를 해서 검수 시간이 늦어지는 일이 자주 생겼습니다. 주위 동료들은 민철씨의 이런 행동에 힘들어하기 시작했습니다. 민철씨는 작은 일에도 쉽게 넘어가는 일이 없었고 무척 예민해지기 시작했습니다. 매일 같이 자신의 PC와 노트북, 스마트폰에 있는 모든 파일을 외장하드에 백업을 하고 나서야 퇴근을 했습니다. 혹시나 컴퓨터가 바이러스에 걸리거나 파일이 지워지지 않을까 하는 불안도 생겼습니다.

　　민철씨는 집에 와서도 자신의 집이 아파트 5층인데 엘리베이터가 고장나 갇힐 위험이 생기지 않을까 걱정되어 항상 계단으로 걸어 다녔습니다. 타고 다니는 차도 한 달에 한 번씩 전체 점검을 받고 이상이 없는지 확인했습니다. 음식점에 갈 때면 수저를 싸서 가지고 다녔습니다. 다른 사람이 먹은 찌꺼기가 깨끗하게 세척되지 않아 병에 걸릴 것 같았기 때문입니다. 그리고 안경과 신발, 시계, 가방, 지갑 등을 모두 하나씩 더 구입했습니다. 만약 분실할 경우에 바로 대체할 수 있도록 하기 위해서였습니다. 마트에서 식재료를 살 때는 깨알 같이 쓰여 있는 식품첨가물을 모두 검색해 문제가 되는 성분이 있는지 확인을 하고 나서야 구입합니다.

　이러한 행동이 지속되자 가족들도 민철씨에게 지치기 시작했습니다. 민철씨가 자신이 하는 행동을 가족들도 함께 하지 않으면 짜증을 냈기 때문입니다. 민철씨는 10만분의 1의 확률로 생길 일도 미리 대비하는 것이 좋다는 생각이 들었습니다. 하지만 직장에서도 그가 하는 일이 너무 지연되고 주위 동료들을 힘들게 하자 큰 문젯거리가 되었습니다.

　민철씨는 정신건강의학과 진찰 결과 '불안'이 매우 높은 상태로 평가되었습니다. 민철씨가 처음 심한 불안을 느낀 것은 터널 속이었는데, 이때 느낀 불안의 원인은 광장공포증으로 진단되었습니다. 앞서 말한 대로 광장공포증이란 급히 빠져나갈 수 없는 상황에 도움 없이 혼자 남겨지는 것에 대한 공포를 주요 증상으로 보입니다. 터널뿐만이 아니라 엘리베이터, 비행기, 문이 앞에만 있는 고속버스, 어두운 극장 등에서도 잘 생깁니다. 동시에 민철씨는 무척 꼼꼼하고 완벽주의적인 성격으로 '강박적 성격'을 가지고 있습니다.

　강박적 성격은 매우 예민하고 완벽주의적인 성격입니다. 하지만 융통성이 없고 필요 이상으로 확인을 많이 하며 마음에 걸리는 것이 있으면 그 일에 대해 계속 생각합니다. 특히 민철씨처럼 불안이 동반되면 자신이 그 생각을 하지 않으려고 해도 멈출 수가 없습니다. 나중에는 '생각을 하지 말아야지' 하는 생각 자체로 힘들어지기도 합니다. 생각이 자꾸 나는 것은 다시 불안을 유발하게 됩니다. 모든 일을 통제하면 편해지지만 통제할 수 없는 상황에 부딪히면 정신적으로 지쳐가게 됩니다. 이런 상태가 지속되면 에너지가 고갈되어 우울증으로 진행될 수도 있습니다.

강박적 성격 Obsessive personality

- 사소한 세부 사항·규칙·목록·순서·시간 계획이나 형식에 집착하여 일의 큰 흐름을 잃고 만다.
- 완벽주의로 인하여 일을 완수하는 데 방해를 받는다(예 지나치게 엄격한 자신의 기준에 맞지 않아 계획을 완수하지 못한다).
- 여가 활동과 우정을 나눌 시간을 배제하면서까지 지나치게 일과 생산성에 몰두하지만, 이러한 행동이 경제적 필요 때문으로는 명백하게 설명되지 않는다.
- 도덕·윤리, 또는 가치 문제에서 문화적 또는 종교적 배경으로 설명되지 않을 정도로 지나치게 양심적이고 고지식하며 융통성이 없다.
- 감상적인 가치조차 없을 때라도 닳아빠지거나 무가치한 물건을 버리지 못한다.
- 타인이 자신의 방식을 그대로 따르지 않을 경우 타인에게 일을 맡기거나 같이 일하는 것을 꺼린다.
- 자신과 타인 모두에게 돈을 쓰는 데 인색하다. 돈을 미래의 재난에

민철씨의 부모님도 두 분 다 예민하고 완벽주의적인 성격이었고 어릴 때 기억을 떠올려보면 따뜻한 감정적인 교류를 해본 적이 없었습니다. 민철씨는 자신도 아내와 자녀들에게 따뜻한 말을 하고 부드러운 표정을 짓는 것에 익숙하지 않다는 것을 알게 되었습니다.

어린 시절의 경험과 부모와의 관계는 평생에 걸쳐 예민성을 줄이는 데 중요한 역할을 합니다. 하지만 어린 시절에 그런 관계를 형성하지 못했다고 해서 현재 좌절할 필요는 없습니다. 우리 뇌는 현재의 좋은 기억을 통해 과거를 극복하는 새로운 신경망의 형성을 만들 수 있습니다. 다만, 내가 편안하게 느끼는 사람과 일을 찾는 충분한 시간과 노력이 필요합니다. 만약 자신이 찾은 직업이나 배우자, 취미, 좋아하는 책, 아니면 치료하는 의사가 이와 같은 편안함을 줄 수 있다면 큰 도움이 되는데 앞서 말한 대로 이를 안전기지라고 합니다.

민철씨는 불안과 광장공포증에 대해 치료를 받으면서 강박적인 성격을 완화할 수 있도록 자신만의 안전기지를 만들어보려고 합니다. 앞으로는 가족들과 함께 주말마다 인근 산을 등산하고 함께 식사를 하기로 했습니다. 그리고 아내와 자녀들에게 따뜻한 미소로 감정을 나눌 수 있는 시간을 가져보기로 했습니다. 갑작스럽게 불안이 찾아오면 민철씨는 자신을 도울 수 있는 담당 의사가 있고 가족이 있다고 생각했습니다. 그 뒤 민철씨의 불안과 강박적 성격이 점점 안정되면서 가족에게도 직장에도 평화가 찾아왔습니다.

두통이 생길 때마다
뇌출혈 걱정이

몰려오는
사람

영진씨는 50세 남성으로 회사에서 부장으로 일하고 있습니다. 아랫배는 볼록하고 머리는 벗겨진 전형적인 중년 남성의 모습입니다. 젊을 때부터 술·담배를 좋아해서 40대 초반부터 혈압·당뇨·고지혈증이 생겨 약을 먹으며 현재도 꾸준히 치료를 받고 있습니다. 영진씨의 혈압은 120/70에 당화혈색소도 6.0 정도로 잘 관리되고 있습니다. 문제는 영진씨가 건강검진을 받다가 우연히 머릿속에 '뇌동맥류'가 하나 있다는 사실을 알게 된 것입니다. 영진씨는 뇌동맥류가 뇌혈관이 약해진 것이라는 이야기를 듣고 무척 놀랐습니다. 뇌동맥류는 뇌 속의 혈관벽이 약해져 풍선처럼 부풀어 올라 꽈리가 생긴 상태로, 뇌출혈의 원인이 되는 대표적인 뇌혈관질환입니다.

이는 지속적으로 높은 압력이 가해지면서 혈관벽이 손상되어 탄력이 감소하고 부풀어 올라 발생하는 질환으로 알려져 있습니다.

얼마 지나지 않아 영진씨는 급한 연락을 받게 되었습니다. 갑자기 어머니가 쓰러져서 119에 실려 인근 병원 응급실로 이송되었다는 것입니다. 하늘이 무너지는 느낌으로 병원에 가보니 어머니는 영진씨를 알아보지 못하고 웅얼거리며 누워 있었습니다. 영진씨는 눈물이 흘러내렸습니다. 담당 의사는 어머니가 뇌출혈인데 수술은 필요하지 않으니 입원해서 며칠 지켜보자고 했습니다. 다행히 어머니는 얼마 안 있어 의식을 회복하고 퇴원할 수 있었습니다. 하지만 영진씨는 어머니가 다시 쓰러지지 않을지 걱정하게 되었습니다. 그리고 자신의 머릿속에 있는 뇌동맥류도 터지는 게 아닐까 심각하게 걱정하기 시작했습니다.

영진씨는 병원에서 정기 검진을 하고 결과를 들을 때마다 가슴이 철렁 내려앉았습니다. 결과를 듣기 한 달 전부터 일이 손에 잡히지 않았고, 밤에는 심한 두통이 발생해 의식을 잃고 문 앞에 쓰러지는 꿈을 꾸면서 깨는 일이 자주 있었습니다. 언젠가부터 긴장이 계속되며 혈압도 올라가고 당도 조절이 안 되기 시작했습니다. 혈압약도 여러 가지를 한꺼번에 복용해야 겨우 조절되었습니다. 게다가 언젠가부터 무기력하고 집중이 잘 되지 않았고 식욕도 떨어졌습니다. 자신의 몸이 망가지고 있다는 절망감이 지속되면서 이렇게 고통스럽게 사는 것이 무슨 의미가 있나 하는 생각까지 들었습니다. 갑자기 두통이 오면 걱정이 되어 아무 일도 하지 못했습니다.

영진씨는 머릿속에 있는 '뇌동맥류'를 인근 대학병원 신경외과에서 꾸준히 진료를 받고 있는데 뇌 MRI 검사상 크기에 변화가 없었고 크기도 작은 편이었습니다. 그를 괴롭히는 것은 어머니가 뇌출혈로 쓰러지신 후부터 생긴 두통이었습니다. 불안이 몰려올 때마다 두통이 발생하고 멍해지는 증상이 있었습니다. 그는 원인을 알 수 없는 무기력증과 불안, 우울증으로 정신건강의학과 진료를 받게 되었습니다.

우울증이나 스트레스로 인해 발생하는 두통은 '긴장성 두통'으로 두개골 밖 머리의 두피에 분포하는 근육이 지속적으로 수축하며 발생하는 것입니다. 두피 근육이 긴장해 통증이 생기는 것이지요. 두개골 내 머릿속에는 문제가 없습니다. 머리에 띠를 두른 듯 둔하고 지속적으로 압박감·조이는 느낌, 또는 머리나 어깨를 짓누르는 느낌이 흔하게 나타납니다. 편두통은 맥박처럼 뛰는 통증이 지속되는 것으로 뇌혈관이 수축·이완하는 과정에서 발생합니다. 뇌출혈 전조 증상으로 나타나는 두통은 두개골 내 압력 상승으로 인해 나타나는 증상입니다. 구토·실신·경련·의식소실·언어장애·마비 증상이 나타날 수 있으며 통증이 더 극심하게 나타납니다.

긴장성 두통Tension headache

두피에 분포하는 근육이 지속적으로 수축하면서 발생한다. 통증은 일반적으로 박동성이지 않은 압박감, 조이는 느낌, 또는 머리나 어깨를 짓누르는 느낌 등으로 나타나며 대부분 양측에 모두 나타난다. 뇌 안의 이상과는 관계가 없는 경우가 많다. 스트레스, 수면 부족, 피로, 금식, 음주 등에 의해 악화된다. 아세트아미노펜 등 진통제를 복용하면 도움이 된다.

편두통Migraine

머리의 한쪽에서 나타나는 두통으로 통증이 매우 심한 편이다. 한쪽에서 통증이 맥박처럼 뛰거나 박동성 통증이 일정 시간 이상 지속되고, 구역질이나 구토가 나타나고 빛과 소리에 매우 예민해진다. 전구 증상-조짐-두통 및 동반 증상-해소기-후유 증상의 5단계로 진행된다. 편두통의 조짐(전조)은 시각 증상(번쩍이는 빛), 감각 증상, 언어 증상이 많다. 수십 분 정도 지속되며, 조짐 중에 또는 한 시간 내에 두통이 발생하는 경우가 일반적이다. 조짐이 있는 조짐편두통migraine with aura과 무조짐편두통migraine without aura으로 나눌 수 있다.

영진씨의 두통은 긴장성 두통으로 진단되었고 뇌출혈의 전조 증상은 아니었습니다. 다만 우울증에 동반된 불안과 긴장으로 혈압이 올라가고, 당이 불안정해졌으며, 식사가 불규칙해져 고지혈증이 더 심해졌습니다. 뇌출혈에 대한 걱정은 많았지만 이에 중요한 영향을 주는 혈압·당뇨·고지혈증에 대한 관리는 오히려 잘 되지 않았습니다. 담당의사는 영진씨의 내과 선생님과 상의해서 만성질환을 잘 관리할 수 있도록 했습니다.

영진씨의 어머니의 뇌출혈은 '경막하 출혈SDH'로 밝혀졌습니다. 경막하 출혈은 뇌를 싸고 있는 뇌경막 아래쪽으로 출혈이 되어 고인 것을 말합니다. MRI 사진을 확인해보니 뇌에 반달 모양으로 혈액이 고인 것을 볼 수 있었습니다. 경막하 출혈이 생기면 뇌 내 압력이 높아지기 때문에 위험한 응급 상황으로 판단합니다. 주로 넘어져서 머리를 부딪히는 경우나 교통사고에서 흔히 생기는 외상성 뇌출혈인 경우가 많습니다. 이와는 다르게 영진씨 뇌의 뇌동맥류가 터져서 출혈이 일어난다면 뇌의 내부에 출혈이 발생하는 경우가 많습니다. 따라서 어머니의 뇌출혈과 영진씨의 증상은 병의 발생 원인이 서로 다릅니다.

영진씨는 담당 의사에게 자신의 증상에 대해 자세한 설

명을 듣고 나자 이전보다 마음이 편해졌고 두통이 오더라도 걱정을 덜하게 되었습니다. 우울증을 잘 치료하고, 혈압과 당뇨, 고지혈증을 잘 관리하는 데도 신경을 쓰게 되었습니다. 이제 영진씨의 몸 상태는 이전으로 회복되어 건강을 되찾게 되었습니다. 어머니도 점차 회복되어 이제는 일상생활에 지장이 없게 되었습니다.

정신건강의학과 선생님은 혈압·당뇨·고지혈증 등을 내과 의원의 처방에 따라서 잘 관리하는 것이 중요하다는 것을 강조했습니다. 관리가 제대로 안 되면 뇌혈관에 문제가 생기는데 뇌혈관의 문제는 뇌 내 혈액 순환에 문제를 일으켜 뇌출혈뿐만이 아니라 우울증의 재발에도 영향을 줄 수 있다고 영진씨에게 설명했습니다. 중년이 되면 신체 건강 문제가 정신 건강에까지 영향을 주는 경우가 많습니다. 평소에 자신의 마음을 잘 관리하는 것이 신체를 건강하게 유지하는 데도 도움이 됩니다.

해가 질 무렵이면
찾아오는 병,

섬망

영석씨는 80세 남성으로 작은 사업체를 운영하고 있습니다. 평소 건강한 편으로 매일 자신의 공장으로 출퇴근을 합니다. 술을 좋아해서 식사 때는 어김없이 반주를 하고 있습니다. 그런데 어느 날 영석씨 집 거실 전등이 깜빡거리는 일이 있었습니다. 영석씨는 천장에 있는 전구를 갈아 끼우려고 의자에 올라가 작업을 하다가 그만 의자와 함께 뒤로 넘어지고 말았습니다. 바닥에 넘어진 채로 잠깐 의식을 잃었다가 깨어나니 골반 쪽에 심한 통증이 느껴졌습니다. 그는 119 구급차로 대학병원 응급실에 실려 갔고 응급실에서 검사 결과 골반과 다리를 연결하는 관절인 고관절이 골절됐다고 진단받게 되었습니다.

영석씨는 정형외과 병실에 응급 입원해서 다음 날 수술을 받았습니다. 수술 후 병실에서 영석씨의 아내가 그를 간병하게 되었습니다. 그런데 그날 저녁부터 영석씨에게 이상한 변화가 생겼습니다. "경찰들이 나를 잡으러 문밖에 와 있어"라고 말하는가 하면 다른 환자들을 가리키며 "여기가 우리 집인데 이상한 사람들이 침입해 있다"라는 등 횡설수설하기 시작했습니다. 간병하는 아내를 보고는 "선생님 저 좀 고쳐주세요"라며 엉뚱한 이야기를 했습니다. 그러고는 자신의 팔에 있는 수액 줄을 제거하고 침대 밖으로 뛰쳐나가려고 발버둥을 쳤습니다. 아내와 간호사가 이를 제지하자 영석씨는 "저는 잘못한 것이 없습니다. 제발 살려주세요"라고 싹싹 빌기까지 했습니다.

다음 날 아침이 되자 영석씨는 멀쩡한 사람이 되어 있었습니다. 아내에게 "어제 잠은 잘 잤어요? 나 간병해주느라 당신이 고생이 많네요"라고 했습니다. "어제 일이 하나도 기억이 안 나요?" 아내는 어젯저녁 영석씨가 난리를 쳤던 일을 하나도 기억하지 못하자 깜짝 놀랐습니다. "무슨 일? 어제 내가 뭔 일이 있었나?" 자녀들이 연락을 받고 병원에 왔지만 자녀들 앞에서 영석씨는 아무 문제가 없었습니다. 묻는 이야기에도 멀쩡하게 대답을 잘해 아내와 자녀들 모두 안심했습니다.

그러나 그날 저녁이 되자 어젯밤과 똑같은 일이 벌어지기 시작했습니다. 영석씨는 "경찰들이 나를 잡으러 온다"고 소리를 지르고 다시 침대를 나가려고 해서 한바탕 소동이 벌어졌습니다. 같은 병실에 있던 환자들도 "도저히 저 환자 때문에 무서워서 이곳에 못 있겠어요"라고 화를 냈습니다.

담당 정형외과 주치의에 의해 영석씨는 정신건강의학과로 협진 의뢰되었습니다. 협진한 정신건강의학과 의사는 직접 병실로 와서 영석씨의 상태를 보고 '섬망'으로 진단했습니다. 섬망은 수술 후, 신체 질환, 약물, 술 등으로 인해 뇌의 전반적인 기능이 떨어지고 의식의 혼란이 오면서 횡설수설하게 되는 현상을 말합니다. 환시·환각을 경험하는 경우도 있습니다. 영석씨는 고관절 골절 후에 섬망이 생겼는데 일반 수술 후 노인에게서 15~25퍼센트 정도, 고관절이나 심장 수술 뒤에는 환자 절반에게서 발생할 정도로 흔합니다. 해질 무렵에 흔히 나타나서 일몰 증후군이라고도 하는데 이는 빛에 의한 시각적 자극이 떨어지면서 사물 분간 능력이 떨어지기 때문으로 알려져 있습니다.

영석씨에게 섬망이 생긴 주된 원인은 고관절 골절이었지만 섬망을 유발하는 다른 원인은 매일 같이 마시는 술에 있습니다. 애주가가 입원으로 인해서 술을 중단하면 약 3일 후부터 불안·초조·불면·손 떨림 등 '알코올 금단 증상'이 발생하게 됩니다. 금단 증상이 발생하면 섬망이 동반되는 경우가 더 흔합니다. 영석씨는 입원 전날까지도 반주를 했고 입원 후 3일 뒤에 급성 섬망 증상이 발생했습니다. 영석씨와 같이 응급 수술인 경우에는 어렵겠지만 수술을 받아야 할 계획이 있다면 한 달 정도는 금주를 하는 것이 좋습니다. 급성 알코올 금단 증상을 나타나지 않게 해서 섬망의 발생을 예방하는 데 도움이 됩니다.

정신건강의학과 의사는 영석씨에게 섬망과 알코올 금단 증상을 도와줄 수 있는 치료를 진행했습니다. 치료 후에 섬망은 호전되었고 병실에도 평화가 찾아왔습니다. 놀랐던 가족들도 안심하게 되었지만 혹시 치매로 진행되지 않을까 걱정이 되었습니다. 하지만 섬망은 치매와는 다릅니다. 섬망은 갑자기 발생하고 일중 변동이 있어 저녁부터 밤까지 심해지는 경과를 보이며 수술 후에 잘 생긴다는 차이가 있습니다. 섬망 환자는 뇌 MRI에서 문제가 없는 경우가 더 흔합니다. 섬망이 생겼다고 모두 치매로 진행되는 것은 아니지만 치매 환자에게 섬망이 더 잘 생깁니다. 앞으로 외래에서 치매가 발생하지 않는지 주기적인 평가를 하기로 했습니다.

영석씨는 퇴원 후 집에서 지내며 약해진 다리 근력을 강화하는 물리치료를 주기적으로 받았습니다. 또 넘어지지 않게 주의를 기울였습니다. 의자 위에 올라가는 것은 균형감각이 떨어진 노인들에게는 위험한 일입니다. 이외에도 계단을 내려가거나 내리막길을 내려갈 때도 넘어지기 쉽습니다. 넘어져서 골절이 발생하면 다시 섬망이 생길 수 있습니다.

하지만 섬망이 왔다고 해서 하던 일을 모두 못하게 되거나 은퇴해야 하는 것은 아닙니다. 섬망의 원인을 알고 이를 잘 관리하면 됩니다. 섬망은 뇌에 급성으로 전반적인 기능 저하가 발생한 상태입니다. 골절과 수술 이외에도 항콜린성 약물복용·전해질 불균형·감염질환·뇌손상 등으로도 올 수 있습니다.

섬망을 줄이는 약물을 복용하면 뇌의 도파민을 차단시켜 급성 뇌 기능 이상의 호전에 도움이 됩니다. 주로 노인에게서 오지만 젊은 사람들에게도 증상이 나타날 수 있습니다. 섬망 증상 치료 후 집으로 복귀한 분들은 자기 전에 화장실을 꼭 미리 가는 것이 좋습니다. 밤에 화장실을 가다가 넘어지면 골절이 발생하기 쉽기 때문입니다. 방에 미등을 켜놓는 것도 빛 자극을 제공해서 섬망을 줄이는 데 도움이 됩니다. 하지만 잘 때 방에 환한 불을 켜 놓는 것은 수면을 방해해서 섬망에 도움이 되지 않습니다. 식사를 잘하고 영양상태를 유지하는 것도 큰 도움이 됩니다. 노인이 낮에는 괜찮다가 해 질 무렵에 정신이 흐려지거나 횡설수설하면 섬망이 아닌지 의심 후 정신건강의학과 전문의의 진찰이 필요합니다.

학교를
자퇴하고

프로게이머가 되겠다는
아들

민성이는 고등학교를 졸업하고 재수를 하고 있습니다. 하지만 학업보다는 게임에 더 관심이 많습니다. 특히 '다중플레이어 온라인 배틀 아레나 게임(이하 MOBA)'을 좋아합니다. MOBA란 인터넷을 통해 여러 명이 한 공간에 모여 편을 나누고 승부를 겨루는 게임을 의미합니다. 대표적인 게임으로 흔히 '롤LOL'이라고 부르는 '리그오브레전드' '카오스' 등이 있습니다. 민성이는 게임을 할 때 모든 고민이 사라지고 게임 속 캐릭터에 몰입하게 됩니다. 민성이의 게임 실력은 점점 늘고 있지만 모의고사 시험 성적은 점점 떨어지고 있었습니다.

학원도 가지 않고 게임만 하는 민성이를 보다 못한 아버지가 집에 있는 컴퓨터를 치워버렸습니다. 이를 안 민성이는 아버지에게 불같이 화를 내면서 자신은 이제 공부를 더 이상 하지 않겠다며 집을 나가버렸습니다. 집 근처 PC방에서 라면으로 끼니를 때우면서 며칠간 집에 들어오지 않았습니다. 어머니가 민성이가 있는 PC방을 친구들에게 수소문해 찾아가보니 아들의 행색이 말이 아니었습니다. 자기를 보고 우는 어머니에게 민성이는 "저는 앞으로 프로게이머가 될 거예요"라며 더 이상 자기 인생에 간섭하지 말라고 소리를 질렀습니다. 어머니가 민성이를 설득해 함께 집으로 돌아왔지만 그 뒤로도 민성이는 공부는 하지 않고 하루에 자는 시간 빼고는 계속 게임만 했습니다. 유튜브에서 프로게이머로 성공해 억대 연봉을 받는 사람들의 영상을 찾아보며 자신도 그렇게 성공할 수 있으리라고 생각했습니다.

민성이는 부모님에게 프로게이머 학원에 보내달라고 졸랐습니다. 사실 민성이는 중고등학교 때도 공부에는 전혀 흥미가 없었고 친구들과도 잘 어울리지 못했습니다. 학교에서는 공부도 잘 못하고 존재감이 없는 학생이었지만 오직 게임 하나 잘하는 친구였습니다. 민성이는 게임에 대해서 이야기할 때면 눈이 반짝거리고 모르는 것이 없었습니다. 친구들은 민성이를 게임 잘하는 친구로 인정해주며 '마스터'라고 불렀습니다. 부모님도 민성이가 게임을 좋아하고 프로게이머가 앞으로 비전이 있는 직업이라고 생각해 민성이의 뜻대로 게임 학원에 보내게 되었습니다.

하지만 민성이는 프로게이머 학원에 가서도 결국 오래 버티지 못했습니다. 자신보다 더 게임을 잘하는 동료들에게 금방 주눅이 들었습니다. 학교 친구들 사이에서는 게임을 잘하는 편에 속했지만 프로게이머 지망생들 사이에서는 그다지 잘하는 편이 아니었습니다. 게임 학원에서도 학교에서처럼 수업도 많이 들어야 하고 타인과의 경쟁이 부담이 많이 되었습니다. 결국 민성이는 학원을 그만두기로 하고 집으로 돌아왔는데 부모님의 원망을 들어야 했습니다. "너는 잘하는 것이 뭐냐?" "다시 공부해서 친구들 따라갈 수 있겠니?" 결국 민성이는 부모님과 다투고 다시 자기 방에서 나오지 않고 게임만 했습니다. 게임을 하지 않으면 이유 없이 불안하고 초조해져서 멈출 수가 없었습니다.

게임을 하는 것은 나쁜 것이 아닙니다. 게임을 통해 친구들을 만날 수도 있고, 회사를 차려 새로운 게임을 개발해 많은 사람을 고용할 수도 있습니다. 하지만 게임을 좋아하는 것과 '프로게이머'가 되겠다는 것은 전혀 다른 이야기입니다. 예를 들어 내가 양궁에 관심이 있다면 양궁을 가르치는 체육관에서 수업을 들을 수 있을 것입니다. 하지만 양궁 올림픽 국가대표 선수가 되려면 어떠해야 할까요? 활을 잘 쏜다고 해서 국가대표가 되기는 힘들 것입니다. 남다른 집중력이 있어야 하고 담력도 필요할 것입니다.

프로게이머가 되기 위해서는 게임을 좋아한다거나 잘하는 정도로는 부족하고 손이 매우 빨라야 하며 타고난 반사 신경과 담력이 필요합니다. 내셔널지오그래픽의 어느 다큐멘터리에서 한국의 프로게이머를 취재해 유명 프로게이머와 일반인의 뇌를 MRI로 비교해본 적이 있었습니다. 그 결과 일반인들의 뇌는 게임을 하는 동안 시각을 통제하는 부분만 활성화되었지만 프로게이머의 뇌는 전두엽과 대뇌 변연계가 활발하게 움직였다고 합니다. 컴퓨터를 조작하는 횟수 또한 일반인과 프로게이머를 비교해보면 일반인은 키보드와 마우스를 1분에 100회 정도 조작하는 데 비해 프로게이머는 그보다 3.7배 많은 370회를 조작했다고 합니다. 이 실험에서 프로게이머는 뇌의 반응과 손의 대응속도가 일반인과는 비교할 수 없을 정도로 빠르다는 결론을 얻었습니다. 프로게이머가 되기 위해서는 후천적 노력도 중요하지만 선천적인 뇌의 능력이 꼭 필요한 것으로 생각됩니다.

프로게이머를 꿈꾼다면 직업으로 삼기 전에 그 분야 전문가에게 냉정하게 평가를 받아보는 것이 좋습니다. 만약 전문가가 하기 어렵겠다고 조언한다면 그 말을 마음에 새겨들어야 할 것입니다.

민성이는 부모님과 함께 정신건강의학과 의원을 방문했습니다. 심리검사에서 민성이는 뇌의 반응속도가 느리고 긴장 수준이 매우 높았습니다. 이러한 성향은 프로게이머를 하기에는 적합하지 않은 것으로 판단되었습니다. 이에 반해, 주변에 인정을 받고 싶은 욕구가 크며 불안감이 높은 것으로 나타났습니다. 게임을 열심히 했던 것도 이를 통해 친구들에게 인정받고 싶은 마음이 컸기 때문이었습니다. 부모님께도 무언가로 인정받고 싶었지만 공부로 인정받기는 쉽지 않았습니다. 민성이의 IQ는 평균보다 높았지만 불안, 초조, 긴장으로 인해 제대로 공부에 집중하기가 어려웠습니다.

민성이는 치료를 받으며 불안감이 감소되고 공부를 하면서도 이전보다 집중이 잘 되었습니다. 그동안 시험만 보면 평소 실력보다 나오지 않아 실망하는 일이 많았지만 심리치료와 병행해 시험 전에 미리 실전과 같은 모의시험을 많이 보며 긴장을 줄일 수 있었습니다. 그 이후 민성이는 컴퓨터공학과에 진학하게 되었습니다. 이제는 게임을 하지는 않지만 새로운 게임을 만드는 공부에 푹 빠져 있습니다. 앞으로는 게임을 잘해서 인정받기보다는 게임을 만들어서 인정을 받아볼 생각입니다. 대인관계에서도 친구들에게 꼭 인정받을 필요는 없다는 것을 깨달았습니다. 친구들과 가벼운 이야기를 나누고 식사를 함께하는 것으로도 친해질 수 있었습니다. 민성이는 주변과의 관계가 편해지면서 불안, 긴장이 한층 줄어들었습니다. 또한 '내가 직업으로 잘할 수 있는 것'과 '내가 좋아하는 것'에는 큰 차이가 있다는 것을 깨닫게 되었습니다.

보편적인
관점의 사람
vs
독특한 관점의
사람

상민씨는 어릴 때부터 모범생이라는 이야기를 듣고 살아왔습니다. 시험을 보면 항상 남들보다 좋은 성적이 나왔습니다. 출제하는 선생님의 의도를 잘 파악하고 사지선다 문제에서 정확하게 정답을 맞히는 능력이 뛰어납니다. 친구들과 어울리기보다는 혼자서 조용히 공부를 하는 것을 좋아했습니다. 반면에 영진씨는 어릴 때부터 엉뚱한 면이 있었습니다. 영화에 빠져 새로운 작품의 시나리오를 쓰기도 하고 친구들과 모여서 영화 동아리를 만들기도 했습니다. 시험문제의 정답을 맞히는 일은 잘하지 못했고 흥미를 느끼지 못했지만 다른 사람은 아직 하지 못한, 세상에 없는 새로운 것을 만드는 데 관심이 있었습니다.

상민씨와 영진씨는 같은 회사에 동기로 입사하게 되었습니다. 두 사람은 인사를 했지만 서로 친하게 지내기는 쉽지 않았습니다. 상민씨는 반듯한 모범생 스타일이었고 영진씨는 자유로운 영혼을 가진 예술가 스타일이었습니다. 상민씨는 영진씨 같은 사람이 자기 회사에 입사했다는 사실이 싫었고 가까이 하기 힘든 사람이라고 생각했습니다. 반면에 영진씨는 상민씨에게 전혀 관심이 없었고 넥타이를 매고 정시에 출근해야 하는 직장 생활이 무척 답답하게 느껴졌습니다.

어느 날 두 사람은 같은 프로젝트에 참여하게 되었습니다. 회사에 신규로 출점한 의류 매장이 잘 되지 않아 개선할 방안을 찾아보는 일이었습니다. 서로 함께한다는 것이 불쾌했지만 매장에 같이 나가보았습니다. 상민씨는 각 매장을 방문할 때마다 직원들의 의견을 듣고 무엇이 문제인지 확인해 보는 일부터 시작했습니다. 문제를 정리한 뒤에는 각 문제마다 개선할 점이 무엇인지 답을 적었습니다. 상민씨는 매장 내부에 전체 옷을 검색할 수 있는 컴퓨터를 설치하고 매출이 높은 상품을 매장 앞쪽에 전시하는 부스를 추가해야 한다는 결론을 얻었습니다.

영진씨는 처음부터 상민씨와는 접근 방법이 달랐습니다. 자신이 잘 다루는 카메라로 매장의 여기저기를 촬영해 고객의 입장에서 볼 때 어떤 느낌일지 생각해보았습니다. 영진씨는 매장 인근에 있는 대학교 학생들이 많이 방문한다는 사실을 확인한 뒤 인근 의류 매장과 차별화되는 분위기로 매장 디스플레이를 바꿔보았습니다. 손님들이 자신이 옷을 입은 사진을 촬영해 SNS에 올릴 수 있는 포토존을 매장 한쪽에 만들고 매장에서 찍은 사진을 매장 벽에 걸어 전시했습니다.

두 사람의 의견을 종합해 매장을 바꾸면서 매출이 크게 늘어나고 회사는 큰 이익을 거두게 되었습니다. 상민씨와 영진씨는 회식 때 처음으로 함께 긴 대화를 하게 되었습니다. 영진씨는 상민씨에게 "상민이 너를 처음 보았을 때 우리는 서로 가까워지기 힘든 사람인 줄 알았는데 겪어보니 괜찮은 사람이라는 생각이 들어. 내가 갖고 있지 않은 무언가를 갖고 있는 것 같아"라고 이야기했습니다. 상민씨도 동의하며 "영진이 너 같은 사람은 내 주위에 없어서 처음엔 좀 이해하기 힘들었는데 지난번 프로젝트를 함께하면서 너에게 놀라운 면을 보았어"라고 이야기했습니다. 둘은 가까워졌습니다.

보편적인 생각을 잘하는 사람은 다른 사람의 생각을 잘 파악하고 정리해 적용하는 일을 잘합니다. 하지만 새로운 생각, 남과 다른 창의적인 생각을 하는 데에는 무척 약합니다. 학창시절 우리나라 학생들은 주로 '보편적인 생각을 잘하는 사람이 되자'는 것을 배웁니다. 하지만 남과 비슷한 생각을 아무리 열심히 하고 많이 해도 창의적이고 새로운 아이디어를 만드는 데에는 한계가 있습니다. 세상은 빠르게 변하고, 새로운 아이디어를 만드는 사람이 부가가치의 대부분을 차지하는 시대로 변하고 있습니다.

남과 다른 독특한 생각을 잘하는 사람은 주변에서 '독특하고 좀 튀는 것 같다'는 느낌을 가질 수도 있습니다. 이들은 남을 그대로 따라하고 규칙에 얽매이는 것을 싫어합니다. 새로운 것을 만들고 창조하는 일에 익숙합니다. 이런 부류는 조직에 잘 적응하지 못할 수도 있습니다. 하지만 자신이 좋아하는 일을 만나면 깊이 빠져들고 생각하지 못한 결론을 내어놓습니다. 사지선다 문제에는 없는 새로운 제5의 정답을 창조해냅니다. 이 둘이 함께 만나서 일을 할 때 혼자서는 할 수 없는 시너지를 만들 수 있습니다.

두 사람의 특성에 대해 정신건강의학과에서 심리검사를 진행했습니다. 상민씨는 과제 전환 능력과 사고 속도가 탁월했습니다. A 과제를 하다가도 B 과제를 하게 되면 이전 과제에 영향을 받지 않고 진행할 수가 있었습니다. 마치 도서관에 책이 일렬로 정리되듯 머릿속이 잘 정리되어 있었습니다. 이전에 배우거나 경험한 것을 회상해서 현재의 문제를 해결하는 속도가 빨랐습니다. 하지만 상민씨는 이전에 해본 적 없는 새로운 과제가 주어졌을 때 이 모든 것이 힘들어집니다. 자신이 경험하거나 배우지 못한 것을 할 때 새로운 아이디어를 내기 보다는 시킨 사람에게 화가 나고 스트레스를 받게 됩니다. 늘 하던 일을 하는 것이 편하고 원칙을 정하고 틀리지 않게 일하는 것을 잘합니다.

영진씨는 상민씨와는 전혀 다릅니다. 영진씨는 현재 경험하는 상황이 과거 자신의 수많은 기억들을 연상시키게 됩니다. 예를 들어서, 어린 시절에 친구들과 했던 놀이가 지금하는 일에 아이디어가 될 수도 있습니다. 그의 머릿속에서는 생각과 생각이 자유롭게 연결되고 이어져서 새로운 내용을 만들어냅니다. 다만 생각이 복잡하기 때문에 예민하고 대인관계에 민감한 성격이 되기 쉽습니다. 계속 같은 일을 틀리지 않게 하는 것은 가장 잘 못하는 일입니다. 수학 문제를 풀게 되면 결국 계산 실수를 하고 싫증을 내게 됩니다. 하지만 이전에 해본 적 없는 새로운 과제가 주어졌을 때 도전하고 싶다는 생각이 듭니다. 영진씨는 남들과 다른 생각을 하고 기발한 아이디어를 만들어냅니다.

보편적인 생각을 하는 능력만을 측정해 사람을 평가하면 미래의 변화에 적응하기 힘듭니다. 반면에 독특한 생각을 하는 사람만 모여서 일을 한다 해도 엉뚱한 방향으로 일이 흘러가 결국 실패를 할 수 있습니다. 보편적인 생각을 하는 사람들의 피드백이 독특한 생각을 하는 사람에게는 귀담아 들어야 할 조언입니다. 서로 다른 부류의 사람이 각자의 능력을 인정받고 함께 만나서 서로 상호 보완해서 일하도록 해야 합니다. 각자의 장점을 인정하고 함께 어울려 일할 수 있는 장이 마련되어야 합니다.

2부

우울편

"무엇 때문에
살아야 하는지 모르겠어요"

인생을 살아가면서 다양한 희로애락喜怒哀樂의 감정을 경험하게 됩니다. 항상 즐겁고 기쁘게만 살아갈 수 있는 사람은 없을 것입니다. 때로는 누구나 슬픈 감정이 찾아오게 됩니다. 힘든 일을 겪으면 기분이 우울해지고 좋은 일이 있으면 기쁨을 느끼는 것이 마음이 건강한 상태입니다. 하지만 힘든 일을 겪어서 우울하다고 하더라도 시간이 지나면 회복되고 다시 일상으로 돌아가게 됩니다. 매우 예민한 사람들 가운데에는 오랜 시간 동안 우울한 기분이 호전

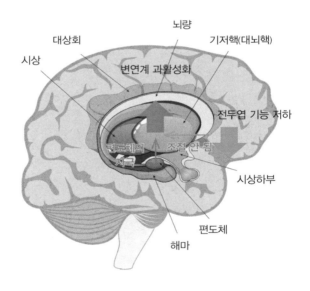

그림 5. 매우 예민한 사람이 우울한 감정을 느낄 때 뇌의 변화

되지 않고 지속되는 경우가 있습니다. 어떤 경우에는 우울할 만한 일이 없는데도 기분이 우울해지고 감정의 기복이 생기는 경우가 있습니다.

매우 예민한 분들은 우리 뇌의 변연계가 지나치게 활성화되어 있습니다. 뇌 혈류를 보는 기능적 자기공명영상fMRI 연구에 의하면 매우 예민한 사람들은 뇌의 감정과 공감을 느끼는 변연계가 활성화되어 있다는 사실이 보고되었습니다.[11] 변연계는 이전에 비슷한 감정을 느꼈던 기억을 회상해냅니다. 자신에게 우울한 기분을 느끼게 만든 사람이 이전에 가했던 기억까지도 꼬리에 꼬리를 물고 생각이 나게 됩니다. 우리 뇌가 컴퓨터와 다른 점은 과거의 기억이 그때 느꼈던 감정에 따라 강화되고 쉽게 회상이 된다는 점입니다. 이 역할을 편도체가 하게 됩니다. 편도체는 공포, 불안, 두려움의 감정을 느꼈을 때 변연계를 자극해서 더욱 강하게 기억하게 만들고 잊지 못하게 합니다(그림 5).

변연계|Limbic system

뇌의 한가운데에 위치한 기관으로 감정과 기억의 뇌라고 불린다. 인간의 기억, 감정, 학습, 꿈, 집중, 각성, 희로애락의 표현에 관여해 내부적인 항상성homeostasis을 유지하며, 인간의 본능적인 욕구와 배고픔, 목마름, 약물에 대한 갈망 등의 기본적인 욕구를 관장하고 조절한다.[12] 단기 기억을 담당하는 해마가 변연계에 속해 있고, 수면, 식욕, 성욕을 조절하는 시상하부가 여기에 속해 있다. 변연계는 전두엽과 연결되어 있으며, 변연계에서 만들어지는 인간의 본능적인 충동과 기억들은 전두엽에서 대부분 억압된다. 인간이 동물과 다르게 충동을 억압하는 데 능한 이유는 전두엽의 발달에 그 원인이 있다.

편도체|Amygdala

편도체는 감정의 표현과 경험을 관장하는 변연계라는 뇌 영역에 속해 있으며 공포, 불안, 두려움과 같이 부정적인 감정을 처리하고 기억하는 데 중요한 역할을 하는 뇌 영역이다. 아몬드almond처럼 생겼다고 해서 붙여진 이름이다.

우울한 기분이 심해져서 우울증으로 이어지면 전두엽의 기능이 떨어지게 됩니다. 전두엽의 기능이 떨어지면 변연계에서 만들어진 우울, 불안의 기억들이 통제가 안 되고 의식의 표면에 꼬리에 꼬리를 물고 떠오르게 됩니다. 마치 술을 마신 뒤처럼 감정의 통제가 잘 되지 않고 우울한 기분이 지속되게 됩니다. 결국 자신만의 슬픈 생각으로 깊게 빠져들어가게 되고 그 생각에 사로잡히게 될 수 있습니다.

따라서 매우 예민한 사람이 느끼는 실제적인 우울은 뇌의 변주에 의해서 실제보다 더 크게 느껴지게 됩니다. 이를 예방하기 위해서는 '보호요인'을 증진하는 것이 큰 도움이 됩니다. 보호요인은 '안전기지'와 '대인관계의 능력'과 '감정조절의 능력'으로 나눌 수 있습니다(그림 6).

내가 안전기지를 구축해놓았다면 트라우마를 경험하고 예민성이 심해져서 우울이 발생해도 이를 예방할 방패가 될 수 있습니다. 어린시절 부모님이 이 역할을 하게 되지만 그렇지 못했다고 해서 절망할 이유는 없습니다. 늦었다고 생각할 때가 가장 빠른 때입니다. 뒤에 이어질 5부 〈예민함을 나만의 장점으로 만들어보자〉를 통해

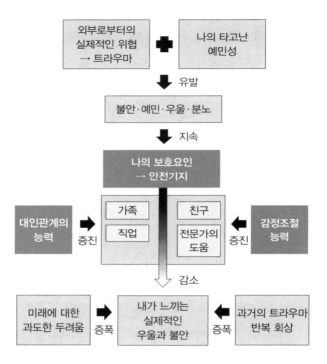

그림 6. 내가 느끼는 실제적인 우울과 불안

서 마음이 편안해지는 안전기지를 만들어봅시다.

매우 예민한 사람들 중에서 '대인관계의 능력'을 가지고 있는 경우에는 오히려 예민한 특성을 장점으로 살려서 자신의 분야에 성공하는 경우를 보게 됩니다. 대인관계의 능력은 타인과 있을 때 그 사람과 쉽게 어울리고 그 사람을 편안하게 만들어주지만 동시에 자신의 에너지 소모는 최소한으로 유지하는 능력입니다. 매우 예민한 분들 중에는 하루에 한두 명만 만나도 기진맥진해서 누워 있는 경우가 많습니다. 하지만 대인관계가 잘 되는 분들 중에는 처음 보는 사람들 수십 명과 하루에 여러 번 회의를 해도 별로 피곤하게 느끼지 않는 경우도 많습니다. 대인관계의 능력은 선천적으로 타고 나는 경우도 많지만 후천적으로 노력을 통해서 만들어지는 경우도 많습니다.

매우 예민한 사람인데도 많은 사람들과 만나고 회의해도 피곤하지 않은 분들은 왜 그럴까요? 첫째는 처음 보는 사람들을 만나는 연습을 꾸준히 하는 것입니다. 예민한 사람들은 처음 보는 사람인데도 불구하고 자신에게 과거에 상처를 준 사람들과 공통점 있으면 연상을 하고 동일시하게 됩니다. 표정이나 말투 등 비언어적인 표현에 신경을 쓰게 되면 이러한 연상이 강화되고 에너지 소모가 과다해집니다. 둘째는, 관심과 흥미를 가지고 대화를 하는 것입니다. 흥미를 가지면 현재와 지금here and now에 집중하게 되는 장점이 있습니다. 흥미는 안전기지를 통해서 얻어질 수 있습니다. 안전기지를 통해 세상을 탐험하게 되면 나만의 흥미를 발견할 수 있습니다. '나는 흥미로운 것이 아무것도 없다'라고 생각하는 사람이 있다면 안전기지 형성이 안 되었을 가능성이 높습니다.

감정의 조절 능력도 매우 예민한 사람들이 우울을 예방하는 데 도움이 됩니다. 우울이 심해지기 전에 우울한 생각에 사로잡히는 것을 막아봅니다. 우울한 생각이 시작되면 부정적인 자동사고가 강화되고 활동이 떨어집니다. 반대로 긍정적인 자동사고를 생각하고 활동을 통해서 우울에 몰입하는 것을 줄이는 것이 좋습니다. 타인과 갈등을 만들기 전에 양보하는 것이 좋습니다. 결국 에너지의 소모를 줄이고 우울로 가지 않게 되어 자신에게 이익이 됩니다.

미래에 대한 과도한 두려움을 줄이는 것이 예민한 마음을 편안하게 만드는 데 도움이 됩니다. 미래는 아무도 알 수 없고 알 수 없는 미지라는 것이 두려움을 줄 수 있습니다 하지만 이렇게 생각해 보면 어떨까요? '내 앞에 생길 일을 모르기 때문에 어떤 새로운 일이 일어날지 기대하는 즐거움을 느낄 수 있다.' 사람이면 누구나 가진 근원적인 두려움은 '인간은 누구나 병에 걸리고 죽는다'는 명제와 관련이 있습니다. 주위에 병으로 돌아가신 분이 있다면 자신에게 대입해서 건강염려증이 생길 수도 있습니다. 반면에 자신의 미래에 대한 우울과 불안을 죽음을 통해서 사라지게 할 수 있다는 생각으로 빠져들어갈 수도 있습니다. 현재에 집중하고 지금 일어나는 일을 잘 마무리하는 것이 미래에 대한 두려움을 줄이는 가장 좋은 방법입니다.

과거의 트라우마를 반복 회상하면 결국 우울한 기억이 강화되고 작은 자극에도 그 기억이 살아납니다. 교감신경계가 항상 활성화되고 각성되어서 에너지가 빠르게 고갈되고 밤에는 잠이 안 와서 에너지를 채우기도 어려운 난관에 봉착하게 됩니다. 트라우마를 회상할 시간을 줄이기 위해서는 새로운 좋은 일과 새로운 사람을 만나는 경험을 계속해서 자신의 뇌에 들어가는 인풋을 트라우마와 관련이 없는 새로운 것으로 채워야 합니다.

나비효과 Butterfly effect

'어느 한곳에서 일어난 작은 나비의 날갯짓이 뉴욕에 태풍을 일으킬 수 있다'는 이론. 미국의 기상학자 로렌즈Lorenz, E. N.가 사용한 용어로, 초기 조건의 사소한 변화가 전체에 막대한 영향을 미칠 수 있음을 이르는 말이다.

'나비효과'라는 말이 있습니다. 아무도 미래를 정확히 예측할 수 없지만 현재에 작은 변화를 만들면 점점 커져서 결국 시간이 지나면 큰 차이가 생기게 됩니다. 매우 예민한 사람들이 현재에 집중하고 작지만 의미 있는 변화를 만들어내면 예민한 특성이 능력으로 발휘되는 변화가 오게 됩니다.

타인에게
좋은 평가를 받고자

살아온
사람의 위기

강희씨는 30대 초반의 여성으로 로스쿨을 졸업하고 변호사로 로펌에서 근무했습니다. 어릴 때부터 공부를 잘해서 선생님과 친구들의 관심을 많이 받았습니다. 그런데 지금은 어렵게 입사한 로펌을 그만두고 혼자 자신의 오피스텔에서 지내고 있습니다. 집 밖으로 잘 나가지 않고 사람들도 만나지 않고 지낸 지 벌써 반년이 넘었습니다. 가족들도 어떻게 도와주어야 할지, 무엇이 문제인지 몰라 답답해하고 있습니다.

강희씨가 로펌을 그만둔 이유는 자신이 다른 사람들과 비교해서 못나 보이기 때문이었다고 합니다. 강희씨는 중고등학교나 대학 때 항상 돋보이는 존재였습니다. 초등학교 때 아버지가 간암으로 사망하고 어려운 경제적 상황에서 학교를 다녀야 했습니다. 하지만 그는 조금도 기죽지 않고 열심히 공부를 했고 항상 좋은 성적을 유지했습니다. 아르바이트로 학생들을 가르치며 얻는 수입으로 남들 못지않게 명품 옷을 입고 다닐 수 있었습니다. 항상 관심받는 것에 익숙했지만 마음속으로는 '계속 주목받지 못하면 어쩌나' 하는 두려움이 있었습니다.

강희씨는 로펌에 들어가면서 이전에 경험해보지 못했던 경쟁을 하게 되었습니다. 로펌 동료들은 자신보다 더 머리도 좋고 외모도 뛰어나 보였습니다. 그러던 어느 날 회의에서 새로 들어온 동료들과 실적을 비교하는 일이 있었습니다. 강희씨가 새로 담당한 소송에서 강희씨의 실수로 결국 일이 잘못 진행되었다는 피드백을 듣게 되었습니다. 이후로 강희씨는 회사에만 가면 가슴이 답답하고 숨이 막히는 느낌이 들었습니다. 누가 자신을 비난하지 않을까 하는 생각이 들어 타인과 눈을 맞추고 일하기 힘들어졌습니다. 주위에서 큰 소리가 나면 쉽게 깜짝 놀라고 사람들이 수군거리면 자신을 욕하는 것 같았습니다.

설 명절이 되어 가족, 친지가 함께 모이는 자리에서 가족들은 강희씨를 보고 깜짝 놀랐습니다. 건강한 모습은 온데간데없고 체중이 10킬로그램 넘게 빠져서 피골이 상접한 모습이었습니다. 얼굴에 성형도 여러 번 해서 오랜만에 본 친척들은 강희씨를 잘 알아보지 못하기도 했습니다. 이전과 달라진 강희씨를 보고 걱정을 하자 강희씨는 버럭 소리를 지르고 울면서 집으로 돌아가려고 했습니다. 그러고 보면 최근 강희씨는 감정 기복이 심해져 쉽게 우는 일이 잦았습니다. 열흘간은 잠도 거의 이루지 못했다고 합니다.

가족들은 이대로 강희씨를 두었다가는 큰일이 생길 것 같아 함께 인근 정신건강의학과 의원을 찾아갔습니다. 강희씨는 심한 다이어트로 체질량 지수인 BMI가 17인 심각한 저체중 상태였습니다. 정신의학적 검사상 몇 가지의 특징이 있었는데 '양극성 우울증' '히스테리성 성격'과 '편집증적 성격'이 있는 것으로 진단되었습니다. 양극성 우울증은 감정 기복과 우울한 기분을 함께 보이는 특징이 있습니다. 일반인구의 약 1~2퍼센트 정도가 양극성 우울증을 보입니다. 감정 기복은 자신의 의지와는 관계없이 기분이 쉽게 변하고 우울해지는 것을 의미합니다. 이는 각성상태를 증가시켜 외부 자극에 예민해지거나 폭발하기 쉽습니다.

히스테리성 성격은 감정표현이 과장되고 주변의 관심을 받으려는 특징이 있습니다. 또한 이를 유지하기 위해 자신을 과장하게 되는 경우가 많습니다. 관심받기 위해 노력하지만 관심을 주지 않으면 분노가 생기고 우울증이 발생되기도 합니다. 편집증적 성격은 타인이 자신에게 피해를 주지 않았음에도 다른 사람들이 자신을 괴롭히고 있다고 생각하는 성격을 말합니다. 항상 주위를 경계하고 타인의 숨겨진 의도를 과도하게 생각하게 됩니다.

히스테리성 성격과 편집증적 성격을 가지고 있다고 하더라도 사회생활을 잘하고 문제없이 지내는 분들도 많습니다. 전문 분야에서 성공한 분들 중에는 이러한 성향이 있는 경우도 많습니다. 하지만 우울증 등의 정신질환으로 발전하지 않도록 항상 주의를 기울여야 합니다. 강희씨는 자신의 자존심을 유지하는 방법으로 주위의 관심을 받기 위해 노력했습니다. 좋은 성적을 받고 변호사 시험에 합격하고 로펌에 입사하게 되면서 그러한 성격은 긍정적인 방향으로 작용했습니다. 하지만 강희씨는 똑똑한 사람들이 많이 모인 로펌이라는 큰 조직에 들어가며 어려움에 처하게 되었습니다. 회사에서는 혼자 공부만 하면 되는 게 아니라 협력도 해야 되고 평가도 받아야 합니다. 이러한 상황에서 학생 때처럼 다른 사람들의 관심을 받기 위한 방향으로 무한히 노력한다면 그 한계에 봉착할 수도 있습니다.

강희씨는 정신건강의학과 치료와 상담을 진행하며 자신

의 만족을 위해 살아온 삶이 아니라 다른 사람에게 좋은 평가를 받기 위해 살아오지 않았나 생각하게 되었습니다. 어린 시절 아버지가 돌아가셨을 때 어머니와 동생들이 모두 울고 있던 기억이 아직도 선명합니다. 그때 자신을 지켜주던 울타리가 사라지고 세상에 버려진 것 같은 느낌이 들었습니다. 무의식중에 다른 사람들의 마음에 들기 위해, 버림받지 않기 위해 지나치게 노력해왔습니다. 하지만 이제는 자신의 능력의 한계에 도달한 것 같았습니다.

모든 사람에게 좋은 평가를 받는 것은 현실적으로 불가능합니다. 강희씨는 이제 자신의 다양한 가치를 발견해야 합니다. 변호사라는 직업을 가졌지만 책을 읽을 때의 즐거움, 운동을 하면서 느끼는 기쁨, 여행에서 느끼는 재미 등 다양한 부분에서 자신을 발견해야 합니다. 그러면 자신을 다면적으로 생각하게 되고 남의 평가에 의해서만 획일적으로 판단하지 않게 됩니다. 일을 하는 중에 나를 비판하거나 조언을 주는 사람에게도 '나를 공격하는 것이 아니다. 비판을 통해서 내가 더욱 발전할 수 있고 일을 더 잘할 수 있다'고 생각하는 여유를 가질 수 있게 됩니다.

강희씨는 우울증 치료와 자신의 가치를 다시 발견해보는 상담을 받은 후에 다시 로펌에 복귀해서 잘 적응하고 있습니다. 이제 새로운 업무에 대한 자신감도 생기고 적응이 되었습니다. 가족들도 다시 정신적·신체적으로 건강해진 강희씨에 안심하게 되었습니다. 이제 강희씨는 자신에게 관심을 쏟는 가족들이 있다는 사실에 감사하게 되었고 힘든 일이 있으면 상의할 수 있게 되었습니다.

자기 방에서
나오지 않는

대학 휴학생

교육부의 〈2020년 교육기본통계〉에 의하면 국내 대학교의 휴학생 수는 2020년 기준 83만 명에 달합니다. 이는 전체 대학생 수의 25.3퍼센트 정도입니다. 학생들이 휴학을 하는 이유는 자신에게 맞는 학교나 전공을 찾기 위해, 혹은 군복무·해외 연수·취업 등의 이유도 있지만 학교에 적응하지 못해 휴학하는 경우도 많습니다. 휴학을 거듭하다가 결국 자퇴를 하게 되기도 합니다. 학교에 적응하지 못하는 학생들을 보면 친구들과 잘 어울리지 못하고 학습 의욕이 떨어지는 경우가 많은데, 자세히 살펴보면 우울증 등 정신건강 문제로 인한 경우가 많습니다. 요즘 학생들은 예전처럼 형제 수가 많지 않고, 중고등학교 때도 친구들과 어울릴 시간이 없이 학원에만 다니며 자랍니다. 대학교 생활 이전에는 선생님-학생과의 관계 이외에는 다른 대인관계를 배울 시간이 부족합니다. 학생들에게 대학은 처음으로 다양한 대인관계를 접하는 곳입니다. 이 기회를 잘 활용하지 못한다면 대인관계를 다시 배울 수 있는 기회는 많지 않습니다.

영은씨는 대학교 1학년 휴학생입니다. 대학에 입학했지만 코로나로 비대면 수업을 했고 아직 같은 과 친구들의 얼굴도 잘 모릅니다. 1학년 1학기를 마치고 휴학을 했고 현재는 집에서 지내고 있습니다. 주로 새벽 늦게까지 유튜브를 보거나 모바일 게임을 하는데 최근에는 새벽 5시가 넘어야 잠들었고 정오가 되어야 겨우 일어났습니다. 아침이 없는 삶을 살아온 것이 벌써 반년이 넘었습니다. 어머니가 아무리 아침에 깨우려고 해도 영은씨는 이불 속에서 나오지 않았습니다.

영은씨는 오후가 되어야 잠에서 깨고 기운이 조금 나게 됩니다. 밤이 되면 정신이 더 또렷해져서 잠을 이루지 못합니다. 스스로를 '새벽형 인간'이라고 생각하고 있습니다. 새벽에는 특히 식욕이 당겨 매일 야식을 합니다. 야식을 할 때는 국수, 빵, 매운 음식 등을 많이 먹었습니다. 새벽에 많이 먹고 늦게 일어나니 하루가 다르게 체중이 늘고 있습니다. 너무 많이 먹은 날은 손가락을 넣어서 토하는 경우도 있습니다. 공부를 하려고 책을 펴면 머리에 들어오지 않습니다. 종이책에 쓰여 있는 글자는 잘 이해가 안 되지만 웹툰이나 카페 게시글은 눈에 잘 들어옵니다. 영은씨는 밤에 SNS를 많이 하는데, 새로 산 신상 옷을 입고 찍은 사진을 SNS에 올리고 '좋아요'를 받으면 기분이 좋습니다.

그러던 어느 날 휴학 중에 오랜만에 학교에 갔는데 학생회관에서 사람들이 서로 떠드는 소리가 들렸습니다. 그런데 사람들이 웃는 소리가 마치 영은씨를 비난하며 웃는 소리 같다는 생각이 들었습니다. "재는 어젯밤에 뭘 먹어서 저렇게 배가 나왔지? 재수 없다." 이렇게 이야기하는 것 같았습니다. 영은씨는 갑자기 기분이 나빠졌지만 그 사람들에게 가서 무슨 이야기를 하는지 확인하지는 못했습니다. 불편한 마음에 학교를 빠져나와 서둘러 집으로 돌아왔습니다. 집에 와서는 너무 피로해 잠이 들었습니다. 1시간도 안 되는 시간 동안 학교에 있었을 뿐인데도 사람들 많은 곳에 가는 것이 무척 힘이 들었습니다. 저녁에 일어나니 배가 고프기 시작했습니다. 다시 먹방을 보면서 햄버거를 먹기 시작했습니다.

영은씨는 부모님의 권유로 카페 아르바이트를 시작했습니다. 카운터에서 주문을 받고 결제를 하는 일이었습니다. 그런데 손님들이 많이 줄을 서 있으면 심하게 긴장되고 숨이 안 쉬어지는 것 같았습니다. 어느 날 손님 중 한 사람이 빨리 계산해달라고 화를 내는 일이 있었습니다. 그 순간 갑자기 호흡이 곤란해지면서 심하게 어지러워져 그 자리에 주저앉고 말았습니다. 결국 아르바이트를 그만두고 다시 집에서 누워 지내는 생활을 시작하게 되었습니다. 영은씨는 감정 기복이 심해져서 오전에는 내내 무기력했고 오후에는 화가 나고 짜증이 났습니다. 사람들을 만나야 할 때가 가장 싫었는데 만나면 무슨 말을 해야 할지도 모르겠고 식은땀이 나며 숨쉬기 힘들다는 느낌이 들었습니다. 그 뒤로 계속해서 감정 기복과 불면증, 호흡곤란이 찾아와 인근 정신건강의학과 의원을 방문했습니다.

검사 결과 영은씨의 지능은 정상이었지만 감정 기복이 심하고 생각 반응 속도가 무척 느렸습니다. 예를 들어 문장을 완성하는 검사에서 문제 이해는 잘했지만 반응 속도가 너무 느려서 완료를 하지 못하는 경우가 많았습니다. 그 이유는 '비전형성 우울증'으로 인해 의욕이 떨어지고 긴장과 불안이 높아서이기 때문으로 파악되었습니다. 우울증으로 인한 운동부족으로 체지방 증가와 고지혈증이 와서 이대로 방치하면 당뇨가 생길 수도 있다는 결과를 확인했습니다.

우울증은 20 ~ 30대 청년층과 40대 이상 중년·노년층에서 차이가 있습니다. 청년층에서는 '비전형성 우울증'이 더 흔하고, 중년·노년층에서는 '멜랑콜리아형 우울증'이 더 흔합니다. 멜랑콜리아형은 우리나라 사람들이 많이 경험하는 중증의 우울증으로 즐거운 감정이 없어지고 식욕이 떨어지고 체중감소가 있으며 오전에 특히 우울감이 심합니다. 이에 비해서 비전형성 우울증은 주로 새벽시간대 식욕 증가·불면·오전시간대 무기력·졸림 증상을 나타내는 경우가 많습니다. 공통점은 대인관계에 대한 의욕이 줄어들고 사람 만나는 것을 힘들어한다는 점입니다.

비전형성 우울증에는 몇 가지 중요한 특징이 있는데, 크게 네 가지로 압축할 수 있습니다. 첫째, 식욕이 증가하고 밤에 폭식증이 있습니다. 렙틴Leptin과 그렐린Ghrelin은 우리의 몸에서 식욕을 조절하는 호르몬입니다. 렙틴은 식욕을 억제하고 그렐린은 반대로 식욕을 증가시키는 역할을 하게 됩니다. 비전형성 우울증에서는 렙틴의 식욕억제 효과가 줄어드는 것이 식욕이 증가하는 원인이 됩니다. 특히 야간에 식욕이 증가하면서 빵, 국수, 라면 등 탄수화물과 매운 것이 당기게 됩니다. 혈당이 증가하면 우울감과 불안감이 줄어들기 때문에 더 많이 먹게 됩니다. 둘째, 늦게 자고 늦게 일어납니다. 심지어는 밤낮이 완전히 바뀐 경우도 있습니다. 일찍 잠이 오지 않고 밤이 될수록 눈이 초롱초롱해집니다. 신체의 리듬이 정오가 되어야 시작되어 전체적으로 반나절 정도 뒤로 밀립니다. 결국 새벽에 에너지와 식욕이 증가하게 되어서 정작 활동을 해야 하는 낮에는 심한 무기력증을 보이게 됩니다. 셋째, 몸이 무겁고 주로 누워 지냅니다. 누워서 햄버거나 감자튀김, 치킨을 먹는 것에 익숙하고 방은 거의 치우지 않습니다. 이러한 증상을 '연마비'라고 합니다.

> **연마비** Leaden paralysis
>
> 팔과 다리가 납덩어리처럼 무거운 느낌을 말한다. 비전형성 우울증에서 보이는 주요 증상 중 하나이다.

넷째, 이 부분이 가장 중요한데요. 비전형성 우울증인 사람은 다른 사람들에게 거부당하는 것에 매우 민감합니다. 이것을 '거부민감성'이라고 합니다. 그로 인해 주변 사람들과도 잘 어울리지 못합니다. 특히, 다른 사람들의 표정이나 말투에 매우 민감하고 그 사람이 하는 말의 내용에는 집중하지 않고 표정이 어떤지 예민하게 살펴봅니다. 그 사람이 나를 싫어하는지, 어떻게 생각하는지 과도하게 생각하고 상대방의 행동

하나하나에 많은 의미를 부여합니다. 사람들이 하는 이야기가 나를 비난하는 것처럼 느껴지는 경우도 있습니다. 다른 사람의 표정이나 말투는 그 사람의 당시 컨디션과 관련이 있는 경우가 많습니다. 예를 들어, 어제 잠을 못 잤거나 일이 많아서 피곤한 경우에 표정이 굳어지고 말투가 다소 퉁명스러워질 수 있을 것입니다. 영은씨는 이런 경우에 다른 사람의 표정이나 말투를 자신 때문으로 해석하고 "나를 싫어하고 미워한다"고 생각해왔습니다. 이따금 과도하게 관심을 받으려고 할 수도 있습니다.

거부민감성Rejection sensitivity

실제로 거부를 당하거나, 거부를 당한다고 느낄 때, 혹은 비판을 받았을 때 민감하여 기분이 가라앉고 분노가 생기며 자존심이 하락하는 것을 의미한다. 예를 들어, 친구가 문자 메시지에 바로 응답하지 않을 때 거부민감성이 있는 사람은 "더 이상 나와 친구가 되고 싶어하지 않는다"라고 생각한다.

우울증이 더욱 심해져서 환청과 관계사고가 생기면 아예 방 밖으로 나가지 않고 혼자 중얼거리는 것 같은 현상이 발생합니다. 이는 응급상황으로, 빠른 시간 내에 정신건강의학과를 방문하여 치료를 받아야 합니다. 환청은 사람들이 자기들끼리 중얼거리는 소리가 실제로 귀에 들리는 현상을 말합니다. 느낌만 그런 것이 아니고 실제로 소리가 들립니다. 하지만 이때는 귀의 고막이 울리지 않습니다. 이는 뇌 속에서 발생한 소리입니다. 연구를 통해 뇌 영상을 촬영해보면 환청을 들을 때 청각 중추가 활성화되는 것을 관찰할 수 있습니다. 관계사고란 앞서 말씀드린 대로 자신과 전혀 관계없는 현상이 자신과 관련이 있다고 생각하는 것을 말합니다. 이러한 증상이 생기면 자신의 생각에 몰입되어 빠져나오지 못하게 됩니다. 이는 자신의 방에서 더욱 은둔하게 되는 결과를 초래할 수 있습니다.

오 헨리의 단편소설 《마지막 잎새》를 보면 이러한 현상이 잘 묘사되어 있습니다. 뉴욕 그리니치 빌리지의 아파트에 사는 무명의 여류화가 존시는 심한 폐렴에 걸려 사경을 헤매었습니다. 그녀는 삶에 대한 희망을 잃고 친구의 격려에도 아랑곳없이 창문 너머로 보이는 담쟁이덩굴 잎이 다 떨어질 때 자기의 생명도 끝난다고 생각합니다. 같은 집에 사는 화가가 나뭇잎 하나를 벽에 그려 심한 비바람에도 견뎌낸 진짜 나뭇잎처럼 보이게 하여 존시에게 삶에 대한 희망을 줍니다. 이때 나뭇잎이 떨어지면 자신의 생명이 끝난다고, 서로 관계없는 두 현상을 연관시키는 것이 바로 관계사고이고 중증 우울증에서 자주 나타납니다.

영은씨는 정신건강의학과 치료를 받으며 새벽 늦게 자고 오후가 되어야 일어나는 시간을 조절해보기로 했습니다. 가장 중요한 것은 아침에 일어나는 시간입니다. 처음에는 어렵겠지만 영은씨는 조금씩 아침에 더 일찍 일어나기로 했습니다. 일어난 뒤에는 잠에서 깨기 위해 밖으로 나가 30분씩 조깅을 하고 왔습니다. 조깅 시에 햇볕을 쬐면 눈으로 빛이 들어가 뇌의 시상하부를 자극해 몸도 잠에서 깨게 됩니다. 이렇게 되면 신체 리듬을 조금씩 앞당길 수 있습니다. 커피나 카페인이 든 음료나 초콜릿은 불면을 일으킬 수 있어 삼가고 빛을 충분히 쬐는 것이 더 좋습니다. 그러면 밤에도 더 일찍 잠이 오게 됩니다. 영은씨는 실제로 오전에 일찍 일어나면서 몸이 가장 각성되는 시간이 늦은 밤에서 오후로 당겨졌습니다. 저녁 식사를 하고 나면 식욕이 줄어들고 밤이 되면 잠이 오기 시작했습니다.

이제 영은씨에게는 아침이 생겼습니다. 아침에 일찍 일어나 나갈 준비를 하고 친구들을 만나는 연습을 했습니다. 비전형성 우울증으로 감정 기복이 있을 때는 친구들의 목소리가 거슬리고 짜증이 났습니다. 치료를 받고 난 뒤 친구들을 만나보니 마음이 편안하고 웃음이 나왔습니다. 신체 반응 속도가 빨라지고 나니 친구들과 대화할 때도 더 순발력 있게 반응할 수 있었습니다. 이제는 학교도 복학해 친구들과 자주 어울리고 여행 동호회에도 가입했습니다. 영은씨는 자신이 가보고 싶은 곳을 종이책에서 찾아보고 글을 읽어보는 연습을 했습니다.

대학생 때 배워야 할 가장 중요한 점은 '다른 사람들과 만나서 이야기해도 힘들지 않고 편하게 말할 수 있는 것'이라고 강조하고 싶습니다. 살아가면서 많은 사람을 만나고 대화하게 됩니다. 이때마다 긴장되고 불안하고 많은 에너지를 소모해야 한다면 결국 지쳐서 작은 스트레스에도 우울증이 생길 수 있습니다. 아니면 사회생활을 하지 않고 '집돌이'나 '집순이' 생활을 하면서 방에서 나오지 않게 될 수 있습니다. 타인을 만나는 것이 편하고 즐거우면 더 많은 분야의 다양한 사람들을 만날 수 있습니다. 이러한 만남의 경험은 인생을 살아가는 데 소중한 자양분이 될 수 있습니다.

집안의 가장인 여자 vs 그녀에 집착하는 남자

가난한 집안에서 태어나 성공한 사람들을 보면 가족과 관련된 어려움을 겪는 경우가 많습니다. 자신은 노력을 통해 성공해서 경제적인 어려움을 극복했지만 나머지 가족들에게는 경제적인 능력이 없습니다. 가족들은 자신의 능력을 키우고 자립하기보다는 성공한 사람에게 경제적·심리적으로 의존하는 것을 편하게 느끼는 경우가 많습니다. 이때 만약 충분한 도움을 주지 않고 가족들과 단절하려고 하면 큰 갈등이 생기게 됩니다. 25세 민희씨는 어린 시절 자신의 꿈이었던 연예인으로 성공하게 되었습니다. 이를 통해 이전과는 다른 삶을 살게 되었지만 자신의 마음 한구석에는 짙은 어둠이 늘 자리 잡고 있습니다.

민희씨의 부모님은 민희씨가 초등학교 때 이혼했습니다. 아버지는 어머니와 어린 세 자녀를 남기고 집을 떠났습니다. 큰딸이었던 민희씨는 어머니와 함께 두 동생을 보살피며 살았습니다. 어린 민희씨는 아버지가 자신을 떠나간 것이 자기 때문이 아닌지 늘 생각해왔습니다. 그래서 어머니의 말을 잘 듣지 않으면 어머니마저 떠나지 않을까 하는 두려움이 자주 들었습니다. 민희씨는 모범생으로서 열심히 학교를 다니며 공부에 전력했습니다. 하지만 집안은 경제적으로 점점 더 어려워져 공부를 잘했음에도 대학에 진학하기는 어려워 보였습니다. 그때 길에서 우연히 만난 기획사 대표를 통해 배우의 길에 입문하게 되었습니다. 민희씨는 뭔가 어두운 구석이 있는 얼굴이 매력적이라는 평가를 받으며 배우로서 인정받게 되었습니다.

문제는 이때부터 시작이 되었습니다. 민희씨는 유명해졌지만 아직 돈을 많이 버는 상황은 아니었습니다. 하지만 가족들은 TV에 나오는 민희씨를 보며 민희씨가 무척 많은 돈을 벌 것으로 생각하고 수시로 금전적인 도움을 요구하게 되었습니다. 민희씨는 어머니와 동생들이 쓰는 카드 값을 대신 내주었는데 점점 눈덩이처럼 불어나 결국 자신이 버는 수입의 대부분을 가족의 카드 값을 내는 데 들이게 되었습니다. 꼭 필요한 것을 샀는지 가족들에게 물어보면 가족들은 화를 내며 민희씨에게 '성공하더니 건방져졌다'는 이야기를 서슴없이 했습니다. 민희씨는 이 문제를 누구에게 상의할 수도 없었고 밤에 잠을 이루지 못하고 여러 날을 울기도 했습니다. 공허함과 죄책감은 점점 깊어져 해결할 방법이 없었습니다.

민희씨는 같은 작품을 하다가 무명 배우인 태영씨를 만났습니다. 그는 남자다워 보였고 함께 있으면 편한 느낌이 들었습니다. 그런데, 몇 개월째 만남을 이어가던 어느 날 갑작스러운 스케줄로 태영씨와의 저녁 약속을 취소해야 할 수 밖에 없는 상황이 왔습니다. 민희씨가 전화를 해서 약속을 취소하려고 하자 그는 갑자기 태도를 바꿔 자신 말고 다른 사람을 만나는 것이 아닌지 확인하겠다며 민희씨의 집으로 찾아오겠다고 했습니다. 태영씨는 일이 없어서 집에서 쉬고 있었는데 주로 민희씨에게 연락해 어디에 있는지 확인하는 일과가 대부분이었습니다. 민희씨는 이런 그가 너무 부담스러워 만나지 않고 싶었지만 그의 처지가 안쓰럽고 자신을 아껴주는 것 같아 헤어지자는 말을 꺼내기 쉽지 않았습니다.

그날 결국 모든 문제가 한꺼번에 터지고 말았습니다. 남동생이 카드로 수백 만 원이 넘는 돈을 썼고 민희씨가 그 사실을 알게 되었습니다. 민희씨가 전화로 동생에게 야단치며 그 돈은 절대 내줄 수 없다고 하자, 어머니가 전화를 낚아채 동생에게 그렇게 하면 되겠느냐며 민희씨에게 크게 화를 내었습니다. 민희씨는 더 이상 견딜 수 없을 것 같은 생각이 들었습니다. 우울한 기분과 의욕저하로 아무 일도 하지 못하고 있는데 스마트폰에는 계속 태영씨에게 메세지가 왔습니다. "나 화났어, 빨리 어디 있는지 답장해!" 민희씨는 자신의 문제를 어떻게 해결해야 할지 암담하고 죽고 싶다는 생각마저 들었습니다.

어린 시절의 경험은 그 사람의 대인관계의 양상에 큰 영향을 줍니다. 어릴 적 부모와의 이별은 상실의 고통을 가져옵니다. 그 고통에 대응하는 방법은 타고난 성격이나 연령대에 따라 다릅니다. 민희씨처럼 자신 때문에 부모가 이별하게 되었다고 생각해 죄책감을 가지게 되는 경우도 있고, 반대로 자신을 버렸다며 분노를 표출하게 되는 경우도 있습니다. 사실 부모가 이혼하게 된 것은 민희씨와는 관련이 없었지만 민희씨는 어린 마음에 자신이 공부를 열심히 안 하고 부모님의 속을 썩였던 것이 원인이 되지 않았을까 오랜 기간 생각해왔습니다. 이러한 상황으로 민희씨에게 '거부민감성'이 강한 성격이 형성되었습니다. 거부민감성이란 앞서 이야기한 대로 모든 사람이 자신을 좋아해야 하고 누구에게든 싫은 이야기를 하지 못하는 성향입니다. 연예인으로서 대중의 인기를 유지하는 데는 도움이 되는 성격일 수도 있습니다.

가족들은 어린 나이에 성공한 민희씨에게 전적으로 의존합니다. 민희씨는 이 상황이 무척 부담스럽지만 자신이 싫은 내색을 보일 때 정색하면서 화를 내는 가족들을 보면 어린 시절 트라우마가 떠올라 거절하지 못합니다. 그럴수록 가족들은 민희씨가 성공한 것이 자신들이 도와줬기 때문이며, 민희씨에게 요구하는 그 모든 것이 정당하다고 합리화하고 있습니다. 민희씨의 이러한 성향은 태영씨와의 만남에서도 문제가 생깁니다. 태영씨는 집착이 심하고 진정으로 민희씨를 위해주는 것 같지는 않습니다. 가족들과 마찬가지로 성공한 민희씨를 만나는 것을 자신의 자존심으로 생각하는 것 같습니다. 민희씨는 그 집착을 거절하지 못하고 계속 끌려가기만 합니다. 결국 자신이 마음을 안정시키고 안심할 수 있는 '안전기지'를 찾지 못하고 있습니다.

자존감 형성에 있어 어린 시절의 '안전기지'의 형성과 '적당한 좌절'의 경험이 중요한 근간이 됩니다. 이 안전기지와 적당한 좌절 모두 부모님(특히 어머니가)이 그 역할을 하게 되지만 다른 보호자의 경우도 가능합니다.

민희씨는 먼저 가족이나 태영씨와의 상황을 '구조화'해야 합니다. 여기서 구조화란 금전적인 부분·연락 방법·만나는 방법 등에 대한 원칙을 세워야 한다는 것입니다. 금전적인 부분에서는 자신이 제공할 수 있는 한도를 정해 그 이상은 불가능하게 해야 합니다. 연락을 하는 시간도 정해두고 예측하지 못한 상황에 오는 연락으로 민희씨가 피곤해지는 일이 없어야 합니다. 만나는 방법도 정해서 규칙적으로 해야 합니다. 구조화하게 되면 처음에는 가족이나 태영씨가 민희씨에게 분노를 표출할 수 있습니다. 하지만 결국 민희씨의 행동에 맞춰갈 수밖에 없습니다. 태영씨의 경우 민희씨의 원칙을 따르지 않거나 다른 문제를 만들면 과감하게 단절하는 것이 본인이나 태영씨에게도 도움이 될 수 있습니다.

　　민희씨는 너무 큰 부담을 느끼며 우울한 기분과 수면장애·의욕저하 등 우울증 증상이 나타났습니다. 우울증이 나타나면 자신의 깊은 생각 속으로 빠져들어가게 됩니다. 과거에 있었던 트라우마들이 자신을 사로잡게 되고 빠져나올 수 없는 깊은 외로움을 느끼게 됩니다. 우울증에 의해 자신의 생각 속에 갇히게 되면 집 밖에도 나오지 않고 하루 종일 누워 있는데 그러면 생각은 더 복잡해지게 됩니다. 이때는 가까운 정신건강의학과를 방문해서 우울증에 대해서 상담과 치료를 받는 것이 좋습니다. 도움을 받으면서 자신의 생각의 늪에서 빠져나오고 일상을 다시 시작할 힘을 얻게 됩니다.

　민희씨가 심리치료를 받을 때 담당 의사 선생님과 가족들을 만나게 하는 것도 상황을 긍정적으로 변화시키는 데 도움이 됩니다. 가족들은 민희씨가 가지고 있는 오랜 상실의 트라우마를 이해해주어야 합니다. 민희씨와 소통할 때 책임감이나 거부민감성을 자극해 자신의 요구를 달성하려고 하는 행동은 하지 않는 것이 좋습니다. 민희씨도 스스로 구조화하고 가족이지만 분명한 선을 지키는 것이 오히려 가족들을 자립시키는 데 도움이 된다는 것을 깨달아야 합니다. 물론 가족들의 처지가 안타깝지만 그들도 스스로 절약하고 노력해야 합니다.

　민희씨는 가족이나 태영씨를 통해 안전기지를 형성하기는 어려울 것 같습니다. 자신이 함께 있으면 마음이 편해지고 안심을 줄 수 있는 사람이나 대상을 찾는 노력을 해야 할 것 같습니다. 그렇게 되면 자신의 연예인 생활에도 크게 도움이 될 것입니다. 상실의 트라우마는 혼자 집에서 고립되어서는 해결되지 않으며 새로운 사람과의 만남을 통해 치유될 수 있습니다.

천국을 보고 온 사람,

심정지의 기억

호식씨는 60세 중소기업 대표로 지난 30년간 식자재를 만드는 업체를 운영해왔습니다. 회사가 잘 되어 남부럽지 않은 재산도 모을 수 있었습니다. 자녀들이 대학 졸업 후 호식씨의 회사에서 일을 도와주고 있어 일에 대한 부담도 적었습니다. 그런데 그는 회사에서 회의 중에 갑자기 가슴 왼쪽 심장이 심하게 뛰면서 두근거리고 답답하며 어지러운 느낌이 들었습니다. 조금 쉬고 나자 증상이 많이 호전되었고 그 뒤 인근 대학병원을 찾아 진료를 받았습니다. 호식씨는 심장내과에서 진찰 후에 24시간 홀터 심전도(하루 동안 심전도 기록계를 몸에 부착하고 생활하면서 일상생활 중 심장의 상태를 확인하는 검사)를 찍었는데 '심방세동'이라는 진단을 받게 되었습니다.

심방세동이란 부정맥 질환의 하나로 심방에서 발생하는 맥이 정상을 벗어나 빠르고 불규칙한 맥박을 일으키는 질환입니다. 호식씨는 심장내과에서 약물치료를 받게 되었고 좋아하던 술 담배도 이참에 끊게 되었습니다. 그 후 별다른 문제없이 이전의 생활을 유지할 수 있었습니다. 자신에게 심방세동 질환이 있다는 걸 금세 잊어버리고 약도 불규칙하게 복용하며 병원 외래도 찾지 않았습니다.

봄이 되어 날씨가 따뜻해지자 호식씨는 가족들과 등산을 하게 되었습니다. 그런데 산 중턱을 오르다 갑자기 심하게 식은땀이 나면서 정신을 잃게 되었습니다. 가족들은 쓰러진 호식씨에게 심폐소생술cardiopulmonary resuscitation, CPR을 하며 119에 신고했습니다. 심폐소생술이란 심장 정지가 발생했을 때 흉부 압박을 통해 비상조치를 하는 방법으로 심정지 후 1분 이내에 시행하면 생존율을 2~3배로 증가시킬 수 있습니다. 그가 쓰러지자마자 옆에 함께 있던 아들이 즉시 심폐소생술을 한 덕분에 호식씨는 뇌나 심장의 후유증 없이 살아날 수 있었습니다.

그는 그 후 다시 심정지가 오지 않을까 심각하게 걱정을 하게 되었습니다. 그런데 자신이 그날 산에서 의식을 잃었을 때 생각이 나기 시작했습니다. 하늘에서 밝은 빛이 내려오면서 누군가 자신을 부르는 소리가 들렸습니다. "호식아, 호식아…" 천국에서 자신을 부르는 신의 목소리 같았습니다. 하늘에서 어렴풋하게 오렌지색 옷을 입은 사람이 내려왔습니다. 호식씨는 그에게 "제발 용서해주세요. 제 죄를 용서해주세요. 제발, 제발이요" 하고 자신의 잘못을 빌었습니다. 그러다 깨어보니 병원에서 의식을 되찾았던 기억이 났습니다.

그날부터 호식씨는 자신이 신에게 용서를 빌어야 한다며 회사를 출근하지 않고 어딘가로 나가기 시작했습니다. 그런데 가족들이 호식씨의 행동이 이상해서 확인을 하자 자신의 죄를 없애기 위해서 ○○교를 찾아가 거액을 기부한 것이었습니다. ○○교는 확인해보니 사이비 종교로 문제가 되고 있는 단체였습니다. 가족들은 필사적으로 호식씨를 말렸지만 호식씨는 가족들에게 "나는 천국을 보았고 오렌지색 옷을 입은 신에게 회개했다. 이제는 새로운 삶을 살아야 한다"며 회사를 처분하려고 했습니다.

이에 가족들은 그를 설득해 인근 정신건강의원을 데려가 이런저런 검사를 받게 했습니다. 호식씨는 심각한 우울증과 불안을 호소하고 있었는데, 우울증이 심해져 망상까지 이어지고 있었습니다. 망상이란 사실과 다른 그릇된 믿음을 확신하는 상태로, 호식씨의 경우 자신이 심정지 상태에서 경험한 일을 종교적 신비 체험으로 착각하고 있었습니다. 심장의 기능이 정지하면 뇌로 가는 피가 부족해져서 혈중 산소 농도가 비정상적으로 저하되어 저산소증이 발생하게 됩니다. 뇌가 저산소증 상태가 되면 이상감각·환청·환시 등을 흔히 볼 수 있으며, 우울증이 발생하면 이때의 경험을 왜곡되게 해석하는 경우도 생기게 됩니다. 뇌 MRI 촬영 결과 호식씨는 뇌졸중이나 뇌의 손상은 발견되지 않았지만 신경인지기능 검사상 단기기억력의 저하와 전두엽 기능 저하가 나타났습니다. 뇌 기능이 저하되면 우울증이 더 심해질 수 있습니다.

호식씨는 의사의 설명과 치료 후에 자신이 심정지 때 경험한 것들이 뇌의 저산소증으로 인해 당시 상황을 왜곡하게 인식했다는 것을 받아들일 수 있게 되었습니다. 우울증으로 인한 두려움과 불안도 이전보다 많이 회복되었고, 심장내과에서 처방한 심방세동 약도 잘 복용하고 규칙적으로 진료를 받게 되었습니다. 평생 모은 재산의 절반은 없어졌지만 모두 없어지기 전에 자신의 재산과 회사를 지킬 수 있었습니다.

그는 심정지 상태에서 본 오렌지색 옷을 입은 사람이 누군지 다시 곰곰이 생각해보았습니다. ○○교에서는 호식씨의 벌을 단죄하기 위해 내려온 신이라고 했지만 확인해보니 사실은 그때 자신을 구하러 온 119 응급 구조 대원의 오렌지색

복장을 보고 신이라고 착각한 것이었습니다. 구조 대원이 자신을 부르는 소리를 신의 음성으로 왜곡해서 생각했던 것이었습니다.

호식씨처럼 뇌 기능 저하에 의해 의식과 지남력(날짜·장소·사람에 대한 정확한 인식)에 문제가 생기는 질환 또한 '섬망'이라고 합니다. 섬망 증상으로는 주의력 저하·언어력 저하 등 인지 기능 전반의 장애와 생생한 환각·초조함·떨림 등이 나타날 수 있습니다. 섬망은 다양한 원인에 의해 갑자기 발생하지만 심장 질환이나 큰 뼈의 골절, 전신마취 수술에 의해서도 흔히 발생합니다. 섬망 상태에서는 연상 작용을 통해 자신이 믿고 있는 내용과 어렴풋하게 파악한 정보를 연관해 해석하기 쉽습니다. 하지만 시간이 지나면서 신체 상태가 호전되면 정상적인 판단력을 회복하게 되는 경우가 많습니다.

자신의 상황에 대한 두려움이 심한 경우에 호식씨처럼 문제가 생깁니다. 섬망에서 회복되고 나서도 두려움 때문에 이성적인 사고를 하지 못하게 되고 착각에 의한 잘못된 믿음을 확신하게 됩니다. 친하게 지내던 사람이나 권위 있는 사람이 착각이 아닌 사실이라고 하고 부추기면 그 믿음은 더욱 강화됩니다. 두려움에 판단력이 떨어진 상태에서는 제대로 된 결정을 내리기 어렵습니다. 결정하기 전에 가족과 꼭 상의하고 전문가를 통해 자신의 상태를 객관적으로 확인해야 합니다. 이를 통해 두려움이 만드는 환상에서 벗어나고 자신을 지킬 수 있습니다.

기러기
아빠와

내 아이들의
목소리

　　통계청 인구주택총조사 결과에 의하면 우리나라 1인 가구의 비율은 2019년 기준 30.2퍼센트로 615만 가구에 이릅니다. 세 가구 중 한 가구는 1인 가구일 정도로 흔해지고 있으며 매년 증가하고 있습니다. 비혼과 이혼·고령화로 배우자 사망 후 혼자 사는 경우가 증가하면서 급격히 늘고 있는 것으로 분석되었습니다. 남성 1인 가구 중에서는 40~50대의 비중이 36.4퍼센트가 됩니다. 그중에는 '기러기 아빠'들도 있는데, 이들에 대한 정확한 통계는 없지만 미국에 유학 중인 한국 학생이 9만 명가량 되는 것으로 파악되고 있습니다. 50대 남성인 주영씨도 아이 둘과 아내를 미국으로 보내고 혼자 생활하는 6년 차 기러기 아빠입니다.

주영씨는 아들과 딸을 모두 중학교 때 미국으로 유학을 보냈습니다. 아들이 중학교에서 잘 적응하지 못했고 성적은 날이 갈수록 떨어졌습니다. 주영씨 생각에 우리나라 교육에 심각한 문제가 있고 넓은 세상에서 경험을 해보는 것이 아이들의 미래에도 좋을 것 같았습니다. 딸도 마침 중학교에 진학하게 되어 그 기회에 자녀 둘을 함께 미국으로 보내게 되었습니다. 아이들은 낯선 곳으로 떠나기 싫다고 했지만 결국 주영씨의 강한 주장에 미국으로 유학을 떠났습니다. 처음에는 아이들만 가서 현지 홈스테이를 이용해 학교를 다니려고 했습니다. 하지만 아이들이 혼자 다니기에는 학교 통학도 어려웠고 현지 음식에 적응하기도 힘들었습니다. 결국 얼마 뒤 아내도 아이들을 돌보기 위해 할 수 없이 미국으로 떠나게 되었습니다. 주영씨는 혼자 한국에 남아 매달 두 아이의 유학비용을 보내게 되었습니다.

그는 그간 대기업에 다니며 남부러울 것 없이 살았지만 자녀들이 유학 간 이후에는 학비를 부치며 최소한의 생활비로 살아가야 했습니다. 일주일에 한 번씩 아이들과 아내의 목소리를 듣는 것이 주영씨에게는 유일한 낙이었습니다. 아내는 학비를 보태려고 마트에서 파트타임으로 일했고 아이들이 잘 적응하고 있다는 소식을 전해주었습니다. 그렇게 시간이 흘러 아이들은 미국 대학에 합격했고 그는 아이들의 대학 입학식에 참석할 수 있었습니다. 돌이켜보면 그때가 인생에서 가장 행복한 순간이었습니다.

문제는 주영씨가 다니던 회사가 갑자기 어려워져 구조조정을 하면서부터 시작되었습니다. 주영씨는 결국 퇴직할 수밖에 없는 상황이 되었습니다. 퇴직금을 받기는 했지만 매달 부쳐야 하는 유학비용이 부담스럽게 느껴졌습니다. 이제는 아이들이 대학을 졸업하면 한국에 돌아와서 함께 살았으면 하는 생각이 들었습니다. 하지만 두 아이들은 한국에 귀국해 살아가는 것을 원하지 않았고 자신의 삶이 아버지에 의해 결정되는 것에 대해 화를 냈습니다. 아내도 이제야 좀 미국생활에 적응이 되었다면서 한국으로 귀국하고 싶지는 않다고 했습니다. 고민 끝에 차라리 자신이 미국으로 건너가면 되지 않을까 생각도 해보았지만 언어도 음식도 맞지 않는 곳에서 산다는 것이 용기가 나지 않았고 부모님을 한국에 두고 떠난다는 것도 부담이 되었습니다.

언젠가부터 일주일에 한 번씩 꼭 하던 연락이 점점 뜸해지기 시작했습니다. 궁금해서 가족들에게 연락을 해도 받지 않는 일도 자주 있었습니다. 주영씨는 허탈감과 배신감에 술을 자주 마시게 되었고 자기 전에도 혼자 술을 마시고 취해 잠드는 일이 잦아졌습니다. 집 밖에도 거의 나가지 않고 배달 음식으로 끼니를 해결하는 일이 대부분이었습니다. 그는 지금까지 일을 열심히 하는 삶에만 익숙했습니다. 일 없이 혼자 살아가야 하는 삶에 대해서는 아무런 준비도 되어 있지 않았고 외국에서 살고 있는 가족들이 멀게만 느껴졌습니다. 그동안 가족들에게 부친 돈이 얼마인데 자신을 나 몰라라 하는 것 같아 밉게만 느껴졌습니다.

주영씨는 잠을 자다가도 아내와 아이들이 자신을 부르는 소리에 깨는 일이 자주 생겼습니다. 그가 잠에서 깨어 거실에 나가보면 아무도 없었습니다. 하룻밤에도 네다섯 차례는 자다가 깨는 일이 반복되었고 화장실도 자주 들락날락거렸습니다. 의욕도 점점 떨어지면서 끼니도 거르게 되고 3개월 만에 체중이 6킬로그램가량이나 빠졌습니다. 그는 체중이 급격하게 빠져서 큰 병에 걸린 것이 아닌지 걱정이 되어 건강검진을 받았으나 건강에 특별한 이상은 없었습니다. 자신의 건강에 대해 상의하려고 아내에게 연락을 해도 '나도 걱정된다'는 답만 할 뿐 자꾸 그런 사소한 일로 연락하지 말라는 듯해 눈치가 보였습니다. 그는 온 가족이 같이 행복하게 지냈던 시절이 생각나 눈물이 났습니다.

주영씨는 급격한 체중감소로 동네 의원을 찾았다가 담당

선생님에게 아무래도 우울증이 온 것 같다는 얘기를 들었습니다. 그 뒤 소개를 받고 정신건강의학과 상담을 받은 뒤 우울증으로도 체중이 3개월에 5~10킬로그램가량 빠질 수 있다는 사실을 알게 되었습니다. 그간 주영씨는 우울감·무기력감·식욕저하 등으로 인해 식사를 자주 걸러왔고, 불안감·초조함으로 몸의 긴장이 증가해 체중이 빠지게 되었던 것입니다. 체중감소는 지방이 감소되는 것이 아니라 근육의 손실이 주로 되는 것이어서 복부비만이 오히려 더 심해졌습니다. 팔다리는 가늘어지고 배는 불룩 나와서 거울에 본 자신의 모습이 무척 낯설게 느껴졌습니다.

주영씨는 잠에 들기 직전이나 깰 때 아내나 아이들의 목소리가 자주 들려서 걱정이 많았습니다. 일반적으로 소리가 들리면 환청으로 생각해서 걱정을 하는 경우가 많습니다. 낮에 깨어 있는 상태에서 환청이 자주 들린다면 꼭 정확한 진단을 받는 것이 중요합니다. 주영씨에게 나타난 증상은 '입면 환각'으로, 환청과는 다른 것이었습니다. 이는 잠에 들자마자 꿈을 꾸는 수면으로 진행되어 생기는 증상으로 평소에도 경험할 수 있습니다. 아이들과 아내의 목소리가 간절히 듣고 싶은 마음에 생기는 증상이었습니다. 또한 비뇨의학과 진료를 받은 뒤 밤에 잠을 잘 못 자고 화장실을 자주 들락날락했던 게

전립선 비대증 때문이라는 사실을 알게 되었습니다. 주영씨에게는 밤에 자주 깨는 것 또한 다시 우울증을 악화시키는 원인이 되었습니다.

미국에서 교육을 받고 자란 자녀들은 부모와 떨어져서 독립해서 살아가는 라이프스타일을 당연하게 생각하는 환경에서 자랐습니다. 아이들이 한국에서 태어나 어린 시절을 보냈다고 해서, 한국인의 문화와 정서를 지니고 있다고 생각하면 안 됩니다. 아이들이 미국에서 대학에 입학한 것도 부모를 위한 것이었다기보다 자신을 위한 선택이었다고 생각할 가능성이 높습니다.

아버지는 자녀가 '분리-개별화'를 하는 것이 정상적인 과정이라고 생각해야 합니다. 분리 개별화란 자녀가 부모와의 공생관계를 벗어나 독립적인 개체성을 확립하는 것을 의미합니다. 자녀가 부모와 독립된 상태에서도 안정감을 느끼는 것을 '대상 항상성'이라고 합니다. 이 대상 항상성이 잘 이루어지지 않으면 자녀는 '분리불안'이 심해져 부모와 잠시라도 떨어져 있지 않으려고 하게 되는데, 이렇게 되면 부모의 보호와 관리가 필요한 의존적인 성격이 될 수 있습니다. 그러면 더욱 힘든 문제가 생깁니다. 아이들이 부모에 의지하지 않는다면 독립할 수 있을 만큼 훌륭하게 자란 것입니다.

아내와는 오랜 기간 만나지 못하면서 결국 서로 마음이 멀어졌습니다. 부부가 함께 하는 시간을 가져본 지도 오래되었고, 아내는 남편 없이 두 자녀와 함께하는 생활이 익숙해져 버렸습니다. 사소하고 단순한 일이라고 생각하겠지만 가족이 모여서 함께 저녁을 먹고 그날 있었던 일을 이야기하는 시간은 중요합니다. '식구'라는 말 또한 함께 식사를 하는 사이를 의미하는 것입니다. 우리는 맛있는 음식을 먹으면 마음이 편해지고 기분이 좋아집니다. 이때 이야기를 나누면 더 편안하게 받아들이게 됩니다. 상대방의 목소리가 더 친숙하게 들리고 상대의 생각과 태도를 여유 있게 이해하게 됩니다. 수년간 식사를 하고 함께 이야기하면 가족이 아닌 사람도 가족처럼 친해질 수 있습니다. 반대로 가족과도 식사를 함께하지 않고 자주 이야기를 나누지 않으면 남처럼 될 수 있습니다.

늦었다고 생각할 때가 가장 빠를 때입니다. 주영씨는 우울증 치료를 받고 나서 의욕도 생기고 다시 잠도 푹 잘 수 있었고 이전보다 밝아졌습니다. 자신의 문제를 어떻게 해결해야 할지 담당 선생님과 의논해보았습니다. 코로나19 이후 미국도 코로나 확산세가 무척 심각해졌고 아내와 아이들이 머무르는 지역도 점점 위험해져, 주영씨는 가족들에게 한국으로 들어오라고 권유했습니다. 때마침 미국에 유학 간 다른 사람들도 귀국을 하는 상황이었고, 가족들도 주영씨의 의견에 동의해 주영씨 가족은 6년 만에 한국에서 온 가족이 모일 수 있었습니다.

주영씨는 아이들이 어릴 적 함께 강원도에 캠핑을 갔던 기억을 떠올렸습니다. 아이들도 미국에서 캠핑을 자주 다녔다는 사실을 미리 파악해 온 가족이 함께 캠핑 갈 준비를 하고 장비도 구입했습니다. 주영씨 가족은 캠핑장에서 함께 고기를 구워 먹으며 밤이 늦도록 그동안 서로 지내왔던 이야기를 나누었습니다. 아이들은 아버지가 자신들을 억지로 미국에 유학을 보냈을 때 섭섭했던 마음, 학교에서 당했던 어려운 일들을 이야기하며 울컥하기도 했습니다. 아내는 마트에서 캐셔로 일하며 아이들을 돌보느라 어렵게 살았던 기억을 떠올리며 눈물을 흘렸습니다. 주영씨는 6년의 기러기 생활 동안 이런 대화를 나눠본 적이 없었습니다. 그저 아이들이 공부를 잘하고 있는지, 건강한지 정도만 일방적으로 확인해왔다는 것을 알게 되었습니다. 밤마다 아내와 아이들의 목소리가 들린 것도 결국 자신이 가족 간의 마음의 대화를 간절하게 원하기 때문이 아니었을까 하는 생각이 들었습니다. 그날부터 주영씨는 잠들거나 깰 때 아이들의 목소리가 들리지 않게 되었고 가족이 함께 밥을 먹으며 서로의 마음을 진솔하게 나누는 대화의 시간이 얼마나 소중한 것인지 절실하게 깨닫게 되었습니다. 이번 대화를 계기로 아내가 미국에서 자궁암 수술을 받았다는 사실도 처음 알게 되었습니다. 그동안 아내는 병원비에 신경 쓰지 않게 하려고 주영씨에게 이야기하지 않았던 것입니다.

아내는 한국에서 함께 살면서 자궁암 수술을 받은 몸도 관리하기로 했습니다. 아내도 오랜만에 가족들과 친구들을 만나며 미국에서 자기가 할 일은 모두 마무리했으니 한국에서 사는 것이 더 좋을 것 같다고 마음을 돌리게 되었습니다. 아이들은 미국에 다시 돌아가서 학업을 마무리해야 하는데 코로나로 한국에 1년 더 머물렀다 돌아갔습니다. 그동안 한국에서 함께 가족이 모여 저녁 식사를 하고 이야기를 나누면서 아이들과도 점점 마음을 터놓게 되고 가까워졌습니다. 주영씨도, 아이들도 가족이 모여서 함께 마음을 나누는 것이 인생의 행복에서 얼마나 중요한 것인지 느끼게 되었습니다. 다시 두 아이들이 미국으로 돌아갔지만 온 가족의 마음은 하나로 연결되어 있을 것입니다.

치매 아니라는
'치매 남편'과

치매라는
'우울증 아내'

2019년 여성의 기대수명은 86.3살로, 남성의 기대수명인 80.3살보다 여섯 살 더 많습니다. 노부부만 사는 가구가 늘어나고 있는 상황에서 치매는 점점 더 중요한 사회문제가 되고 있습니다. 치매는 환자 당사자뿐 아니라 배우자 삶의 질도 현저히 떨어뜨립니다. 영자씨와 진성씨 부부는 이제 70대에 접어들었습니다. 직장에서 정년을 잘 마치고 나서 퇴직 후에도 건강하게 살아왔고 자녀들도 모두 출가 후 안정적인 직장을 다니고 있어 겉으로 보기에는 걱정할 것 없이 무척 행복한 부부였습니다. 그런데 작년부터 남편 진성씨가 아내가 바람을 피우는 게 아닌지 의심하면서 문제가 시작되었습니다. 한번은 집에 우편물이 잘못 도착해 영자씨가 반납을 한 적이 있었는데, 그때부터 진성씨는 영자씨를 의심하며 우편물을 보낸 남자와 사귀고 있는 것이 아닌지를 물었습니다. 영자씨가 나이 일흔에 그런 일은 전혀 없다고 해도 진성씨는 집요하게 했던 말을 계속 반복하는 것이었습니다. 영자씨도 처음에는 웃어넘기려고 했지만, 진성씨의 행동은 점점 정도가 심해져 영자씨가 집 밖에 나가기만 하면 연락을 해서 어딘지 확인을 하고 남자와 함께 있지 않은지 묻곤 했습니다.

영자씨는 남편이 갈수록 이상해지는 것 같아 걱정되기 시작했습니다. 젊을 때부터 진성씨는 술을 좋아해서 지금도 식사 때마다 반주를 하고, 하루에 한 갑 정도 흡연을 할뿐더러 고혈압과 당뇨까지 있는 상황이었습니다. 진성씨는 자신은 괜찮고 아무 문제가 없다고 하면서 병원행을 거듭 거절했습니다. 그 후로 말을 할 때마다 단어를 잘 찾지 못해서 "저… 그거… 왜 있잖아" 등 횡설수설하거나 둘러대는 일이 잦아졌고 급기야는 집 밖에 나갔다가 아파트 다른 동의 같은 층 집 초인종을 눌러서 이웃 주민이 연락하는 일까지 생겼습니다.

영자씨는 집요하게 자신을 의심하는 남편이 치매가 아닌가 하는 의심이 들었습니다. 진성씨와 같이 사는 것이 짐 같이 느껴지고 매사에 의욕이 떨어지기 시작했습니다. 집안일도 제대로 하지 못하고 식욕이 떨어져서 식사를 거르는 경우가 많아졌습니다. 진성씨는 "어디 가서 그 남자와 재밌게 놀고 와서 집에서 누워만 있냐"고 타박하기 시작했습니다. 영자씨 또한 스트레스가 극에 달하면서 진성씨처럼 단어가 잘 생각나지 않고 방금 양치질하고 나서도 했는지 기억이 나지 않았습니다. 영자씨는 남편이 치매가 아니라 사실은 자신이 치매인 게 아닌지 걱정하는 상황에 이르렀습니다. 하지만 바쁜 자식들과 상의하기는 어려웠습니다. 이제는 더 이상 남편을 감당하기 어려울 것 같다는 절망감이 들었습니다.

노년기에 생기는 치매와 우울증은 기억력이 떨어진다는 공통점이 있습니다. 하지만 자세히 보면 치매는 '해마'의 위축 때문에 생기는 것으로 대뇌에서 저장하는 장기 기억은 초반에는 떨어지지 않고 잘 유지됩니다. 해마는 뇌의 양쪽에 하나씩 있으며 컴퓨터로 비유하자면 단기 기억 저장을 담당하는 반도체인 램^{RAM}과 방향감각을 인지하는 GPS의 두 가지 역할을 합니다. 진성씨는 병원에서 MRI 촬영을 했고 해마뿐 아니라 전두엽의 위축도 발견되었습니다. 기억력 검사상 초기 '알츠하이머 치매'에 해당하는 기능 수준을 가지고 있었습니다. 알츠하이머 치매는 기억력 장애·혼동·공간 지각력 장애·지남력 장애, 이름 대기 등의 언어 기능 장애·계산 능력 저하·판단력의 와해가 점진적으로 발현되는 가장 흔한 치매의 종류를 말합니다.

전두엽은 뇌의 이마 쪽에 위치하는 부분으로 이성적인 판단을 하고 충동을 억제하는 역할을 합니다. 진성씨는 오랜 음주와 흡연으로 전두엽이 손상된 상태라는 소견을 보였습니다. 치매에 전두엽 손상이 겹치면서 의심 증상이 시작된 것으로 보였습니다. 의심 증상 중에 가장 흔한 것은 배우자의 외도를 의심하는 '부정망상'과 내 물건을 누가 훔쳐갔다고 생각하는 '피해망상'이 있습니다. 전두엽에 손상이 오면 이전과는 다르게 공격적인 성향을 보이기도 하고 화를 많이 내기도 합니다.

반면에 영자씨도 자신이 치매가 아닌지 검사를 원해 함께 진행했습니다. MRI에서 해마의 위축이나 전두엽 손상은 없었으나 기억력은 다소 저하되어 있었습니다. 검사상 치매 소견은 없지만 우울증으로 진단되었습니다. 우울증이 오면 집중력이 떨어지고 멍해져서 방금 들은 것을 잘 기억하지 못하게 됩니다. 영자씨는 자신이 치매가 아니라는 소식을 듣고 무척 안심했습니다. 다만, 우울증이 젊을 때 발병한 것은 치매와 관련이 없지만 65세 이후 초발한 경우에는 치매의 위험이 2배 정도 더 높아질 수 있기 때문에 앞으로 정기적인 검진이 필요합니다. 혈압이나 당뇨가 조절이 안 되거나, 신체 활동을 안 하는 경우에는 위험이 더 높아질 수 있습니다.

의사 입장에서 보면 뇌 영상을 촬영하기 전에도 어느 정도 환자와의 상담으로 구분하는 방법이 있습니다(표 2). 치매 환자는 자신이 치매가 아니라고 생각하는 경우가 많고 병이 있다는 것을 부인합니다. 이에 비해 우울증 환자는 오히려 자신이 치매가 아닐까 걱정을 더 많이 합니다. 그래서 진료실 문을 열고 들어올 때 치매인 환자들은 가족들에 의해 억지로 오게 되는 경우가 많고, 우울증인 환자들은 자신이 치매가 아닌지 걱정이 되어 오는 경우가 많습니다. 둘 사이의 가장 큰 차이는 해마 손상 여부인데 해마의 기능을 생각해보면 이해할 수 있습니다. 단기 기억이 떨어지는 것은 비슷하지만 노인 우울증에서는 방향감각이 떨어지지 않습니다. 진성씨가 '집 밖에 나갔다가 아파트 다른 동의 같은 층 집의 초인종을 누르는 일'은 치매 환자에게는 있을 수 있지만 노인 우울증 환자에게서는 볼 수 없는 증상이지요. 때로는 치매와 우울증이 함께 있는 경우도 있기 때문에 더 정확한 감별이 필요합니다.

치매 환자에게서 망상이 나타나면 배우자가 매우 힘들고 망상의 내용이 아니라고 설득을 해도 도저히 바뀌지 않는 경

표 2. 노인우울증과 치매의 차이

	노인우울증	치매
자기 인식	기억력 저하에 대해 걱정을 많이 한다(예 내가 치매가 아닌지 너무 걱정이 됩니다).	자신은 정상이라고 한다(예 나는 정상인데 부인이 데리고 왔어요).
방향 감각	방향 감각은 정상임(예 혼자 집까지 찾아갈 수 있어요).	방향 감각에 이상이 있음(예 병원에 혼자 찾아오기 힘들다). 단, 초기에는 정상임.
식욕	저하된 경우가 많음.	유지되는 경우가 많음.
수면	불면증이 흔함.	잠은 잘 잔다. 이따금 증상이 심해지면 못 자는 경우가 있음.
야외 활동	의욕이 떨어져 나가지 않는다.	집 밖에 나가면 길을 혼동할 수 있어 외출하지 않는다.
진행 속도	갑작스러운 시작과 진행.	서서히 진행(단, 혈관성 치매는 갑자기 변화가 올 수 있음).
일상생활 능력	은행 이용. 대중교통 이용 정상.	이전에 잘하던 은행 업무와 대중교통 이용을 잘 못함.
취미활동	즐거운 것이 없음.	이전에 잘하던 활동을 능숙하게 하지 못함.
MRI 결과	정상.	해마 및 측두엽 위축.
인지검사	인지기능 저하(우울한 기분으로 인해 집중력이 떨어지고 정신운동속도가 느려짐).	인지기능 저하(단기 기억력 저하, 최근 일은 기억이 안 나고 예전 일은 기억을 잘한다).

우가 많습니다. 이로 인해 황혼 이혼을 하거나 배우자가 우울증이 생기는 경우도 많습니다. 어떤 환자는 젊을 때의 성격이 더 강해지고 집요해지기도 합니다. 배우자가 아무리 환자의 행동을 바꾸려고 설득해도 바뀌지 않아서 오히려 지치고 진이 빠지게 됩니다. 정신의학에서는 치매에서 생기는 정신적인 증상을 치매의 행동심리 증상BPSD이라고 합니다. 성격 변화·초조·행동·우울증·망상·환각·공격성 증가·수면 장애·무감동 및 무관심 등이 있습니다. 이것은 섬망과 구분해야 할 필요가 있습니다. 섬망은 치매 증상과 유사하지만 해 질 무렵부터 무척 심해지고 밤에 잠을 이루지 못하고 헛것을 보거나 듣는 증상이 나타납니다. 뼈에 골절이 생기거나 심장질환이 있을 때도 흔히 나타납니다. 치매에서 발생하는 의심은 피해망상의 일종으로 섬망과는 다르고 하루 종일 지속됩니다.

진성씨는 그동안 치매 증상으로 인해 혈압·당뇨도 제대로 관리하지 못했고 음주와 흡연은 더 늘었습니다. 그 결과 몸 상태가 더 안 좋아졌습니다. 치매와 치매의 행동심리 증상에 대한 치료를 받으면서 영자씨에 대한 의심이 없어지고 자신의 건강관리를 하게 되었습니다. 영자씨도 우울증 치료를 받으면서 집안일을 할 수 있게 되고 남편의 건강과 영양 상태를 세심하게 챙기게 되었습니다. 무엇보다도 진성씨의 의심이 줄어들면서 마음이 무척 편해졌습니다. 부부가 함께 밖에 나가 산책도 하고 운동도 할 수 있게 되었습니다.

자식들도 결국 두 분의 상태를 알게 되었고 자주 집에 찾아가게 되었습니다. 진성씨는 담당 의사를 통해 소견서를 발급받아 담당기관에 제출하고 국가에서 제공하는 노인장기요양보험 등급을 받을 수 있게 되었습니다. 이를 통해 장기요양요원이 가정을 방문하여 신체 활동 및 가사 활동·인지훈련을 지원하는 방문요양 서비스를 무료로 지원받고 있습니다. 이전에는 식사를 거르는 일이 많았지만 이제는 우울증도 호전되고 요양요원의 도움으로 끼니를 거르지 않아서 건강 상태가 많이 좋아졌습니다.

미국 미네소타대학교 데이비드 스노든 박사는 노트르담 수녀회 수녀들을 통해 알게 된 치매 예방법을 연구한 것으로 유명합니다. 그는 국립노화연구소 자금을 받아 노트르담수녀학교 출신 678명을 대상으로 연구를 시작했습니다. 이는 언어능력이 노년의 인지 기능 및 치매 발생에 어떤 영향을 미치는지 알아보는 프로젝트였습니다. 당시 연구에 참가한 수녀들은 모두 75세 이상으로, 사망 후 뇌를 연구용으로 기증하는 데도 서약했습니다. 스노든 박사는 수녀들이 쓴 글에서 단어 수가 풍부하고 어휘력이 유창할수록 치매에 적게 걸린다는 사실을 알게 되었습니다. 20대부터 쓰기 시작한 수필과 일기를 살펴보았을 때 어휘력이 부족하다고 평가된 수녀의 80퍼센트는 나중에 치매에 걸렸지만, 글의 어휘가 풍부한 수녀들은 10퍼센트만이 치매가 발생했습니다. 운동을 열심히 할수록, 적정 체중일수록, 공부를 많이 한 사람일수록, 남아 있는 치아가 많을수록, 어휘를 많이 사용하고 긍정적인 단어를 많이 쓸수록 치매에 덜 걸린다고 결론을 내렸습니다.

부부가 서로 긍정적인 대화를 많이 하고 글을 쓰고 책을 읽는 것이 치매와 우울증 예방에도 도움이 됩니다. 진성씨와 영자씨는 매일같이 가족 앨범을 보며 예전에 있었던 일들에 대해 이야기를 나눕니다. 가족사진에 나온 사람의 이름을 맞혀보기도 하고 어디에 사는지 생각해보기도 합니다. 또 눈이 어둡긴 하지만 책과 신문을 읽어보기로 했습니다. 여기에 나온 이야기를 서로 설명해주기도 하고 토론을 나누기도 합니다. 그리고 낙상 방지를 위해 다리 근력을 강화시키려고 노력합니다. 하루에 1시간 정도는 함께 아파트단지 안에서 산책을 합니다. 진성씨의 기억력은 더 떨어지지 않고 잘 유지되고 있고 영자씨는 기분도 좋고 의욕도 잘 유지되고 있습니다.

식물인간이 된
가족과

함께 사는
불안

○
○
○

　민식씨는 35세 남성으로 부모님과 함께 살고 있습니다. 겉으로 보기에는 평범한 가족이지만 이들에게는 무거운 그림자가 있습니다. 민식씨의 동생인 민우씨가 10년째 음식을 넣는 콧줄과 가래를 빨아내는 흡입기에 의존하며 집에 누워 있기 때문입니다. 10년 전 당시 대학생이던 민우씨는 갑작스러운 40도의 고열과 의식 소실로 응급실을 통해서 병원에 입원했습니다. 원인불명의 뇌염으로 진단되었고 뇌의 절반이 손상되어 '식물인간'이 되어버렸습니다. 식물인간이란 대뇌의 손상으로 의식과 운동 기능은 상실되었으나 나머지 신체 기능은 유지하고 있는 환자를 의미합니다. 민우씨는 목에 구멍을 뚫어서 응급 호흡을 유지해 겨우 생명을 부지할 수 있었습니다. 다른 신체는 건강했기에 그날 이후로 집 안 침대에 누워서 눈만 껌뻑이는 삶을 지속하게 되었습니다.

민식씨는 오랜 시간 동생을 간병하느라 지친 부모님을 보면 항상 안쓰러운 생각이 들었습니다. 동생이 살아 있는 게 무슨 의미가 있는지 불쑥 화가 나기도 했습니다. 하지만 동생의 건강했던 사진을 보면 자신이 이런 생각을 한 것이 죄를 짓는 것처럼 느껴지고 집에만 들어오면 무거운 한숨을 쉬게 되었습니다. 동생의 간병비와 치료비는 부모님이 감당하기에도 버거운 상태라서 이제는 민식씨도 일부 부담하게 되었습니다. 민식씨는 부모님에게 이제는 동생을 요양병원으로 보내자고 설득해보았지만 부모님은 포기할 수 없다고 했습니다. 다시 예전으로 돌아갈 수 있을 것이라는 실낱 같은 희망을 놓지 않고 있었습니다.

민식씨는 가끔 어머니가 바쁠 때 동생의 코에 있는 줄로 약을 넣어주거나 '석션'이라고 불리는 가래 제거기로 목을 청소해주기도 합니다. 어쩌다 동생과 눈을 마주치면 동생이 눈으로 자신을 쳐다보고 웃는 것 같아서 소름이 끼치기도 했습니다. 사실은 목에 자극을 주어 반응하는 것인데 민식씨는 무척 놀랐습니다. 밤에 침대에 누워 있는 민우씨를 보면 갑자기 일어나 방 밖으로 걸어 나올 것 같은 생각이 들었습니다. 민식씨는 밤에는 민우씨 방에 들어가는 것이 무서워졌습니다.

민식씨는 며칠 전 야근을 한 뒤부터 이유 없이 열감이 생겼습니다. 체온을 재보면 높지 않은데 오한이 느껴졌습니다. 밤이 되자 머리가 지끈거리면서 심한 두통이 생겼습니다. 이유 없이 불안해지고 자신이 큰 병에 걸린 게 아닌지 걱정이 되었습니다. 코로나 검사에서도 음성이 나왔지만 혹시 큰 병이 있는데 발견을 못 한 게 아닐까 하는 두려움이 들었습니다. 여러 의원을 방문해서 이곳저곳 검사를 해봐도 병원마다 몸에는 큰 문제는 없지만 혈압이 높다는 소견을 들었습니다. 민식씨는 혈압이 160/120으로 올라가고 심박수도 2배나 증가된 것으로 나타났습니다. 다행히 부정맥은 없었지만 고혈압이 발견되었다는 사실에 크게 놀랐습니다. 담당 의사 선생님은 민식씨가 불안이 너무 높아서 혈압과 심박수가 올라간 것 같다고 이야기했습니다.

민식씨는 정신건강의학과에서 상담 결과 우울·불안이 높은 상태이며, '건강염려증'이 있는 것으로 판단되었습니다. 건강염려증이란 사소한 신체적 증세 또는 감각을 심각하게 해석하여 스스로 심각한 병에 걸려 있다고 확신하거나 두려워하고, 여기에 몰두해 있는 상태를 말합니다. 오랫동안 침대에서 꼼짝 못하고 누워 있는 민우씨를 보며 자신도 저렇게 되지

않을까 하는 두려움이 건강염려증을 만들었습니다. 민식씨뿐
아니라 부모님도 불면증과 불안증에 시달리고 있었습니다.
민식씨 가족은 민우씨가 처음 병으로 응급실에 가던 그날에
시계가 멈추어 있었습니다. 하지만 누구도 힘들다고 이야기
할 수는 없고 속마음을 터놓고 이야기해볼 수도 없었습니다.
'포기'라는 말은 입 밖으로 차마 꺼낼 수 없는 단어가 되어 있
었습니다.

건강염려증Hypochondriasis

자신이 심각한 질병에 걸렸다는 잘못된 믿음을 가지고 있거나 걸릴 수
있다는 공포에 사로잡혀 자신의 건강을 비정상적으로 염려하고 집착하
는 상태를 말한다(예 암·암 재발·심장병·치매·AIDS 등). 사소한 신체적 증
세 또는 감각을 심각하게 해석하여 스스로 심각한 병에 걸려 있다고 확
신하거나 두려워한다. 이로 인해 정상적인 사회적·가족적·직업적 활동
에 지장이 생긴다. 병에 집착하여 여러 병원을 찾아다니면서 재검사를
요구한다. 의사가 신체검사상 이상이 없다고 해도 신체 이상에 대한 염
려와 집착을 포기하지 못한다. 다만 환자가 자신에게 질병이 있다고 믿
는 것이지 증상을 꾸미는 것은 아니다. 국가적으로는 너무 많은 병원에
서 필요 이상의 검사를 하기 때문에 건강보험 재정에 손실을 주고 다른
환자가 진료받는 데 지연을 겪을 수 있다.

가족에게 만성질환이나 중증질환이 있는 경우에는 자신도 그 병에 유전적인 소인이 있지 않을까 걱정하게 됩니다. 하지만 대부분의 질환은 유전적 요인 말고도 후천적인 환경의 영향을 많이 받습니다. 예를 들어, 민우씨가 뇌염으로 사지마비가 왔기 때문에 민식씨 또한 뇌염에 걸려 사지마비가 올 위험이 높다고 말할 수는 없습니다. 민식씨가 자신이 질병에 걸릴 위험을 과도하게 불안해하면 일상적으로 흔히 경험하는 두통, 열감 등도 심각한 병의 초기 증상으로 생각해 지나치게 걱정을 할 수 있습니다.

민식씨의 부모님은 회복에 대한 희망을 가지는 데 비현실적인 면이 있습니다. 민우씨의 현재 상태는 뇌손상으로 회복 가능성이 없다고 할 수 있습니다. 자식의 회복에 대한 희망을 갖는 것은 당연하지만 이것이 너무 과도하면 다른 가족들을 힘들게 할 수 있습니다. 회복할 수 없는 병을 회복할 수 있다고 믿는 것은 희망이라고 할 수 없습니다. 모든 가족이 병의 경과와 예후에 대해서 정확히 공유하고 같은 이해를 할 수 있어야 합니다. 우울과 불안이 심하면 현실감이 떨어지고 불안, 초조한 생각에 사로잡히게 됩니다. 당장 회복시킬 수 있다는 잘못된 믿음 때문에 치료에 휘둘리게 되고 경제적인 손해를 보게 될 수도 있습니다. 불안, 초조로 약해진 마음을 비집고 들어오는 비과학적인 치료 방법을 경계해야 합니다.

민식씨는 심리치료를 통해 처음으로 가족들과 자신의 오랜 두려움에 대해서 이야기를 나눌 수 있었습니다. 10년 동안 누구도 차마 입을 열지 못했지만 이제는 솔직하게 이야기할 수 있었습니다. 그동안 온 가족을 힘들게 만든 것은 간병 자체보다도 비현실적인 회복에 대한 믿음과 자신도 그렇게 될지 모른다는 두려움 때문이었던 것을 알게 되었습니다.

망상과
창의력의 차이,

신약 개발 대표와
일론 머스크

성하씨는 30대 남성으로 제약회사 연구직을 그만두고 신약을 개발하는 스타트업을 차렸습니다. 그는 암으로 고통받는 환자들을 보며 항상 안타까워했고 자신이 개발한 신 물질을 환자들에게 투여하면 이들의 고통도 끝날 것이라고 생각했습니다.

어느 날 성하씨는 자신이 동물 실험까지 마친 연구 내용을 발표할 기회가 있었습니다. 발표를 들은 청중들은 그의 연구에 무척 관심을 보였고, 언론에서도 크게 주목했습니다. 성하씨는 이런 반응을 보며 자신이 개발하는 신약에 대해 더욱 확신을 가지게 되었습니다. 주위 사람들에게 모든 암을 치료할 수 있는 획기적인 치료제를 개발했다고 이야기했고 자신도 신약 성능에 확신했습니다.

하지만 성하씨가 만든 신약은 임상시험에서 전혀 효과가 없었습니다. 그는 연구원들이 실험을 잘못해서 이런 결과가 나왔다며 화를 내기 시작했습니다. 암 환자들은 죽어가는데 이렇게 좋은 신약이 나오는 시간을 늦추게 하는 사람이 누구냐며 찾아내겠다고 분노했습니다. 이제는 자신의 신약이 암 치료를 넘어 코로나를 완치시킬 수 있다며 새로운 효과에 대해 발표하기 시작했습니다. 그 뒤 성하씨와 함께 연구를 시작했던 사람들이 하나둘씩 떠나기 시작했습니다. 성하씨는 자신을 떠나는 사람들이 신약 연구 내용을 유출할 수도 있다는 걱정이 들었습니다. 그때부터 모든 개발 내용을 직원들에게도 감추며 그 누구도 믿지 못하게 되었고 결국 외톨이가 되었습니다.

망상과 창의력은 남과 다른 독특한 생각을 한다는 점에서 공통점이 있습니다. 망상은 있지도 않은 것을 마치 사실인 양 믿거나, 이치에 맞지 않게 생각하는 것을 의미합니다. 이에 반해 창의력은 주어진 문제 상황을 새롭고 적절하고 가치 있는 것으로 창출하는 능력을 의미합니다. 전혀 다른 것 같지만 이야기하는 내용에 충분한 지식이 없는 사람이 들으면 양자를 구분하기 힘듭니다. 성하씨의 신약 연구가 창의적인 것처럼 보였지만 결국 망상이었던 것처럼 망상이 있는 사람은 오히려 신념이나 웅변에 더 강합니다. 이를 유명인 일론 머스크와 비교해봅시다.

테슬라 최고경영자 일론 머스크는 다른 사람들이 하지 않는 창의적인 도전을 하는 것으로 유명합니다. 그는 어릴 때 남아공에서 살았는데 컴퓨터 프로그래밍을 독학해 12살에 '블래스타Blastar'라는 우주를 날아가는 비디오게임을 개발했고, 판매까지 했습니다. 로켓 연료를 만들어 자신이 만든 로켓에 넣고 시험 발사한 적도 있었습니다. 어린 시절부터 그는 무척 독특했기 때문에 주변 아이들에게 따돌림을 당하는 건 기본이고 폭행과 괴롭힘을 당했다고 합니다. 머스크가 자동차를 기름이 아닌 전기만으로 움직이겠다고 했을 때 이것이 망상이라고 생각했던 사람도 있었습니다. 더욱이 뇌에 컴퓨터 칩을 이식하겠다는 그의 새로운 프로젝트는 더욱 그런 생각이 들게 합니다.

성하씨와 머스크 사이에는 몇 가지 공통점과 차이가 있다는 것을 알 수 있습니다. 성하씨는 암을 완치하려고 했고 머스크는 전기차를 만들고자 했습니다. 두 사람의 공통점은 인류가 지닌 미충족 요구unmet need의 충족으로 동일합니다. 하지만 다른 점은 성하씨는 그 분야의 전문가나 직원들을 설득하고 함께할 수 있는 논리성과 유연성이 부족하다는 점이었습니다.

　망상이 있는 사람은 다른 사람이 자신을 이해하지 못한다는 피해의식을 가지기 쉽습니다. 창의적인 사람은 머스크처럼 어린 시절부터 자신의 창의력을 곳곳에 적용하려는 시도를 하게 됩니다. 자신이 하는 생각이 망상적인지 창의적인지 구분하기 위해서는 스스로 자신에게 이러한 특성이 있는지 꼭 확인해야 합니다. 조직의 리더가 망상적인 생각에 빠져 있다면 그가 운영하는 회사는 위험에 빠지게 될 것입니다.

　성하씨는 직장 인근 정신건강의학과를 방문해서 검사를 받았습니다. 검사 결과 우울증에 피해망상이 동반된 것으로 진단을 받았습니다. 망상은 뇌의 신경전달물질인 도파민과 관련이 있는 경우가 있어서 이를 조절하는 약물 치료가 도움이 되는 경우가 많이 있습니다. 성하씨는 치료를 받으면서 다른 사람이 자신을 괴롭힌다는 피해망상이 줄어들고 주위 상황을 보다 객관적으로 볼 수 있게 되었습니다. 직원들과 소통하며 자신이 개발한 신약이 도움될 수 있는 상황을 명확하게 정의하고 그 한계점을 수용할 수 있게 되었습니다.

　망상이 있는 사람들은 자신만의 성 안에서 갇혀 지내기 쉽습니다. 다른 사람들이 무엇을 원하고 세상이 어떻게 변화해 가는지에 대해서는 관심이 많지 않습니다. 망상의 대표적인 예로는 다른 사람들이 자신을 조직적으로 괴롭힌다는 피해망상, 배우자가 부정을 한다는 부정망상, 자신이 과대한 능력을 가지고 있다고 믿는 과대망상 등이 있습니다. 자신이 이런 측면이 있다면 전문가의 정확한 판단을 받는 것이 도움이 됩니다. 우울증이 있는 경우에도 망상이 동반될 수 있기 때문에 동반된 정신건강의학적 문제에 대해서도 정확한 평가가 필요합니다.

체중 감량을 위한
잘못된 선택,

마약성
식욕억제제

○
○
○

연미씨는 20대 중반으로 고등학교를 졸업하고 가수가 되기 위해 연습생 생활을 하고 있습니다. 연습생이 된 지도 꽤 지났지만 아직 정식으로 데뷔를 하지 못했습니다. 함께 연습생 생활을 했던 친구들은 하나둘씩 그만두고 이제 연미씨 나이 또래는 몇 명 남지 않았습니다. 그는 올해가 마지막이라고 생각하고 이를 악물고 연습하고 있지만 기회가 잘 주어지지 않습니다.

그러던 어느 날 동료와 함께 오디션을 보았는데 자신보다 노래 실력이 좋지 못한 동료에게 좋은 무대에 설 수 있는 기회가 먼저 주어졌습니다. 연미씨는 너무 실망해서 자신이 무엇이 부족한지 밤잠을 이루지 못하고 고민했습니다. 그 동료의 오디션 영상을 보면서 자신보다 훨씬 마르고 날씬해 보인다는 생각이 들었습니다. 그 후 거울에 비친 자신의 모습을 볼 때마다 얼굴도 크고 뚱뚱해 보였습니다.

연미씨는 자신도 날씬해져야겠다는 생각에 친구들에게 고민을 상담해보았습니다. 그중 한 친구가 자신이 먹고 있는 '식욕억제제' 몇 알을 연미씨에게 주었습니다. 그 약은 나비 모양의 알약이었는데 친구가 다이어트 전문 병원에서 처방을 받았다고 했습니다. 연미씨가 그 약을 먹어보니 확실히 식욕을 줄이는 데 효과가 있었습니다. 연미씨는 친구를 따라서 같은 병원을 방문해 상담을 받았습니다. 연미씨는 체질량지수가 22로 정상체중이었지만 나비 모양의 식욕억제제를 포함해서 각종 약물을 한꺼번에 처방을 받았습니다. 연미씨는 약을 복용한 후에 체중이 3킬로그램 정도 감량되었습니다. 효과가 있는 것 같아 해당 병원을 방문해서 더 많은 양의 약물을 처방해주기를 부탁했습니다. 하지만 담당 의사는 더 이상은 안 된다며 거절했습니다.

연미씨는 마음이 급해졌습니다. 올해 안에 날씬한 몸을 만들어 데뷔하기 위해서는 약이 더 필요했습니다. 다른 친구들은 운동과 식이 요법을 하라고 조언을 했습니다. 하지만, 운동할 시간을 도저히 낼 수 없었고, 밤만 되면 식욕이 증가해서 폭식을 하는 습관이 있었습니다. 연미씨는 다이어트 전문 병원 여러 곳에서 처방을 받았고 심지어는 친구들이 처방받은 약을 모아서 한꺼번에 복용하기 시작했습니다. 친구들도 걱정하면서 연미씨에게 더 이상 과도하게 약을 먹지 말라고 했지만 간절한 연미씨의 부탁을 들어줄 수밖에 없었습니다.

연미씨에게 드디어 좋은 무대에서 공연할 수 있는 데뷔의 기회가 주어졌습니다. 연미씨는 데뷔를 앞두고 잠을 이룰수가 없었습니다. 심장이 너무 심하게 뛰고 어지럽고 호흡이 곤란한 느낌이 들었습니다. 다음 날 연습실에 갔는데 동료들이 자기들끼리 웃고 떠드는 것이 자신의 외모를 보고 놀리는 느낌이 들었습니다. 연미씨는 자신도 모르게 동료들에게 심하게 소리를 지르고 화를 냈습니다. 그 모습을 본 동료들이 모두 놀라 연미씨를 진정시켰습니다. 그는 원래 차분한 성격이었고 이렇게 화를 내는 것은 처음이라 자신도 놀랐습니다. 다른 사람들이 하는 말이나 행동이 마치 자신을 향하는 것 같은 느낌이 지속적으로 들었습니다.

연미씨는 데뷔 무대를 하다가 갑자기 숨이 잘 쉬어지지 않고 어지러워서 무대에서 넘어지고 말았습니다. 공연은 엉망이 되었고 연미씨 대신 다른 멤버가 그 자리를 메꿀 수밖에 없었습니다. 평생을 기다려온 무대를 망치자 연미씨에게 심한 우울감이 생겼습니다. 모든 사람이 자신을 비웃는 것 같았고 자신에게 희망이 없을 것 같다는 생각이 들었습니다. 그때 누군가 자신을 부르는 듯한 소리가 들렸습니다. 연미씨는 주위를 두리번거렸지만 아무도 없었습니다. 그 순간 머리가 혼란스러워지면서 죽고 싶다는 생각에 사로잡혔습니다.

연미씨는 부모님께 자신의 상황을 말씀드렸습니다. 그리고 어머니와 함께 인근 정신건강의학과 병원을 방문했습니다. 진찰 결과 연미씨는 다른 사람들이 자신을 괴롭힌다고 생각하는 피해망상, 다른 사람의 행동이 자신과 관련되어 있다고 생각하는 관계사고, 간헐적 환청이 있었습니다. 환청이란 아무도 없는 곳에서 여러 명이 서로 중얼거리거나 자신에게 말을 거는 양상의 목소리가 들리는 것입니다. 삐 소리가 나는 이명과는 다르고, 한 명 또는 여러 명의 목소리가 들린다는 특징이 있습니다. 원인은 연미씨가 과다하게 복용하던 마약성 식욕억제제에 있었습니다.

연미씨가 복용하던 약 중에 나비 모양의 알약을 속칭 '나비약'이라고 하는데, 이 약에는 '펜터민'이라는 성분이 들어 있습니다. 펜터민은 중추신경흥분제로 우리 뇌의 시상하부에 있는 식욕중추에 작용해서 뇌에서 배고픔을 덜 느끼게 하고 포만감을 증가시키게 됩니다. 뇌의 도파민과 노르아드레날린을 증가시키는데 도파민을 증가시키는 작용은 피해망상·관계사고·환청 등 정신병적 증상을 유발할 수 있고 노르아드레날린을 증가시키면 심장박동이 증가하고 각성이 되어 불면증·긴장·불안·공황 증상을 유발할 수 있습니다. 펜터민계 마약성 식욕억제제를 주변에 나누어준다거나 판매하는 것은 법으로 금지되어 있습니다.

가수라는 직업은 감수성이 풍부하고 감정 기복이 있는 사람들이 많이 하게 됩니다. 이런 분들이 소리에 대한 감각이 뛰어납니다. 감정 기복이 있는 사람이 마약성 식욕억제제를 복용하면 기복이 더 심해지고 일반인보다도 더 정신병적 증상과 공황 증상·불면증이 더 쉽게 생길 수 있습니다. 10대, 20대 젊은 분들은 중장년층보다도 더 쉽게 생깁니다. 약물로 발생한 증상을 조절하려다 보니 수면제 등의 다른 약물까지 함께 복용하게 됩니다. 마약성 식욕억제제는 복용하지 않는 것이 건강에 도움이 됩니다. 특히, 정신병적 증상이 생겼거나 불안, 공황 증상이 발생하면 즉시 중단해야 됩니다. 심한 경우에는 죽고 싶은 생각에 사로잡히고 자신도 모르게 위험한 행동을 하게 되는 경우도 있습니다.

연미씨는 왜 위험한 마약성 식욕억제제를 복용하면서까지 체중을 감량하려고 했을까요? 우리 사회의 공정은 외모에 대한 차별을 극복하는 것에서 시작해야 합니다. 지나치게 마른 몸이 선택받는 기회를 얻는 데 도움이 되어서는 안 됩니다. 자신의 문제의 원인을 체중이나 외모 탓으로 돌리는 태도도 도움이 되지 않습니다. 외모를 비정상적인 방법으로 바꾸고 싶은 욕망은 결국 자신의 마음을 망가뜨릴 수 있습니다.

대머리가
되지 않을까 하는

두려움과
우울증

준우씨는 30대 초반 남성으로 결혼한 지 1년 된 신혼입니다. 광고를 제작하는 회사에서 일하고 있는데 같은 업계에서 아내를 만났습니다. 아내와는 사이가 좋은 편이고 올해 안에 아기를 가질 계획이 있습니다. 그는 회사 내에서 아이디어가 좋고 활력이 넘친다는 평을 듣고 있습니다. 이번에 준우씨네 회사에서 큰 광고 프로젝트를 수주하게 되어 준우씨는 그 일에 온 신경을 집중하고 있었습니다.

추석이 되어 준우씨는 오랜만에 아내와 함께 가족·친척들을 만났습니다. 그런데 깜짝 놀라는 일이 있었습니다. 준우씨의 아버지는 원래 대머리였지만 작은아버지 세 분이 모두 완전히 대머리가 되어 계셨습니다. 세 분 모두 옆으로 빗어

186

넘긴 머리로 두피를 겨우 가리고 있었습니다. 충격적인 점은 사촌 형들도 한 사람씩 탈모가 진행되고 있었다는 것이었습니다. 가족들이 모두 모여 제사를 지내는데 준우씨의 눈에는 빛나는 머리들만 보였습니다. 이러다가 자신도 대머리가 되지 않을까 하는 걱정에 사로잡혔습니다. 사촌 형에게 물어보니 몇 년 전부터 샤워를 할 때마다 머리카락이 한 움큼씩 빠졌다는 것이었습니다. 형은 지금도 발모제를 복용 중이라고 했습니다. 준우씨도 왠지 형만큼 머리카락이 많이 빠지는 것 같았습니다.

준우씨는 탈모 치료를 받기 위해서 병원을 찾았습니다. 담당 의사는 준우씨의 두피를 기계를 써서 자세히 진찰하고 난 뒤 현재 탈모 상태는 아니며, 걱정할 필요가 없다고 했습니다. 하지만 준우씨는 가족들의 대머리에 대해 이야기하며 꼭 치료를 받고 싶다고 애원했습니다. 결국 준우씨는 '피나스테리드' 성분의 발모제를 처방받게 되었습니다. 복용 후 머리카락이 빠지지 않고 더 풍성해지는 느낌을 받았습니다. 준우씨는 만족했고 매일 꾸준히 복용하게 되었습니다.

한 달 정도 뒤부터 준우씨는 이전보다 기분이 처지고 의욕이 떨어지기 시작했습니다. 회사에서 보고서를 읽어도 머리에 잘 들어오지 않고 멍한 느낌이 지속되었습니다. 팀장님께 일이 너무 늦어진다고 꾸지람을 듣기도 했습니다. 퇴근 후에는 항상 피트니스 센터에 들러 운동을 했었는데 잘 가지 않게 되었습니다. 준우씨는 하고 싶은 것도 없고 의욕이 심하게 떨어지는 느낌이 들었습니다.

그러다 회사에서 진행하던 대형 광고 프로젝트가 그만 취소되고 말았습니다. 회사 분위기가 암울해지고 연말 인센티브도 올해는 없을 것이라는 소문이 돌았습니다. 준우씨는 프로젝트가 잘 안 된 것이 자신의 탓인 것만 같았습니다. 직장에서 동료들이 서로 이야기를 나누는 모습을 보면 자신을 비난하려고 수군대는 것 같은 생각이 들었습니다. 회사에서 희망퇴직 이야기가 나오자 준우씨는 자신이 그만두는 게 어떨까 하는 생각이 들었습니다. 그뿐 아니라 성적인 욕구와 성기능도 많이 감퇴되어 아이를 가지기로 했던 계획도 없었던 일로 되었습니다.

준우씨는 마치 절망의 나락으로 빠지는 느낌이 들어 회사 근처 정신건강의학과 의원을 방문했습니다. 검사 결과 준우씨는 우울증으로 진단되었습니다. 특히 죄책감이 심했는데 직장에서 일이 잘못된 것, 아내가 회사 다니느라 힘든 것, 부모님이 아프신 것이 모두 자신의 탓이라고 생각하고 괴로워했습니다. 밤에 잠을 자려고 하면 이런 생각들이 머릿속에 치고 들어와 도저히 잠을 이루지 못했습니다. 생각은 꼬리에 꼬리를 물고 이어져 자신이 없어지면 이런 고통이 끝나지 않을까 하는 생각까지 들었습니다. 차라리 죽는 것이 낫겠다는 생각에 점점 빠지고 있었습니다.

담당 의사는 준우씨의 우울증이 '피나스테리드' 성분 발모제를 복용 후에 발생한 점에 대해 주목했습니다. 그전에 준우씨는 활동적인 편이었고 우울증을 경험한 적이 없었습니다. 피나스테리드 성분은 남성호르몬인 테스토스테론이 모낭에서 탈모의 원인인 디하이드로테스토스테론DHT이라는 물질로 바뀌는 것을 막게 됩니다. 이러한 호르몬의 변화에 민감한 사람에서 우울증이 발생하게 될 수도 있습니다.

미국 피부의학 저널 〈자마 피부과학JAMA Dermatology〉에서 2020년 11월 발행된 논문에 의하면 전 세계에서 피나스테리드 발모제를 사용한 3282명의 탈모 환자를 분석했을 때 45세 미만에서 우울증·불안증·자살 충동이 증가할 수 있다는 결과가 발표되어 논란이 있었습니다. 그 후 임상정신약물학회지에 2021년에 발표된 논문에 의하면 피나스테리드 약물 사용 환자의 3.33퍼센트에서 우울 증상이 발생했다고 발표됐습니다. 이는 약물을 사용하지 않은 환자의 2.54퍼센트와 비교했을 때 1.31배 증가한 수치였습니다. 식품의약품안전처에서는 피나스테리드 성분 약물 복용 후 우울한 기분이나 우울증·자살 생각이 발생하는 경우에는 정신학적 증상에 대해 환자를 관찰하고 만약 환자에게 이러한 증상이 발생하는 경우 피나스테리드 투여를 중단하고 의료전문가에게 상담하도록 해야 한다고 권고하고 있습니다.

발모제를 복용한다고 해서 모두 우울증이 생기는 것은 아니지만 일부 민감한 사람에서는 발생할 수도 있습니다. 약물 복용 후에 이전보다 심하게 우울해지거나 의욕이 떨어지는 경우에는 정신의학과 전문의의 평가가 필요합니다. 발모제와는 상관없이 자신의 탈모에 대해서 지나치게 절망적으로 생각하면 타인이 보는 시선에 민감해지며 우울증과 연관될 수 있습니다.

하지만 더 중요한 것은 대머리를 터부시하는 우리나라의 문화가 바뀌어야 합니다. 외국에서는 대머리를 부끄럽게 생각하지 않고 개성이 있고 매력이 있다고 보는 경우도 많습니다. 대머리를 감추고 고쳐야 하는 사회적인 비용과 스트레스를 줄이기 위해서도 탈모가 있는 사람들에 대한 사회적인 편견을 없애야 합니다.

개인주의를 중시하는
부부가

건강을 잃은 뒤
느낀 것

옥순씨는 30대 후반의 여성으로 회사에서 재무를 담당하고 있습니다. 그는 사내 커플로 결혼했고 남편은 영업팀에서 일하고 있습니다. 여느 젊은 부부와 차이가 없어 보이지만 옥순씨 부부는 '딩크족'입니다. 정상적인 부부 생활을 영위하면서도 의도적으로 자녀를 두지 않는 맞벌이 부부인 거죠. 옥순씨 부부는 또래 친구들처럼 육아 스트레스를 받을 필요도 없습니다. 남은 수입으로는 골프와 쇼핑을 하며 여가 시간을 보냅니다. 옥순씨와 남편은 결혼한 뒤 '가족'이라는 제도에 복잡하게 얽매이기보다는 서로 개인적인 부분을 존중하는 삶이 소중하다고 생각하고 있습니다. 아기를 가지는 것 또한 '부부의 선택'이며, 아이를 위해 둘만의 시간을 희생할 생각은 없습니다. 대신에 반려동물로 고양이를 키우고 있습니다.

옥순씨와 남편은 경제적으로도 분리해 생활하고 있습니다. 통장도 따로 갖고 수입도 각자 관리합니다. 식사를 하거나 골프를 치러 갈 때는 항상 더치페이를 합니다. 둘이 함께 지출해야 할 때는 서로 논의해 치러야 할 몫을 정합니다. 부부가 공용 통장으로 돈을 이체한 뒤 공용 카드로 결제하는 방식입니다. 부부간에 거리가 느껴질 때도 있지만 요즘 옥순씨 주변에도 이렇게 분리해서 사는 부부가 많다고 합니다. 육아라는 물리적·경제적 공동과업이 존재하지 않아 생활을 쉽게 꾸려나갈 수 있었습니다.

그러던 어느 날 옥순씨는 몸이 너무 피곤하고 얼굴이 검게 변해 건강검진을 받았습니다. 검사 결과, 신장 기능이 심각하게 떨어져서 정상의 20퍼센트밖에 남지 않았다는 판정을 받게 됐습니다. 옥순씨는 병가를 내고 회사도 쉬게 됐습니다. 옥순씨 남편은 아내의 건강 걱정을 많이 했지만, 문제는 돈이었습니다. 아내의 경제적 능력이 예전 정도로 회복되기는 어려울 것 같다는 생각이 들었습니다. 병원비도 옥순씨가 모두 부담했는데 점점 액수가 커졌고 옥순씨가 회사를 다니며 그동안 모아둔 자금이 거의 바닥날 지경이 됐습니다. 그는 병원비로 남편에게 돈을 빌리면서 채무이행각서까지 썼습니다.

결국 옥순씨는 더 이상 남편에게 부담을 주기는 싫어졌고, 남편도 어느 순간부터 본인이 생각한 결혼 생활이 아니라는 생각을 하게 됐습니다.

옥순씨 부부는 변호사와 법률 상담을 했습니다. 아이도 없고 재산이 완전히 분리돼 있기 때문에 쉽게 이혼이 가능하다는 이야기를 들었습니다. 결국 부부는 이혼을 했고 가끔씩 만나는 친구로 지내기로 했습니다. 함께 집에서 살지 않으니 점점 만나는 횟수도 줄어들었습니다. 옥순씨는 몸도 아픈데다가 이제 자신에게 남은 것이 아무것도 없다는 상실감과 외로움을 느끼게 됐습니다.

이혼 뒤 옥순씨는 고혈압·당뇨·고지혈증 등이 생겨 내과에서 추가로 치료를 받게 됐습니다. 자신의 인생이 실패작이라고 우울해하는 옥순씨에게 내과 선생님은 정신건강의학과 진료를 추천했습니다. 정신건강의학과를 방문하게 된 옥순씨는 우울한 기분과 외로움, 무가치감 등 주요 우울증 증상을 보이고 있었습니다. 옥순씨의 어머니가 집에 와서 간병을 하게 됐습니다. 하지만 옥순씨 어머니도 암으로 항암치료를 받게 되면서, 더 이상 간병을 해줄 사람도 없었습니다. 옥순씨는 남편을 다시 보고 싶었지만 통화가 되지 않았습니다. 이제는 남편의 마음이 자신에게서 완전히 떠난 것으로 생각하고는 눈물이 났습니다.

　모든 것을 잃었다는 상실감에 옥순씨는 매일 혼자 집에서 술을 마셨습니다. 건강이 점점 나빠지고 우울증은 더욱 깊어지고 있었습니다. 마치 무인도에 혼자 사는 것처럼 고립돼 있었습니다. 자신의 건강이 언제까지나 유지되고 젊음이 계속될 것 같았지만 이제 돌이켜보니 불과 몇 년 만에 신기루처럼 모두 사라져버렸습니다.

　정신건강의학과 주치의는 옥순씨에게 고립감에서 벗어나야 하며, '혼술'은 절대 안 된다고 말했습니다. 옥순씨처럼 신장 기능이 저하된 환자가 우울증까지 겹치면 자기 관리 능력이 떨어지고 질병에 대한 대처가 안 돼 신장 기능을 더욱 떨어뜨릴 수 있습니다. 당뇨병이 있는 환자에게도 우울증이 오면 활동량이 떨어지고 당뇨 조절이 잘 되지 않아 신장 기능은 더욱 떨어질 수 있습니다. 우울증 치료를 통해 우울감과 의욕이 회복되면 신장 기능과 당뇨를 관리하는 데 도움이 될 수 있습니다. 옥순씨는 지금부터라도 이전에 만나던 사람들을 조금씩 다시 만나보기로 했습니다. 다행히 기증자의 신장을 이식받게 되면서 건강도 빠르게 회복됐습니다. 신장을 이식받은 뒤에는 면역 억제제를 복용하면서 '절대 금주' 하기로 했습니다. 신장이 거부반응 없이 잘 자리 잡기 위해서는 혈당과 혈압 조절이 잘 되어야 합니다. 내과 진료를 통해 철저하게 모니터링하고 조절하기로 했습니다.

옥순씨는 우울증 치료 뒤 다시 회사에 복귀할 수 있었습니다. 그리고 아직 재혼하지 않은 남편을 다시 만나 과거는 모두 잊고 재결합하기로 했습니다. 이제 옥순씨 부부는 각자 분리해 살던 삶에서 하나의 가족으로 합치기로 했습니다. 경제적인 부분도 하나로 합치고 아기도 가져보기로 했습니다.

이제 옥순씨는 부부가 서로 믿고 의지할 수 있다는 게 얼마나 중요한 일인지 알게 됐습니다. 경제적으로 분리해서 자신만의 삶을 산다면 가족에게 위기가 닥칠 때 서로 돕는 마음을 가지고 함께 대응하기 어려울 수 있다는 것을 깨달았습니다. 아기를 가지는 것은 부부의 선택이지만 부부가 마음이 하나로 합쳐져야 아기를 가지고 싶다는 마음도 생길 수 있다는 것을 알게 됐습니다.

3부

트라우마편

"잊고 싶은 기억이
자꾸 떠올라요"

'트라우마Trauma'는 실제적이거나 위협적인 죽음·심각한 질병 혹은 자신이나 타인의 신체적·물리적 통합에 위협되는 사건을 경험하거나 목격한 후 겪는 심리적 외상을 말합니다. 이는 스트레스와는 다르며 생존에 위협이 될 정도의 심각한 경험을 한 것을 의미합니다. 트라우마는 인생을 살다보면 겪기 마련입니다. 하지만, 매우 예민한 사람들은 트라우마로 경험하지 않을 일도 생존에 위협이 되는 경험으로 하게 되는 경우가 흔합니다. 또한, 트라우마를 경험하면 더 큰 영향을 받게 되어 극복하기 힘들 수 있습니다.

트라우마를 경험하게 되면 우리 뇌는 긴급하게 반응하게 됩니다. 첫 번째는 트라우마의 원인이 되는 것으로부터 멀리 도망가려고 합니다. 두 번째는 다시 같은 경험을 하지 않으려고 합니다. 세 번째는 경험을 다시 하는 경우에 대해 미리 대비를 하게 됩니다.

우리 뇌는 트라우마를 경험하면 변화가 일어나는데 특히 매우 예민한 경우에는 변화가 더 크게 일어날 수 있습니다. 뇌의 변연계에 위치한 편도체가 과도하게 활성화되고 뇌섬엽과 배측전대상피질이 불안정하게 됩니다.[13]

편도체는 공포, 불안, 두려움과 같이 부정적인 감정을 처리하고 기억하는 데 중요한 역할을 하는 뇌 영역입니다. 편도체의 중심핵을 전기로 자극하면 두려움을 느끼고, 반대로 편도체를 파괴하면 공포 반응이 사라져서 두려움이 없어지게 됩니다. 매우 예민한 사람의 경우에는 일상적인 대인관계에서도 공포를 인식하는 편도체가 자극되어 두려움을 느낄 수 있습니다. 편도체가 활성화되면 긴급 상황으로 인식해 교감신경계를 활성화시키고 트라우마의 원인으로부터 도망가 다시 경험하지 않도록 대비하게 됩니다. 전두엽에 의해 뇌가 이성적으로 판단하기 전에 편도체에 의해서 몸이 먼저 반응하게 됩니다.

뇌섬엽은 우리 몸의 내부의 감각과 외부의 세계를 인식하는 데 중요한 역할을 하는데 트라우마를 경험하고 나면 제대로 기능하지 못하게 됩니다. 따라서 항상 멍하고 자신의 신체감각을 왜곡해서 느끼는 경우가 많습니다. 외부에서 일어나는 일도 제대로 인식하지 못하고 사람들을 피하게 됩니다.

뇌섬엽Insula

'인슐라'는 '섬'을 뜻하는 라틴어다. 이는 측두엽과 두정엽 아래쪽의 피질이 나뉘는 외측고랑에 자리 잡고 있는데 마치 조개처럼 생겨, 바다 위의 섬처럼 다른 부분과 구별되기 때문에 붙여진 이름이다. 온도, 촉감, 통증, 가려움, 근육과 내장의 감각, 호흡 곤란 등 신체 내부에 존재하는 감각기에서 생성되는 감각인 '내수용성 감각'을 처리해 몸 전체 상태를 인식하게 한다. 또한 외부세계를 인식하는 데 핵심적 역할을 한다. 자기 자신을 인식하고 사회적 상호작용을 가능하게 한다. 어떤 일을 경험하기 전에 미리 예상하는 능력과도 관련된다. 내부적, 외부적으로 일어나는 상황을 뇌가 체계적으로 이해하는 데 관여하며, 신체를 유지하는 단순한 감각 작용부터 사회적인 감정 처리까지 관여한다.

배측전대상피질은 감정이나 고통을 조절하는 역할을 합니다. 매우 예민한 사람들은 타인에게 거절을 당하면 힘든 경험을 하게 되는데 이것도 이 영역의 활성화와 관련이 되어 있습니다.

배측전대상피질 dorsal anterior cingulate cortex, dACC

편도체로부터 정보를 받아 필요한 반응을 지시하며, 감정이나 고통을 조절하는 역할을 한다. 신체적인 통증이 있을 때와 마찬가지로 타인에게 거절을 당할 때도 이 영역이 활성화되는 것으로 밝혀졌다.

미국 캘리포니아대학교 나오미 아이젠버그 교수 연구팀은 '사이버볼Cyberball'이라는 컴퓨터 게임을 통해 따돌림을 당하는 상황을 만든 뒤 뇌의 활동을 fMRI로 분석했습니다.[14] 사이버볼은 세 사람이 축구

공을 주고받는 놀이인데, 참여자는 처음 몇 차례 패스를 받은 뒤부터는 공을 받지 못하고 사이버볼 게임에서 왕따가 되도록 프로그램되어 있습니다. 왕따를 당하는 동안 왕따당하는 사람의 뇌를 fMRI을 통해 분석을 하자 바로 배측전대상피질이 활성화되는 것을 관찰했습니다. 이 영역은 신체적인 통증을 당할 때도 활성화되는 영역입니다. 신체적 통증과 거절할 때 느끼는 심리적 고통이 처리되는 뇌의 회로에는 차이가 있지만, 배측전대상피질이 활성화가 되는 것은 동일합니다.[15] 다만 활성화되는 패턴에는 차이가 있습니다.

트라우마에서 회복되면 뇌는 다시 제자리를 찾게 됩니다(그림 7). 편도체가 만드는 공포의 자극이 감소하고 뇌섬엽과 배측전대상피질이 안정화됩니다. 트라우마를 감소시킬 수 있는 좋은 기억과 안전기지, 대인관계를 만드는 것이 필요합니다. 트라우마의 기억은 잊으려 해도 잘 잊혀지지가 않습니다. 좋은 기억들을 만들어서 트라우마의 기억이 줄어들도록 하는 것이 좋습니다. 좋은 기억은 집 안에서 만들어지지 않습니다. 집 밖에서 좋은 음식을 먹고, 아름다운 풍경을 구경하고, 재미있는 운동을 하는 것입니다. 안전기지는 트라우마를 경험했을 때 자신을 보호하는 쉼터의 역할을 해줍니다. 대인관계는 편안하고 안정적이라면 도움이 됩니다. 자신과 같은 경험을 한 사람들을 만나서 이야기를 나누는 것도 도움이 될

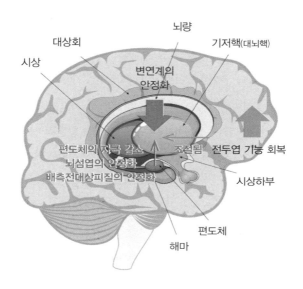

시상　대상회　뇌량　기저핵(대뇌핵)

변연계의 안정화

편도체의 자극 감소　조절됨　전두엽 기능 회복
뇌섬엽의 안정화
배측전대상피질의 안정화

시상하부

편도체

해마

그림 7. 매우 예민한 사람이 트라우마에서 회복될 때 뇌의 변화

수 있습니다. 다만 이때는 긍정적인 경험을 한 사람이 리더가 되어
야 합니다. 그렇지 않으면 오히려 예민한 분들은 가스라이팅을 당
할 수도 있습니다.

가스라이팅Gaslighting

타인의 심리나 상황을 교묘하게 조작해 그 사람이 자신을 의

심하게 만듦으로써 타인에 대해 심리적 지배를 하는 행위를 말한다. 〈가스등Gas Light〉(1938)이란 연극에서 유래한 용어이다. 가스라이팅은 가정, 학교, 연인 등 주로 밀접하거나 친밀한 관계에서 이뤄지는 경우가 많은데, 보통 수평적이기보다 비대칭적 권력으로 누군가를 통제하고 억압하려 할 때 이뤄지게 된다. 예를 들어, '너는 아무것도 할 능력이 없으니 내 말을 듣지 않으면 큰 화를 당할 수 있다'라고 하는 것이다.

어린 시절의 학교폭력이 주는 정신적 영향에 대해 사회적 관심이 높습니다. 어린 시절의 트라우마는 성인기 예민성이나 우울증에 큰 영향을 줍니다. 저자가 포함된 연구팀은 '2016년 정신질환 실태 역학조사'를 분석한 적이 있습니다. 역학조사는 18세 이상의 성인 4652명(평균 나이 49.8세)을 대상으로 대면 조사가 이루어졌습니다. 어린 시절 집단 괴롭힘을 당한 사람은 일반 사람보다 심각한 우울증을 뜻하는 '주요우울증major depressive disorder'으로 이어질 가능성이 1.84배 높은 것으로 확인되었습니다. 연구결과는 2022년 3월 국제학술지 〈정신의학 프런티어스Frontiers in Psychiatry〉에 발표되었습니다.[16]

연구팀은 전체 응답자 가운데 주요우울증을 겪고 있는 216명을 대상으로 이전에 경험했던 폭력이 현재 우울증에 어떤 영향을 미쳤는지 분석했습니다. 그 결과 '자라면서 또는 18세 이전에 집단 괴롭힘을 경험했다'는 응답자는 51명이었습니다. 연구팀은 성인이 되어 우울증을 앓을 확률을 비교 분석해 왕따를 겪은 사람이 그렇지 않은 사람보다 우울증을 겪을 확률이 1.84배라는 결과를 제시했습니다.

또한 연구팀은 정서적 방임이나 신체 상해 등 다른 폭력으로 인한 트라우마와 성인 이후 심각한 우울증 사이에 통계적으로 유의미한 인과성은 보이지 않았지만, 트라우마 종류가 하나일 때보다 중첩될 때 우울증 발병 위험은 커지는 양상을 확인했다고 밝혔습니다. 폭력 유형과 상관없이 트라우마를 경험했다고 답한 사람은 그렇지 않은 사람보다 우울증 경험 위험이 3.7배 높았고 5개 이상 트라우마가 있다고 답한 경우 발병 위험이 26배까지 증가했습니다.

맞고 자란 청년이

○
○
○

성인이 되어 찾은 자신의 마음

통계청이 발간한 〈국민 삶의 질 보고서 2020〉에 따르면 2019년 기준 아동학대 사례 건수는 3만 45건으로 2014년의 1만 27건에 비해 5년 사이 그 수가 3배 가까이 증가했습니다. 아동학대에 대한 경각심이 늘어나면서 신고 건수가 늘어난 것도 원인이 되지만 발생 자체가 증가하고 있습니다. 몇 해 전 '정인이 사건'처럼 최근 들어 아동이 사망에 이를 정도로 심각한 학대 사례들이 언론에 연이어 보도되고 있습니다. 그런데 아동학대를 하면서도 자신이 아이를 엄격하게 훈육한다고 잘못 생각하는 부모들이 많습니다. 우리나라는 부모의 친권이 강하기 때문에 개입을 거부하면 주위에서 도움을 주기 어렵습니다. 어릴 때 경험한 아동학대의 트라우마는 성인기까지 계속됩니다.

철영씨는 30대 남성으로 살아야 하는 이유를 모르겠다고 자주 생각합니다. 세상 사람들은 즐겁게 웃고 행복하게 지내는데 자신만 가슴이 텅 빈 것 같은 공허감을 가지고 살아가는 것 같습니다. 직장도 지난 5년간 세 번이나 옮겼습니다. 회사에 들어가면 상사와의 관계가 항상 어려웠습니다. 어쩌다 상사를 마주치면 자신도 모르게 눈치를 보았고, 상사가 자신을 싫어하는 것은 아닌지 항상 걱정했습니다. 그러다가 상사에게 지적받거나 상사가 자신에게 화를 내면 바로 직장을 그만둬버렸습니다. 이따금 그는 갑작스럽게 마음 깊은 곳에서부터 화가 치솟아 올라 주체할 수 없을 때도 있었습니다. 그때마다 버럭 소리를 지르고 싶은 것을 겨우 참아내곤 했습니다.

철영씨는 원룸에 혼자 사는데, 남들은 모르는 그만의 습관이 있습니다. 집 안의 모든 물건이 일정하게 놓여 있어야 하는 것입니다. 예를 들어 신발장의 모든 신발이 가지런히 정리되어 있어야 하는데, 신발의 앞축이 꼭 정면을 향해 있어야 합니다. 식탁에 각 티슈를 놓을 때도 식탁의 가장자리 선과 티슈 상자가 평행을 이루어야 합니다. 식사를 할 때는 숟가락과 젓가락이 평행이어야 식사를 시작할 수 있습니다. 샤워를 할 때도 몸에 비누가 남아 있을까봐 보통 1시간 정도 샤워를 하게 됩니다. 철영씨는 직장을 마치고 집에 오면 정리 정돈을 하는 데 대부분의 시간을 소비합니다. 자신도 쓸데없는 에너지 소비라는 것을 알지만 이렇게 하지 않으면 마음이 편치 않습니다.

철영씨가 무척 힘들어하는 것이 하나 있습니다. 날카로운 물체를 쳐다보는 것입니다. 철영씨의 집에 있는 칼이나 가위는 끝이 뭉툭하게 잘려 있습니다. 손톱과 발톱도 조금이라도 길면 짧게 자르는 습관이 있습니다. 철영씨는 이따금 날카로운 물체를 보면 눈이 찔리지 않을까 이유 없이 불안해지기도 합니다. 철영씨도 불필요한 행동들이라는 사실을 알지만 이 습관이 잘 없어지지 않았습니다.

철영씨는 무척 엄격한 아버지 밑에서 두 살 터울인 남동생과 함께 자랐습니다. 철영씨와 남동생은 아버지가 가진 신념에 따라 법조인이 되는 것이 목표였습니다. 아버지는 두 아들이 자신이 이루지 못한 법조인의 길을 갈 수 있도록 혹독하게 교육을 시켰습니다. 시험을 보면 틀린 개수대로 철영씨와 동생의 종아리를 때리곤 했습니다. 철영씨의 어머니는 술만 마시면 집 안의 물건을 부수고 화를 내는 남편 때문에 항상 불안해했습니다. 항상 두 아들에게 아버지 말씀 잘 듣고 문제가 없게 하라고 당부했습니다. 남동생은 열심히 공부해 아버지의 기대에 부응했지만 철영씨는 항상 반발심을 가지고 있었습니다.

어느 날에는 시험을 잘 본 것 같아 기쁜 마음으로 집에 왔는데 마침 아버지가 기다리고 있었습니다. 그런데 동생이 자신보다 더 시험을 잘 본 것이었습니다. 그날도 철영씨는 아버지에게 칭찬을 듣기는커녕 다시 틀린 개수만큼 종아리를 맞아야 했습니다. 철영씨는 터지는 눈물을 참을 수 없어 펑펑 울었습니다. 그날 이후 자신이 어떻게 해야 이런 지옥 같은 상황을 벗어날 수 있을지 고민했습니다. 그래서 대학에 들어가자마자 부모에게 독립해 자취를 했고 아버님의 목표와는 전혀 다르게 평범한 직장인으로 일하고 있습니다.

'트라우마'란 실제로 죽을 뻔한 경험을 하거나, 심각한 질병에 걸리거나, 신체적·물리적으로 자신이나 타인에 위협이 되는 사건을 겪거나 목격한 후 겪는 심리적 외상을 말합니다. 현재까지의 연구에 의하면 어린 시절의 트라우마는 일반적인 트라우마general trauma, 신체적 학대physical abuse, 성적 학대sexual abuse, 방임과 정서적 학대neglect and emotional abuse로 나눌 수 있습니다. 어린 시절의 트라우마는 그 사람의 예민성이나 공격성에 큰 영향을 주게 됩니다. 이는 우울증이나 불안증, 공황장애 등으로 연결될 수 있습니다.

철영씨는 어린 시절에 신체적 학대와 정서적 학대를 경험했습니다. 학대의 경험은 '재경험'과 '공포의 일반화'를 가져오게 됩니다. 재경험은 과거 혹은 어린 시절의 부정적 경험·정서·갈등상태의 감정을 이와 비슷한 상황에 처했을 때 무의식중에 떠올리게 되는 현상을 말합니다. 윗사람과 만나게 되면 자신의 어린 시절을 재경험하게 됩니다. 일반적인 사람은 쉽게 넘길 수 있는 일도 자신을 비난하는 것으로 생각이 되고 분노가 증폭되는 일이 발생합니다. 공포의 일반화는 과거에 경험한 트라우마 때문에 현재의 일상적인 경험, 사건, 대인관계까지도 더 위험하게 받아들이게 되고 위협 반응이 더 쉽게 일어납니다. 철영씨는 어린 시절에 위험한 물건을 보면 분노를 표출하고 싶었던 마음이 날카로운 물건을 보면 다시 되살아나게 됩니다. 그래서 자신이 통제력을 잃을 때를 대비해 뾰족한 물건의 끝을 일부러 자르게 되었습니다.

그는 자신의 두려움을 없애기 위해 결벽증을 가지게 되었습니다. 다른 사람이 자신의 자리를 어지럽혀 놓아서 평형이 깨어지면 심한 분노가 일어납니다. 동료들은 철영씨를 별것 아닌 것에도 지나치게 예민하게 반응하는 사람으로 생각하는 것 같았습니다.

어린 시절의 트라우마에서 헤어 나오지 못하면 자신이 현재 경험하는 것들이 과거와 연결된 기억을 불러오게 됩니다. 철영씨의 아버지는 알코올 중독으로 인한 간경화로 고생하다가 간암으로 돌아가셨습니다. 하지만 아버지가 돌아가신 이후에도 철영씨의 만성적인 우울감과 공허감은 전혀 변화가 없었습니다. 그래서 인근 정신건강의학과를 찾아가 담당 선생님과 꾸준히 상담을 진행했습니다.

어느 날 철영씨는 선생님과 상담을 하는 도중 이유 없이 눈물이 흘러내렸습니다. "왜 나한테 그랬는지, 아직도 나는 용서가 안 돼요." 그는 선생님 앞에서 눈물을 흘렸지만 사실 돌아가신 아버지 앞에서 울고 있는 것이었습니다. 과거 아버지와의 관계가 담당 의사를 향한 정서적 반응으로 나타나는 것을 '전이'라고 합니다. 전이를 통해 그는 자신의 감정을 해소하고 담당 선생님을 '좋은 아버지'로 여기게 되면서 새로운 관계를 형성하게 됩니다.

어린 시절의 경험과 부모와의 관계는 평생에 걸쳐 예민성을 줄이는 데 중요한 역할을 합니다. 하지만 어린 시절에 그런 관계를 형성하지 못했다고 해서 좌절할 필요는 없습니다. 우리 뇌는 현재의 좋은 기억을 통해 과거를 극복하는 새로운 신경망을 형성할 수 있습니다. 다만, 내가 편안하게 느끼는 사람, 그리고 편안하게 느끼는 일을 찾는 충분한 시간과 노력이 필요합니다. 만약 자신의 직업이나 배우자, 이성 친구, 좋아하는 책, 아니면 상담하는 의사가 이와 같은 편안함을 줄 수 있다면 큰 도움이 됩니다.

철영씨는 과거의 트라우마로부터 벗어나기 위해 정신건강의학과 치료를 받는 것 외에도 새로운 시도를 하기로 했습니다. 직장에서 독서 동호회에 가입해 동료들과 함께 책을 읽고 감정을 나누며 즐겁고 편안한 감정을 느끼게 되었습니다. 직장에서는 자신보다 직급이 높고 어려운 상사도 함께 책 이야기를 나누며 상사와의 관계가 전보다 한층 편해지는 느낌을 받을 수 있었습니다. 동호회에서 만난 이성과 친해져 이제는 주말에 해야 할 일들이 생기기 시작했습니다. 그러다 보니 어느 순간부터 자신의 물건이 조금 흐트러지거나 똑바로 놓여 있지 않아도 개의치 않게 되었습니다. 철영씨는 과거는 과거일 뿐 현재에 영향을 주지 않도록 해야 한다는 점을 명심하고 있습니다.

철영씨가 느꼈던 공허감은 자신이 어린 시절에 아버지에게 폭력을 당하면서 느꼈던 무력감이 다시 재경험되는 것이었습니다. 하지만 자신의 주위에 있는 사람들이 따뜻하고 자신을 받아줄 준비가 되어 있다는 것을 느끼게 되었습니다. 다만, 직장에서 일할 때는 그런 느낌을 받기는 어렵습니다. 일을 마치고 동료들과 모임을 할 때, 함께 커피 한잔을 하면서 이야기 나눌 때 과거를 극복하고 있다는 기분이 들고, 새롭게 마음이 채워지고 있다는 것을 느낄 수 있었습니다. 그러면서 철영씨는 새로 들어온 신입 사원에게 자신이 먼저 다가갈 수 있었습니다. 그에게 따뜻한 마음으로 도움을 주면서 처음으로 무척 행복한 느낌이 들었습니다.

하버드대학교 정신과 교수 조지 베일런트는 1938년부터 서로 다른 집단에 속해 있는 814명의 사람들을 평생에 걸쳐 추적 관찰했습니다. 이들은 하버드대 법대 졸업생 집단, 지능이 뛰어난 여성 집단, 대도시 출신 고등학교 중퇴자였습니다. 이들에게 스트레스 정도는 행복한 삶에서 중요 변수가 아니었습니다. 스트레스를 유발하는 상황을 긍정적인 태도로 넘기는 사람이 결국 더 행복했다는 게 이 연구의 결론입니다. 이 연구에서 앤서니 피렐리라는 인물의 사례는 주목할 만합니다. 1941년 연구원이 그를 처음 찾아갔을 때, 그는 난방도 잘 안 되는 보스턴의 초라한 집에서 가정폭력을 일삼는 아버지와 무력한 어머니 밑에서 궁핍한 생활을 하고 있었습니다. 그러나 47년 뒤인 1998년에는 보스턴 공원이 보이는 좋은 집에서 사는 대사업가가 되어 있었습니다. 피렐리는 정서적으로 안정되어 있고 가족들의 감정을 존중할 줄 아는 사람이 되어 있었다고 합니다. 그는 평생 '평온의 기도'를 성실하게 한 덕분에 자신의 처지를 극복하고 용기와 인내심을 지닐 수 있었다고 합니다.

신이시여,

저에게 바꿀 수 없는 것은 받아들일 수 있는 평온함을

바꿀 수 있는 것은 바꿀 수 있는 용기를

그리고 이 둘의 차이를 알 수 있는 지혜를 주시옵소서.

남편의 갑작스러운
사망 이후

발생한
무기력증

민자씨는 혼자 산 지 1년이 된 65세 여성입니다. 작년 여름의 그날을 아직도 잊지 못합니다. 자다가 이상한 느낌이 들어 일어났는데 옆에서 자고 있던 남편이 꼼짝도 안 하는 것이었습니다. 민자씨가 아무리 남편을 흔들어 깨워도 반응도 없고 눈도 뜨지 못했습니다. 평소에 남편은 고혈압과 고지혈증으로 계속 치료를 받아왔지만 비교적 건강한 편이었습니다. 119에 연락해 인근 대학병원으로 정신없이 달려갔지만 그는 급성 심근경색으로 사망하고 말았습니다.

정신없이 장례를 마치고 집에 오니 온몸에 힘이 빠지면서 집 안이 낯설어 보였습니다. 자녀들은 모두 출가를 해서 바쁘게 지내고 있고, 앞으로 혼자 살아가야 할 생각을 하니 마음이 먹먹해졌습니다. 친하게 지내는 동네 주민들이 있었지만 남편 이야기가 나올까 부담스러워 사람과 만나는 것이 싫어지고 집 밖으로 나가지 않게 되었습니다.

민자씨는 어느 날 자다가 몸에 차가운 것이 닿는 느낌이 들어 소스라치게 놀라 깼습니다. 하지만 침대에는 아무것도 없었습니다. 남편이 사망한 그날이 떠올라 잠을 이루지 못했습니다. 심장이 심하게 두근거리고 왼쪽 가슴이 아파왔습니다. 남편처럼 자신도 심근경색이 오지 않을까 하는 마음에 다음 날 아침이 밝자 마자 인근 대학병원 응급실을 찾아갔습니다. 하지만 심장에는 문제가 없었고 다만 혈압이 조금 높았습니다. 남편이 고혈압이었던 기억이 떠올라 매일 집에서 혈압을 측정하게 되었습니다.

민자씨는 하루에도 열 번 이상 혈압을 측정을 하는데, 그때마다 혈압이 들쭉날쭉했습니다. 어떤 경우에는 140/80 이상으로 높게 나왔고 어떤 경우에는 정상으로 나왔습니다. 혈압약을 복용하자 오히려 저혈압이 되어서 앉았다 일어서면 핑 도는 듯한 느낌이 들었습니다. 자신도 지나치게 혈압에 집착하는 것 같다고 생각했지만 멈추기 힘들었습니다. 혈압이 많이 오르면 다시 병원 응급실을 방문하고 그때마다 자식들에게 급히 연락하는 일이 반복되기 시작했습니다. 자식들도 처음에는 많이 걱정했지만 응급실에서 별다른 문제가 없다는 이야기를 반복해서 듣자 짜증이 나기 시작했습니다.

　민자씨는 아침이 되면 무기력하고 아무것도 할 수 없어 누워 있는 일이 많아졌습니다. 마치 에너지가 방전된 것 같고 끼니도 거르는 경우가 잦아졌습니다. 밤에는 잠이 오지 않고 자더라도 하루 2, 3시간 밖에 잠을 이루지 못하고 꿈을 자주 꾸는 생활이 반복되었습니다. 꿈에서는 주로 돌아가신 아버지, 어머니, 남편이 나와 자신에게 말을 거는 것 같았습니다. 그러다 소스라치게 놀라 잠을 깨는 일이 많았습니다.

　어느 날 집을 찾아온 큰 딸이 뼈만 앙상하게 남아 꼼짝도 안 하고 누워 있는 민자씨를 보고 깜짝 놀랐습니다. 민자씨는 딸과 함께 인근 정신건강의학과 의원을 방문해 진찰을 받았습니다. 그는 체중이 45킬로그램으로 평소 체중보다 10킬로그램이나 빠져 있었습니다. 식욕도 전혀 없었고 밥을 먹으면 모래를 씹는 것 같았습니다. 기억력은 다소 저하되어 있었지만 치매는 아니었고 집중력이 떨어진 것으로 판정되었습니다. 검사를 통해 '멜랑콜리아형 우울증'으로 진단받았습니다.

　배우자가 오랫동안 지병이 있거나 병원에 장기간 입원해 있는 상태에서 사망하게 되면 마음의 준비를 하고 있기 때문에 상대적으로 트라우마가 덜 할 수 있습니다. 그러나 배우자의 사망을 직접 목격하거나, 갑자기 경험하게 되는 경우에는 큰 트라우마가 되고 심한 경우에는 재경험·과각성·회피 등의 경험을 나타내는 외상 후 스트레스 장애로 진행될 수 있습니다. 민자씨는 외상 후 스트레스 장애로 발전하지는 않았지만 이로 인해 혈압에 과도한 집착을 보이는 건강염려증 경향을 보였습니다.

민자씨에게는 정신건강의학과 치료를 받으며 동시에 영양을 공급해 적정 체중을 만드는 것이 중요합니다. 처음에는 식사를 바로 하기가 어려워 액상 형태로 된 일반영양식을 먹었습니다. 체중이 어느 정도 회복이 되면 집 안이나 밖에서 걷는 것이 필요합니다. 우울증으로 인해 활동량이 떨어지면 팔다리의 근육이 위축되어 더 걷기가 힘들어지고, 근육 위축이 심해지면 넘어져서 골절이 생길 수도 있습니다. 그러면 다시 일어나기 어렵게 될 수도 있습니다. 민자씨는 트라우마로 인해 혈압을 잴 때마다 지나치게 걱정했습니다. 이 때문에 혈압이 높게 측정이 되었던 것입니다. 혈압은 동네 내과를 방문할 때만 측정을 하고 주기적으로 혈압·당뇨·고지혈증 관리를 받기로 했습니다.

남편의 사망으로 인한 트라우마는 주변 사람으로 채우는 것이 가장 좋은 방법입니다. 자신에게 관심을 가져주는 사람이 있을 때 트라우마에서 조금씩 벗어나고 일상을 되찾게 됩니다. 담당 정신건강의학과, 내과 선생님도 큰 도움이 됩니다. 담당 의사를 정하고 신뢰하면서 꾸준히 진찰받는 것이 좋습니다. 자녀들은 주말에 민자씨와 함께 식사도 하고 산책도 함께하면 도움이 됩니다. 하지만 자녀들이 시간을 내는 것에는 한계가 있고 스스로 노력해야 합니다.

민자씨는 우울증에서 회복되면서 트라우마를 극복하고 다시 예전의 밝은 모습을 되찾을 수 있었습니다. 요즘은 백화점과 동네 커뮤니티 센터에서 하는 활동에 참여해서 봉사활동도 하고 붓글씨도 배우고 있습니다. 이제는 남편을 대신해서 자신과 함께 활동을 하는 사람들이 마음의 안정을 주고 있습니다.

가족의 극단적
선택을 경험한 이에게

위로가 되는 말

영숙씨는 40대 여성으로 중학생인 두 아들을 키우고 있는 주부입니다. 남편은 대기업에 근무하고 있어 금전적으로 생활에 지장 없이 살아오고 있었습니다. 그런데 몇 달 전부터 집으로 저축은행, 대부업체 등에서 낯선 우편물이 날아오기 시작했습니다. 남편은 당황하면서 뜯어보지 말라며 우편물을 모두 가져갔습니다. 영숙씨는 별일 아니겠거니 생각하며 한동안 그 일을 잊어버리고 지냈습니다. 그러다 어느 날 우연히 은행 온라인 잔고를 보다가 남편 명의로 된 아파트를 담보로 몇 억 원이 대출된 것을 발견했습니다. 무척 놀라서 남편에게 자초지종을 캐물었더니 남편은 부모님의 병원비가 급하게 필요했다며 말을 얼버무렸습니다. 하지만 시동생에게 확인해

본 결과 그런 일은 없었습니다.

　어느 날은 모르는 사람이 집의 초인종을 누르고 남편이 사는지 확인하는 일이 있었습니다. 무슨 일이냐고 물었더니 대출 이자가 연체되어 찾아왔다는 것이었습니다. 확인해보니 남편은 아파트 담보 대출 이외에도 신용 대출이 있었고 사채도 사용한 것으로 확인되었습니다. 이런 큰 금액을 어디다 썼는지 영숙씨가 남편을 추궁해봐도 그는 계속 묵묵부답이었습니다. 남편은 회사에서도 제대로 일을 하지 못해 대기발령을 받았다고 했습니다. 성실하게 잘 살던 남편에게 무슨 일이 벌어진 것인지 답답한 마음이었지만 영숙씨는 남편에게서 속 시원한 이야기를 들을 수 없었습니다.

　며칠 뒤 영숙씨는 하늘이 무너질 것 같은 연락을 받게 되었습니다. 남편이 사망한 채로 발견되었다는 것입니다. 경찰에서는 극단적인 선택으로 결론을 내렸습니다. 영숙씨는 그날 이후로 며칠 동안 현실이 아니라 꿈을 꾸는 듯한 느낌이 들었습니다. 남편이 사망했다는 사실이 믿어지지 않았고 살아 있는 것 같은 착각이 들었습니다. 그 뒤 영숙씨는 남편이 온라인 불법 도박에 빠져 감당할 수 없는 큰 빚을 지게 되었다는 사실을 알게 되었습니다.

　영숙씨는 장례식이 끝나고 난 뒤 집 밖에 나가지 못했습니다. 밖에 나가면 사람들이 자신의 남편에 대해서 수군거리는 것 같았고 온 동네에 소문이 난 것 같은 느낌이 들었습니다. 세상에 자신만 혼자 남겨진 것 같은 외로움이 밀려왔습니다. 자녀들도 충격으로 식사를 제대로 하지 못하고 학교에 가서도 친구들과 눈을 마주치지 못했습니다. 영숙씨의 가정은 그날 이후 모든 것이 무너지면서 마치 무인도에 고립된 것 같은 느낌을 받게 되었습니다.

영숙씨가 집에서 혼자 울고 있는데 다시 초인종이 울렸습니다. 연체된 이자와 원금을 받으러 온 대부업자들이 집 밖에서 기다리고 있었습니다. 남편이 사망했다는 사실을 알고 나서 영숙씨에게 대신 돈을 갚으라고 독촉하기 시작했습니다. 이후 영숙씨는 밤에 초인종이 울리는 환청을 듣게 되었습니다. 매일 같이 대부업자들이 집으로 들어와 행패를 부리는 꿈을 꾸고 식은땀을 흘리며 일어났습니다. 앞으로 어떻게 살아갈지 막막한 생각이 들었습니다.

영숙씨는 인근 정신건강의학과 의원을 방문했습니다. 자신의 상태에 대한 검사를 통해 남편의 극단적 선택으로 인한 외상 후 스트레스 장애와 우울증으로 진단되었습니다. 외상 후 스트레스 장애는 심각한 트라우마를 경험한 후 그 사건에 공포감을 느끼고 사건 후에도 지속적인 재경험을 통해 고통을 느끼며 트라우마의 기억에서 벗어나기 위해 에너지를 소진하게 되는 질환입니다. 흔히 우울증·불면증·깜짝 놀라는 반응·멍한 느낌 등을 동반하게 됩니다. 이렇게 예측하지 못하게 갑자기 가족이 사망하는 경우 더욱 큰 트라우마를 경험하게 됩니다.

영숙씨는 정신건강의학과 치료를 통해 안정감을 느끼고 외상 후 스트레스 장애와 우울증에서 어느 정도 회복될 수 있었습니다. 남편이 만든 채무도 '상속 포기'를 통해 물려받지 않을 수 있었습니다. 특히, 악몽이 줄어들고 잠을 충분히 이룰 수 있어서 기분이 많이 회복되었습니다. 집 밖에도 나가고 사람들과도 편안하게 이야기할 수 있게 되었습니다. 두 아들도 함께 정신건강의학과 치료를 받았고 아버지의 사망으로 인한 트라우마에서 점차 일상생활로 복귀하게 되었습니다.

영숙씨는 한국생명존중희망재단을 통해 '유족 자조모임'에도 참여할 수 있게 되었습니다. 자조모임은 같은 아픔을 지닌 유족들이 모여 서로의 아픔을 공감하고 치유의 과정을 함께하는 모임입니다. 모임의 참여자와 함께 애도 과정을 공유하며 공감·이해를 경험할 수 있습니다. 참여자 간의 지지와 격려를 통해 변화를 체험하고 자기표현의 기회를 통해 절망감을 완화하고, 나아가 스스로 상황을 통제하는 방법을 터득

할 수 있습니다. 또한, 참여자 간 다양한 시각에서 조언해줄 수 있어, 참여를 통해 자신의 상황, 감정 등에 대한 정보를 얻음으로써 자신의 감정을 이해할 수 있습니다. 우리나라는 다른 나라에 비해서 유족의 자조모임 참여율이 낮습니다. 자신의 마음을 드러내고 같은 상황을 경험한 분들과 함께하는 것이 외상 후 스트레스 장애와 우울증에서 회복하는 데 큰 도움이 됩니다.

매해 11월 셋째 주 토요일은 '세계 자살 유족의 날'입니다. 자살로 인해 상처받은 유족들이 치유와 위로에 관한 이야기를 나누며, 건강한 애도를 하기 위한 날입니다. 이날은 부친을 자살로 잃은 미국의 해리 리드Harry Reid 전 상원의원이 발의한 결의안이 1999년 통과된 것을 시작으로 전 세계적으로 매년 추수감사절 전주 토요일로 지정하고 있습니다.

자살 유족에게 설문조사를 진행한 결과 '위로가 되는 말'은 '네 잘못이 아니야' '고인도 네가 잘 지내길 바랄 거야' '많이 힘들었겠다' '무슨 말을 한들 네게 위로가 될 수 있을까?' '힘들면 실컷 울어도 돼' 등으로 나타났습니다. '상처가 되는 말'은 '이제 그만 잊어' '너는 뭐하고 있었어?' '왜 그랬대?' '이제 괜찮을 때도 됐잖아' '다시는 그 사람 이야기하지 말아라' 등이었습니다.

제가 책임자로 참여한 성균관대 의대 삼성서울병원 연구 결과에 의하면 2008년 1월부터 2017년 12월까지 국내 자살 유족의 자살률은 인구 10만 명당 586명으로, 우리나라 일반 인구 자살률 26명에 비해서 22.5배 높았습니다. 특히, 남편을 극단적 선택으로 잃은 부인의 경우 인구 10만 명당 2457명으로, 우리나라 일반 인구 자살률에 비해서 94.5배 높은 것으로 나타났습니다(〈정신과학 프론티어〉, 2022년 10월호). 우리나라에서는 매년 5만 명 이상의 유족이 발생하고 있습니다. 아픔을 그들만의 것으로 묻어두지 말고 이웃과 사회에서 도움을 주어야 할 때입니다. 유족에게 '위로가 되는 말'로 따뜻한 마음을 전달할 수 있습니다. 유족에 대한 작은 관심과 배려로도 2차적인 극단적인 선택을 예방하기 위한 큰 힘이 됩니다.

갑질 고객에
되살아난

'무서운 아빠'의
기억

민아씨는 전자제품 as센터에서 고장난 제품을 수리하는 일을 2년째 하고 있습니다. 어릴 때부터 기계를 가지고 노는 것을 좋아했기 때문에 이 일이 적성에 잘 맞았습니다. 잘 수리된 전자제품을 고객에게 돌려주고 고맙다는 인사를 들으면 힘이 났습니다. 고객 응대도 해야 하고 정해진 시간 내에 수리를 마쳐야 해서 어려운 일도 많았지만 잘 적응했습니다.

그러던 어느 날 손님이 무척 화가 난 표정으로 센터에 찾아왔습니다. 민아씨는 며칠 전에 찾아와서 구입한 제품이 작동이 안 된다고 화를 내고 간 그 손님이라는 것을 직감적으로 알았습니다. 문제는 먼저 온 고객의 이야기가 길어지면서 그 손님의 대기 시간도 예상보다 길어지고 있다는 것이었습니다. 민아씨는 심장이 두근거리고 숨이 막히는 것 같은 느낌을 받았습니다.

앞 손님의 응대가 끝나고 그 손님 차례가 되었습니다. 손님이 민아씨에게로 다가오자마자 갑자기 책상에 제품을 쾅하고 내려놓았습니다. "내가 이것 때문에 얼마나 힘들었는지 알아? 당장 환불해, 시간 낭비가 벌써 얼마야!" 센터 내 모든 사람이 들을 정도로 소리를 지르며 이야기했습니다. 민아씨는 마음속으로는 "죄송합니다. 불편을 드려 죄송합니다"라고 이야기하고 있었지만 식은땀이 나면서 아무 말도 할 수가 없었습니다. 민아씨가 경황이 없는 동안 다른 직원들이 와서 민아씨 대신 사과를 하고 손님을 응대했습니다. 손님은 돌아서면서도 "월급을 받았으면 제대로 일을 해야지"라며 다시 한 번 큰소리로 말했습니다. 그 손님은 이전에도 제품에 문제가 있었다며 센터 직원들에게 반말을 하면서 소리를 질러서 문제를 일으킨 적이 여러 번 있었습니다.

민아씨는 집에서 하루 종일 울었고 다음 날 퉁퉁 부은 얼굴로 겨우 출근할 수 있었습니다. 대기표를 들고 자신의 앞에서 기다리는 손님들을 보자 숨이 잘 쉬어지지 않고 눈을 맞추기 어려워 이대로는 아무것도 할 수 없을 것 같다는 생각이 들었습니다. 손이 덜덜 떨리고 어떻게 해야 할지 아무 생각이 나지 않았습니다. 점장님이 와서 말을 걸었습니다. "민아씨 몸이 어디 안 좋아? 어제 그 일 때문이지? 이 일을 하다 보면 그런 진상들을 만나게 되어 있어. 나도 그런 경험들을 하면서 이제는 무뎌졌어, 힘내." 민아씨는 그 이야기를 듣자 다시 그 '진상'을 만날 수도 있다는 생각에 깜짝 놀랐습니다. 문을 열고 자기 쪽으로 걸어오는 손님을 보고 어제 화를 낸 그 손님으로 착각하기도 했습니다. 더 이상 근무를 하기가 어려워 병가를 내고 결국 집에서 쉬게 되었습니다.

민아씨처럼 고객을 응대하면서 항상 자신의 감정을 숨기고 밝은 모습을 보여야 하는 직업에 종사하는 사람을 '감정노동자'라고 부르기도 합니다. 민아씨가 하는 전자제품을 수리하는 일은 더 나은 제품을 개발하기 위해서 꼭 필요하고 중요한 업무입니다. 민아씨는 당연히 자신의 직업에 대해 존중받을 권리가 있습니다. 아무리 손님이라고 해도 공개적으로 화를 내고 면박을 주는 것은 올바른 행동이 아닙니다.

어릴 적에 민아씨는 엄격한 부모 밑에서 자랐습니다. 민아씨의 아버지는 민아씨가 밥을 남기거나 방을 어지럽힐 때 매를 들었습니다. 한번은 아버지가 사온 카메라가 너무 신기해서 가지고 놀다가 바닥에 떨어뜨려 망가뜨린 적이 있었습니다. 그날 민아씨는 다리가 시퍼렇게 멍이 들 정도로 아버지에게 맞았습니다. 민아씨와 오빠는 항상 아버지의 눈치를 보는 것이 익숙했습니다. 저녁 때 아버지가 오기 전에 집 안을 정돈하고 물건을 치웠습니다. 이제 아버지는 돌아가시고 혼자 살고 있지만 저녁만 되면 여전히 집 안을 정리합니다. 집 안에는 창틀에 먼지 하나 찾을 수 없을 정도로 깨끗하고 모든 물건이 정확하게 각 잡혀 놓여 있습니다.

민아씨는 그 손님에 의해 어린 시절의 트라우마가 마치 오늘 있었던 일처럼, 무의식중에 어릴 적 기억이 재현되었습니다. 자신에게 일을 못한다며 화를 낸 그 손님이 마치 자신의 아버지 같았습니다. 스스로 어린 시절의 부모님이 되어 민아씨 자신에게 야단을 칩니다. 기억은 꼬리에 꼬리를 물고 걱정과 불안을 만듭니다. 민아씨는 다른 손님들만 봐도 다시 그 일이 생기기 않을까 심한 두려움이 듭니다.

말은 부드럽게 전달될 때 더 편하게 받아들여지고 변화하게 됩니다. 민아씨처럼 예민한 분들에게는 더 그래야 합니다. 무례한 손님의 행동이 민아씨에게 더 많은 실수를 유발하게 하고, 민아씨의 자존감을 바닥으로 떨어뜨립니다. 무례한 사람 자신은 의식하지 못하지만 다른 사람에게 끊임없이 정신적 상처를 주고 있습니다. 점장의 대응도 문제가 있습니다. 현장에서 바로 그 손님에게 주의를 주고 민아씨를 보호해야 합니다. 이런 손님에게 아무 일도 없었다는 것처럼 대응을 하면 또 그런 일이 생깁니다.

민아씨는 자존감을 되찾아야 합니다. 이 손님은 민아씨에게만 그런 게 아니라 다른 사람들에게도 계속 그렇게 행동해왔을 것입니다. 센터의 점장이나 직원들도 성실히 일하는 민아씨를 자랑스러워하고 존중해주어야 합니다. 민아씨는 과거의 기억의 고리를 끊고 현재만 생각해야 합니다. 자신의 수리 서비스로 고마워하는 손님들이 훨씬 더 많다는 것을 기억하세요. 예기치 못한 마음의 상처를 받았을 때는 동료의 도움이 필요합니다. 자신의 감정을 동료에게 털어놓고 서로 위로해주는 것이 도움이 됩니다. 하지만 이를 통해서도 해결이 안 되고 지속적인 우울감과 모멸감이 들고 분노가 생긴다면 전문가의 도움이 필요할 수 있습니다.

데이트 폭력의
기억으로

손주에게 집착하는
할머니

　　자녀의 위에서 헬리콥터처럼 떠다니며 모든 일에 간섭하려 하는 부모를 '헬리콥터 부모'라고 합니다. 요즘에는 손자, 손녀의 일에 신경을 쓰면서 학업, 학원 관리, 나아가서 사생활까지 챙기는 조부모가 많아졌습니다. 이를 일컬어 '헬리콥터 조부모'라고 합니다. 처음에는 맞벌이로 바쁜 자식들을 대신해 아이 육아를 담당하다가 손자, 손녀가 크면 개인 매니저까지 담당하게 되는 것입니다. 이러한 현상에는 사연이 있는 경우가 많습니다.

　　민애씨는 남편과 사별 후 혼자 살고 있는 70대 여성입니다. 자식들은 모두 잘 자랐습니다. 민애씨는 손자, 손녀가 어린이집에 갈 때까지 돌봐주었습니다. 유독 큰 손녀를 애지중

지 했는데 최근에 그 손녀 때문에 걱정이 많아졌습니다. 손녀
가 직장에 들어가 남자친구를 사귀었는데 민애씨가 보기에
영 마음에 들지 않았습니다. 손녀가 남자친구에게 '데이트 폭
력'을 여러 번 당했기 때문이었습니다. 둘이 술을 마시다가 자
주 싸우는데 별것 아닌 일에도 남자친구가 손찌검을 해서 멍
이 들어 오는 일이 몇 번 있었습니다. 이런 상황에도 불구하
고 큰 손녀는 남자친구가 자신을 사랑한다며 그와 결혼을 생
각하고 있다는 것이었습니다. 사실 남자친구는 대기업에 멀
쩡하게 다니고 있고 겉으로 보기에는 잘생긴 '훈남'입니다.

민애씨는 매일 손녀에게 전화를 걸어 당장 헤어지라고
하고 큰아들 부부에게도 하루가 멀다 하고 전화를 합니다. 손
녀는 화를 내면서 전화를 끊고 민애씨를 수신 차단했습니다.
아들 부부는 둘이 싸우다가 실수로 그런 거라고 했습니다. 그
친구와 언제 한번 함께 식사를 한 적이 있었는데 매너도 좋고
말도 자상하게 한다는 것입니다. 다만 가끔 화가 나면 자신을
주체할 수 없는 경우가 있는데 앞으로는 각별히 주의하겠다
는 약속을 받았다고 했습니다. 하지만 그 이후로도 몇 번 손
녀가 폭력을 당하는 일이 있었습니다.

민애씨는 폭력을 휘두르는 남자를 만나는 손녀를 이해
할 수 없었습니다. 결국은 손녀 남자친구의 전화번호를 알아

내 그에게 당장 헤어지라고 전화로 소리를 질렀습니다. 그래도 반응이 없자 손녀의 남자친구 직장에 직접 찾아가 만나기도 했습니다. 그때마다 손녀의 남자친구는 더 이상 그런 폭력은 없을 것이라고 싹싹 빌면서 이야기했지만 민애씨는 그 뒤로도 너무 불안해 밤에 잠을 이룰 수 없었고 수신 거부된 손녀의 휴대폰으로 계속 연락을 하고 있었습니다.

민애씨는 과거의 트라우마가 있습니다. 민애씨의 아버지는 동네에서 알아주는 '한량'이었고 돈 한 푼 스스로 벌어오지 않았습니다. 주로 노름을 하거나 술집에 가는 것을 좋아했습니다. 성격은 호탕해서 돈을 펑펑 썼기 때문에 동네에서 따르는 사람이 많았습니다. 부모에게서 꽤 많은 재산을 물려받았음에도 이내 탕진했고 민애씨의 어머니가 생활 전선에 나설 수밖에 없었습니다. 민애씨의 어머니는 식당일을 하면서 민애씨와 형제들을 어렵게 키웠습니다. 아버지는 밤늦게 노름을 하고 술에 취해 집에 들어와 어머니를 때리는 일이 많았습니다. 큰딸인 민애씨는 동생들이 아버지가 어머니를 때리는 것을 못 보게 하려고 일찍 자도록 했고 어머니의 신세 한탄과 아버지에 대한 욕을 듣는 것은 어린 민애씨의 몫이었습니다.
이런 어린 시절에도 불구하고 민애씨는 성실했습니다.

대학에 들어가지는 못했지만 여상을 졸업하고 회사에 들어가 남편을 만났습니다. 남편은 노름이나 폭력과는 거리가 먼 성실한 사람이었고 자신의 아이들을 잘 키울 수 있었습니다. 민애씨는 자신의 과거가 대물림되지 않았다는 사실에 무척 안도했습니다. 그는 '사람을 때리는 습성'은 절대 안 변한다는 사실을 믿고 있었습니다. 하지만 손녀가 자신의 어머니의 신세처럼 될까봐 걱정이 많았습니다. 손녀가 결혼 후에 폭력을 당하고 울면서 이혼하는 모습이 꿈에 나타나 식은땀을 흘리고 깨는 일이 자주 있었습니다.

1960~1970년대 우리나라는 가부장적인 사회였고 가정 폭력이 만연했지만 문제를 제기하는 경우가 적었습니다. 가정에서 폭력을 쓰더라도 직장생활을 잘하고 돈을 잘 벌어오면 모든 것이 용서되던 시절이 있었습니다. 하지만 이러한 사회 속에서 가정 폭력의 트라우마가 만들어졌고 2021년 현재에도 세대를 넘어 대물림되고 있습니다. 폭력이 있는 가정에서는 민애씨처럼 절대 앞으로는 그런 일이 없도록 하겠다고 다짐하고 반대로 가는 경우도 있고, 오히려 답습하여 폭력을 따라하는 경우도 있습니다.

폭력이 있는 집안에서 자란 아이는 '권위를 가진 존재에 대한 분노'를 가지게 되는 경우가 많습니다. 우리가 살아가면서 권위를 가진 존재를 피할 수는 없습니다. 예를 들어 부모, 직장상사, 선배까지 권위를 가지고 있는 존재는 많습니다. 이들이 자신의 트라우마를 회상시키게 될 때 다른 사람들과는 달리 자신의 내면에서부터 끓어오르는 강한 분노를 느끼게 됩니다. 이 분노가 자신으로 향할 때는 스스로의 가치가 낮아 보이고 희망이 없다는 느낌을 가지게 될 수 있습니다.

민애씨는 인근 정신건강의학과 의원을 방문해서 자신의 우울증과 트라우마에 대해 상담받았고 손녀를 통제하고 조정하려 할수록 손녀의 마음을 돌릴 수가 없다는 것을 깨달았습니다. 민애씨가 손녀의 남자친구에 대해 불안을 느끼는 것은 당연합니다. 그리고 폭력을 쓰는 남자친구와 만나는 것에 대해 손녀도 정말 잘 생각해야 합니다. 폭력의 습관을 가진 사람은 잘 안 바뀝니다. 민애씨가 느끼는 심한 우울감과 불안의 근원은 손녀에게서 과거 자신의 모습을 보기 때문이라는 것을 이해해야 합니다. 아이가 어머니의 곁을 떠나서 유치원에 갈 때 떨어지지 않으려고 우는 것을 '분리불안'이라고 합니다. 아이를 오래 양육한 조부모의 경우에 반대로 손자, 손녀와 분리되는 것에 대한 분리불안을 느끼게 되는 경우가 많이 있습니다. 손녀도 할머니의 기억을 그대로 느낄 수는 없겠지만 진심으로 공감해보면 좋겠습니다. 겉으로 보면 이해가 안 되는 행동 뒤에는 아픈 기억이 있습니다.

극단적 선택을 한
자녀가 있는

유가족의
트라우마

영주씨는 50대 여성으로 혀가 심하게 아픈 증상 탓에 5년째 고생 중입니다. 이비인후과에서 진찰을 받아도 혀에는 이상이 없다고 하고 뇌 영상 촬영을 해도 아무 문제가 없다는 이야기를 들었습니다. 유명하다는 병원마다 찾아가 진찰을 받았지만 영주씨에게 정확한 진단을 내리지는 못했고 '신경성'이라는 이야기만 들었습니다. 영주씨는 혀가 아픈 것 때문에 말하기 불편해서 사람들도 만나지 않고 집에서만 지냅니다. 남편인 민성씨도 영주씨가 계속 혀를 심하게 아파하고 다른 사람들을 피하는 것 때문에 힘들어하고 있습니다.

부부는 5년 전에 말하기도 힘든 커다란 트라우마를 경험했습니다. 대학생인 큰아들이 극단적인 선택을 한 것입니다.

아들은 착하고 별다른 문제없는 모범생이었고 대학교 입학 후에도 학교생활에 잘 적응했습니다. 그런데 2학년 봄부터 학교를 휴학하겠다고 하더니 집 밖으로 나가지 않고 자신의 방에서만 지냈습니다. 아들의 방에 몰래 들어가보면 알 수 없는 내용의 메모지가 벽에 가득 붙어 있었고 혼자서 술을 마신 흔적이 있었습니다. 이전의 모범생 아들과는 전혀 다른 사람이 되어 있었습니다. 영주씨는 더 이상 아들이 그러는 모습을 도저히 볼 수 없어서 당장 방을 깨끗하게 치우라고 야단을 치고 술병을 모두 버렸습니다. 그런데 그날 저녁에 결국 아들에게 사고가 난 것입니다.

영주씨는 아들이 극단적인 선택으로 사망했다는 것을 도저히 받아들이지 못했습니다. 아침마다 큰아들 방에 들어가서 아침 먹으라고 부르고 마치 아들이 살아 있는 것처럼 이야기했습니다. 그리고 가족들의 식사 시간에 큰아들 밥을 계속 준비했습니다. 민성씨와 둘째 아들도 처음에는 함께 슬퍼하며 영주씨를 이해하려고 했지만 한 달이 지나도 이러한 행동이 계속되자 결국 소리를 지르며 하지 말아야 말을 영주씨에게 하게 되었습니다. "내 아들이 이렇게 죽게 된 것은 네가 심하게 야단을 쳐서 그런 거야, 엄마 책임이야." 이 이야기를 듣고 영주씨는 마치 정신이 나가는 것 같은 큰 충격을 받았습니다. 그 이후부터 자신의 혀가 이상해지는 듯한 느낌을 받았고 통증이 시작되었습니다. 그 후 5년간 하루도 빠짐없이 통증이 지속되었습니다.

영주씨는 이비인후과 담당 선생님의 권유로 정신건강의학과 진료를 받게 되었습니다. 정신건강의학과 검사 결과 영주씨는 '정신병적 증상을 동반한 심한 우울증'과 '신체화 장애' '감정표현불능증'을 가지고 있는 것으로 진단이 되었습니다. '정신병적 증상을 동반한 심한 우울증'은 환청이나 망상을 동반한 우울증으로 증상이 심해질 때 자신만의 우울한 망상과 죄책감에 사로잡히게 됩니다. 이러한 우울증은 갑작스러운 위험한 행동으로 이어질 수 있습니다. '신체화 장애'는 정신적인 트라우마가 신체 증상으로 나타나는 경우입니다. 영주씨는 자신의 트라우마가 신체적 통증으로 전환되어 나타났습니다. 이렇게 되면 자신이 느끼는 정신적 고통이 무의식적으로 줄어드는 느낌을 받게 됩니다. '감정표현불능증'은 심한 정신적인 트라우마 때문에 감정을 느끼거나 표현하려는 의지가 무의식적으로 제한되거나 혹은 어린 시절부터 감정을 느끼고 표현하는 능력을 키우지 못하는 경우에 생깁니다. 영주씨는 항상 자신의 '혀'의 통증에 대해 이야기했지만 사실은 사건이 있었던 그날 아들에게 야단을 친 자신의 혀에 죄책감을 투사하고 있다는 것을 알게 되었습니다.

담당 의사와 영주씨, 민성씨는 함께 아들이 왜 사망했는지 생각해보기로 했습니다. 극단적 선택의 사망원인을 후향적으로 밝히는 것을 '심리부검'이라고 합니다. 아들은 대학교 2학년 때부터 이전과는 다른 행동을 보였습니다. 감정 기복이 심해지고 술을 많이 마셨고, 이상한 메모들을 하기 시작했습니다. 영주씨에게 메모의 내용을 가져와보도록 했습니다. 메모를 분석해보니 어떤 뜻 모를 단어를 반복해 쓰기도 했고, 죽음이나 사후 세계에 대한 이상한 내용이 많이 들어 있는 것을 알 수 있었습니다. 아들이 당시 죽음과 관련된 내용에 몰입하고 있었다는 것을 추정할 수 있었고 정상적이지 않은 판단력을 가지고 있었을 가능성을 시사했습니다. 이것은 자살 위험에 중요한 '경고 신호'가 됩니다.

영주씨가 그날 방을 치우라고 아들에게 소리를 친 것은 실제로 사고를 유발한 원인으로 보기는 어렵습니다. 그렇다면 왜 이런 현상이 생겼는지 확인할 필요가 있었습니다. 아들이 1학년 2학기 때부터 성적이 떨어지면서 학교에 적응을 하지 못했고 친구들과도 제대로 어울리지 못했다고 합니다. 친구들도 아들이 무언가 다른 생각에 몰두하는 사람처럼 보였다고 하는데 이야기를 나누어보면 자신이 친구들로부터 고통받고 있다고 이야기했다고 합니다. 이미 1학년 때부터 정신적인 문제가 발생한 것이 아닌가 생각되었습니다.

민성씨는 담당 의사의 이야기를 듣고 아들의 사망의 원인으로 영주씨를 원망한 것에 대해 후회하며 영주씨에게 사과했습니다. 부부는 서로 이야기하기 힘들었던 오랜 트라우마를 나누며 눈물을 흘렸습니다. 남편과 둘째 아들이 영주씨를 도와주고 이해해주면서 영주씨의 혀 통증도 이전보다 완화되었습니다. 이제는 가족이 함께 유가족들 자조모임에도 나가서 도움을 받고 있습니다.

우리나라에서 자살률은 2020년에 1만 3195명으로 코로나로 인한 어려움에도 불구하고 2019년보다 4.4퍼센트 감소했습니다. 정부가 자살 문제의 심각성을 깨닫고 2018년 국가 행동계획을 수립하여 관리하면서부터 나타난 변화로 볼 수 있습니다. 하지만 3~5월에 극단적인 선택을 하는 수가 겨울보다 매달 200명 이상 증가합니다. 이 시기에 자살률이 올라가는 이유는 여러 원인이 있겠지만 일조량의 증가로 인한 감정 기복의 심화도 중요한 원인으로 보입니다. 남반구의 경우 10, 11월에 더 높은 자살률이 나타나는 경향을 보면 유추할 수 있습니다. 따라서 집에만 있고 바깥 활동이 없으면서 자신만의 생각에 빠져 있는 경우에 봄의 계절 변화가 감정 기복을 유발할 수 있습니다. 따라서 집 밖으로 나가서 걷고 활동하면서 일조량의 증가에 적응하는 것이 감정 기복 발생 예방에 도움이 됩니다.

마지막으로 정부에서 자살예방정책을 전문적으로 전담하는 '한국생명존중희망재단'을 출범시켰습니다. 이제 재단을 통해 영주씨와 같은 어려움을 겪는 자살유가족들을 돕기 위한 다양한 방안들이 마련되어 있습니다. 필요한 경우 심리부검 면담과 유가족들에 대한 치료비 지원 등의 도움을 받을 수 있습니다. 그뿐만 아니라 주변에 누군가가 자살로 사망했을 경우 어떻게 애도하고 대처해야 하는지 도와주는 사후대응 서비스도 점차 강화되고 있습니다. 이러한 정부와 민관의 지속적인 노력으로 대한민국의 자살률이 0퍼센트가 되는 순간을 기대해봅니다.

IMF 외환위기 후
27년,

두 형제
이야기

민철씨와 민식씨는 형제입니다. 민철씨는 현재 40대 남성으로 IMF 위기 당시에는 중학생이었고, 민식씨는 현재 30대로 당시 초등학생이었습니다. 형제는 IMF 때 평생 잊지 못할 고통을 겪었습니다. IMF 금융위기란 1997년에 외환보유고가 급격하게 떨어지면서 발생했던 국가 최대 위기 상황을 말합니다. 당시 형제의 아버지는 중소기업을 운영하고 있었는데, 회사 외상 대금을 받지 못해 최종 부도 처리를 겪었습니다. 가족들은 집 곳곳에 집달관의 붉은 압류 딱지가 붙는 경험을 하게 됐고 이자 비용에 당장 생계비를 걱정하는 상황이 되었습니다. 아버지는 회사를 정리하고 운전기사로 일하게 되었고 어머니도 생계를 유지하기 위해 일해야 했습니다.

형제에게는 갑자기 모든 것이 무너져버린 트라우마로 남아 있습니다.

그로부터 27년 뒤 형은 중소기업을 경영하는 대표가 되고, 동생은 형의 도움을 받아 살아가는 처지가 되어 있었습니다. 동생 민식씨는 지속적인 우울감과 불안감으로 알코올 중독에 빠져 있었습니다. 그러다 최근에는 형이 생활비로 준 돈을 가상화폐에 투자했다가 큰 손실을 보게 되었습니다. 그는 우울감과 자책감이 너무 심해져서 결국 보호자인 형과 함께 정신건강의학과 외래로 내원하게 되었습니다.

동생 민식씨는 한때 회사를 다닌 적도 있었지만 잘 적응하지 못했습니다. 자기주장이 강하고 윗사람들과 잘 어울리지 못했습니다. 부인과도 사이가 좋지 않았는데 항상 화가 나 있고 고집이 세서 한 번 주장을 하면 누구의 말도 듣지 않았습니다. 과시하는 것을 좋아해 수입에 맞지 않는 고급차를 몰고 다녔다고 합니다. 결국 회사를 그만두고 형이 주는 생활비로 생계를 유지하고 있었습니다.

형 민철씨는 IMF 때 아버지의 사업이 망하는 것을 보면서 큰아들인 자신이 집안을 다시 일으켜야 한다는 책임감을 느꼈다고 합니다. 대학을 졸업하고 사업을 시작할 때 실패를 경험하기도 하고 같이 일하는 동료들과 헤어지기도 했습니다. 그러나 수많은 어려움을 겪으면서도 항상 남의 말을 경청하고 긍정적으로 생각하는 습관이 있었다고 합니다. 민철씨는 자신을 과시하는 것을 전혀 하지 않았고, 대표이지만 작업복을 입고 지하철로 출퇴근을 했습니다. 그는 제대로 사회생활을 하지 못하는 동생을 보며 항상 안쓰러워했고 동생에게 경제적으로 도움을 주는 것이 자신의 의무라고 생각하고 있었습니다.

정신건강의학과를 방문한 두 사람 모두 심리검사를 진행하기를 원해 함께 기억력·집중력·지능검사 등을 진행했습니다. 형 민철씨는 심리검사를 연달아 진행할 때 조금 전에 한 검사에 영향을 받지 않고 다음 검사를 잘 수행했습니다. 예를 들어, A 검사를 한 후에 B 검사를 하면 A 검사를 하던 것을 잊고 B 검사에만 집중하는 능력이 뛰어났습니다. 그는 '인지적 유연성'이 매우 뛰어난 편이었습니다. 인지적 유연성이란 습관화된 반응이나 사고를 극복하고 새로운 상황에 맞춰 자신의 생각을 조정하는 능력을 의미합니다.

반면에 동생 민식씨는 인지적인 유연성이 현저히 떨어지는 것으로 나타났습니다. 특히, 자신이 어릴 때 경험한 경제적인 트라우마에 대해 강한 감정이 결부되어 있었습니다. '실패' '가난' '경제적 어려움' 등의 단어에 우울한 기분이 연관된 것으로 나타났습니다. 민식씨는 우울증이 동반되어 있었는데 그의 우울증은 과거의 트라우마에 대한 기억을 강화시키고 인지적 유연성을 더욱 악화시켰습니다. 인지적 유연성의 저하로 상처받은 기억, 무시받은 기억, 억울한 기억에 사로잡혀 형과 아버지를 포함한 주위 가족에게 책임을 돌리고 있었습니다. 이를 통해 형에게 도움받는 것을 합리화할 수 있었습니다. 남에게 자신을 과장해 보이려고 하고 자신을 무시하는 느낌을 받으면 참을 수 없었습니다. 그러다 보니 한 번에 일확천금을 벌기 위해 가상화폐에도 투자했지만 성공하지 못했습니다.

형제는 같은 환경에서 성장했지만 27년 뒤 전혀 다른 사람으로 성장했습니다. 민철씨와 민식씨는 새로운 환경에 적응하는 인지적 유연성을 키웠는지 여부에 따라서 크게 달라져 있었습니다. 민철씨는 항상 다른 사람의 이야기를 경청하고 받아들이는 습관이 있었는데 이것이 그의 인지적 유연성을 키우고 어려운 환경에서도 잘 극복할 수 있는 원천이 되었습니다.

형 민철씨에게도 문제가 있었습니다. 온 가족을 자신이 돌보아야 한다는 책임에 너무 강하게 사로잡혀 있었습니다. 민철씨는 부모님, 동생뿐 아니라 사촌들까지 모두 도움을 주고 있었습니다. 가족들은 점차 민철씨에게 의지하게 되었고 스스로 돈을 벌기보다는 민철씨에게 도움을 받는 데 익숙해져 있었습니다. 민철씨는 더 이상 가족에게 도움을 주는 것에 부담을 느껴 그만하려고 했습니다. 하지만 가족들은 오히려 민철씨에게 화를 내며 도움받는 것을 자신들의 당연한 권리로 생각했습니다. 민철씨가 온 가족을 돌보다 보니 부인과도 갈등이 생기기 시작했습니다. 회사가 잘 운영되고는 있었지만 가족을 위한 지출은 눈덩이처럼 커지고 있었습니다. 심지어 가족들은 몰래 빚을 지고는 민철씨에게 갚아달라는 부탁도 자주 해왔습니다. 민철씨가 수시로 돈을 갚아주다 보니 빚을 지는 액수도 점점 커지기 시작했습니다.

민철씨가 지닌 인지적 유연성은 그의 큰 장점이기도 하지만 과도한 가족에 대한 책임감은 향후 위험요인이 될 수 있습니다. 여기에도 분명한 한계가 필요합니다. 가족이 스스로 자립할 수 있는 것을 막는다면 도움이 아니라 독배가 될 수 있습니다. 민철씨가 가진 과도한 책임감을 내려놓기 위해서는 가족들이 자신을 돕지 않는다고 원망하는 이야기에 휘둘리지 말고 원칙을 가지고 대응할 필요가 있습니다.

민식씨는 지금부터라도 자신의 인지적 유연성을 키우고 우울증에 대해서 적절한 치료를 받아야 합니다. 그러기 위해서는 주위 사람에게 편안하게 대하는 태도, 타인의 의견을 경청하고 자신을 변화시키려는 노력, 과시하지 않고서도 스스로 자존감을 유지하는 태도가 필요합니다. 다른 사람들은 민식씨가 어떤 차를 타는지 무슨 메이커의 옷을 입는지 전혀 관심이 없습니다. 인지적 유연성이 떨어지는 사람들은 다른 사람의 시선을 자신을 향한 것으로 잘못 해석합니다. 민식씨는 형과 아내를 포함한 다른 사람들의 이야기를 폭넓게 수용하고 지금부터라도 스스로 할 수 있는 일을 찾아내는 것이 중요합니다.

이제 민식씨는 자신이 아직도 중학교 때 받은 트라우마에서 벗어나지 못하고 있다는 점과 인지적 유연성이 떨어진다는 점을 받아들이게 되었습니다. 그는 이전에 다닌 회사보다는 작지만 새로운 직장에 취직해서 윗사람이나 동료들과도 잘 지내고 있습니다. 이제 자신의 거품을 걸어내기로 했습니다. 형이 자신을 도운 만큼 자신도 가족들을 도와줄 목표를 가지고 노력하고 있습니다.

술자리에서
'말더듬' 따라한

직장 상사

동진씨는 학교에서 행정직으로 일하고 있습니다. 일만 할 뿐 사람들과 만나거나 나서는 것을 꺼립니다. 그는 사실 어릴 때부터 '말더듬' 때문에 어려움을 겪고 있습니다. 말을 처음 시작할 때 첫음절을 반복하는 증상이 있습니다. '안, 안, 안, 안녕하세요' '바, 바, 바, 반갑습니다'라고 말하게 됩니다. 처음 보는 사람 앞에서는 증상이 더 심해지고 얼굴이 익숙해지면 줄어들게 됩니다. 그는 자신의 말더듬 증상 때문에 사람들이 자신을 다시 한번 쳐다보는 것 같아 마음이 불편해질 때가 많습니다. 다행히 동진씨의 업무는 사람들과 그렇게 이야기할 일이 많지 않았습니다.

248

그러던 어느 날 회식 자리에서 동진씨가 큰 상처를 받는 일이 생겼습니다. 맥주를 마시고 술에 취한 상태에서 과장님이 동진씨의 말더듬에 대해서 지적을 한 것입니다. "동진씨, 말할 때 바, 바, 바, 하지 않고 말할 수 없나? 답답해서 못 듣겠어~" 농담처럼 과장님이 한 말에 함께 술을 마시던 직장 동료들이 모두 웃음을 터뜨렸습니다. 하지만 동진씨는 웃을 수 없었고 도저히 참을 수 없을 정도로 화가 났습니다. "과장님 다시 한번 말씀해보세요. 뭐라고 하셨지요?" 동진씨가 갑자기 정색을 하며 묻자 과장은 "농담이야. 바, 바, 바, 해도 괜찮아~" 다시 웃으면서 말했습니다. 동진씨는 술잔을 식탁에 탁 내리치고는 울면서 회식 자리를 나갔습니다.

그 이후로 동진씨는 회사에 사직서를 내고 출근하지 않았습니다. 집 안에서 갑자기 혼자서 소리를 지르고 책상을 내려치기도 했습니다. 식사도 하지 않고 밤에 잠도 이루지 못했습니다. 걱정하는 아내에게 "내가 왜 이렇게 못났는지 모르겠다" "앞으로 이렇게 살아갈 자신이 없다" "왜 이렇게 내 자신에게 화가 나는지 모르겠다"고 이야기했습니다. 체중이 3개월 동안 8킬로그램이나 빠지고 집중력이 흐려져 간단한 메일도 확인하기 어려웠습니다. 고민 끝에 동진씨는 인근 정신건강의학과 의원을 방문했습니다.

담당 정신건강의학과 전문의가 진찰한 결과 동진씨는 '말더듬증'으로 진단되었습니다. 말더듬은 특정 소리나 음절을 빠른 속도로 반복하거나 지연하는 언어 유창성의 장애를 의미합니다. 동진씨는 말을 할 때 혀가 마비되거나 턱이 당겨지는 듯한 느낌을 받기도 했습니다. 말더듬을 드러내지 않기 위해서 이를 유발하는 어려운 단어를 피하거나 조절해서 말하는 습관이 있었습니다. 하지만 동진씨는 말을 처음 시작할 때 첫음절을 반복하는 증상 이외에는 사람들과 대화를 할 때 소통에 문제는 없었습니다.

더 큰 문제는 말더듬으로 인한 어린 시절부터의 트라우마였습니다. 동진씨는 초등학교 때부터 말더듬이 시작되었습니다. 그로 인해 학교에서 '왕따'를 당했습니다. 같은 반 아이들은 그에게 말을 더듬는다며 '말더듬이'에서 '말'을 빼고 '더듬이'라는 별명을 붙여 동진씨를 놀렸습니다. 불량한 친구들은 '더듬이'라고 수시로 놀리며 때리기도 하고 빵 셔틀을 시키기도 했습니다. 하지만 아무도 도와주는 사람이 없었고 같은 반 아이들은 동진씨가 놀림을 당할 때 웃으며 정신적 가해를 했습니다.

그중에서도 가장 힘든 것은 수업 시간에 선생님이 돌아가면서 책을 읽게 하는 것이었습니다. 동진씨는 자신이 걸릴

까봐 항상 조마조마했고 자신의 이름이 호명되면 하늘이 하얗게 되는 불안을 느꼈습니다. 책을 읽으면서 "저, 저, 저… 바, 바, 바" 단어를 반복하면 같은 반 아이들이 큰 소리로 책상을 두들기며 웃었습니다. 동진씨에게는 아이들이 웃는 일이 너무 큰 상처가 되었습니다. 동진씨의 학창 시절은 지금도 악몽 같은 기억으로 남아 있습니다. 동진씨는 이로 인한 트라우마로 어른이 된 지금까지도 사람들 앞에서 발표할 때면 긴장이 심하게 되고 숨이 막히는 느낌이 듭니다.

말을 더듬는 증상은 초등학교 때부터 시작되는 경우가 많습니다. 이때 주위 친구들이 이해하고 도와주면 저절로 없어지는 경우도 많습니다. 말더듬으로 인해 어린 시절에 왕따를 당하고 트라우마로 남으면 대인관계를 할 때마다 불안과 공포가 생기고 불안과 공포는 말더듬 증상을 악화시키고 성인기까지 없어지지 않고 유지시키는 구실을 하게 됩니다.

동진씨는 직장 과장과 동료들이 자신의 말더듬을 놀리던 그날, 어린 시절부터 자신을 압도하는 트라우마가 현재로 소환이 되었습니다. 자신이 어린 시절 왕따를 당하며 느꼈던 무력감, 공포감을 다시 느끼면서 자존심이 바닥으로 떨어지게 되었습니다. 과거의 아픈 기억 속으로 마치 늪처럼 빠져들어갔습니다. 과장이나 동료들에 대한 분노에서 과거에 자신을 놀린 친구들에 대한 분노감으로 확산되었습니다. 결국은 그때 무기력했던 자신에 대한 불만과 분노가 생각나면서 자신을 공격하게 되었습니다. 밤에 자려고 하면 어린 시절의 장면들이 꼬리에 꼬리를 물고 생각이 나 한숨도 잠을 이룰 수가 없었습니다. 결국 우울증이 시작되었고 더 이상 직장을 다닐 수도 없었고 그 사람들을 다시 볼 엄두도 나지 않았습니다.

동진씨는 우울증을 치료하며 동시에 언어치료를 꾸준히 받았습니다. 그러자 단어의 반복이 줄어들고 조금씩 구음이 편해지는 것을 느낄 수 있었습니다. 말더듬증 치료에는 다른 사람들의 반응에 무감각해지는 것이 중요합니다. 문장을 파악하고 반복 연습을 해 익숙하게 만드는 것도 도움이 됩니다. 말더듬은 장애가 아니고 사실 대화를 하는 데는 문제가 없는 경우가 많습니다.

개인의 치료에 대한 노력도 필요하지만 다른 사람이 말더듬이 있을 때 이를 지적하지 말고 편안하게 들어주는 사회적 인식과 태도가 중요합니다. 학교에서도 말더듬는 학생들이 왕따가 되지 않고 친구들과 편하게 어울릴 수 있게 도와주는 것이 필요합니다. 사회와 학교가 노력한다면 저절로 없어질 수도 있었던 말더듬이 평생의 상처로 남아 우울증까지 일으키는 것을 막을 수 있습니다.

20대에
발견한

자폐 스펙트럼
장애

신철씨는 20대 남성으로 카페에서 바리스타로 일하고 있습니다. 손님의 주문에 따라 아메리카노, 카푸치노 등을 척척 만들어냅니다. 그는 초등학교 때 같은 반 학생들로부터 왕따를 당한 경험이 있습니다. 눈을 잘 못 마주치고 걸음걸이도 펭귄 걸음처럼 조금 뒤뚱거리면서 걸었기 때문입니다. 친구들과 함께 지내는 것이 너무 힘들어 학교를 그만두려고 했던 적이 여러 번 있었습니다. 그 뒤로 정말 어렵게 학교를 졸업하고 대학교에도 입학했습니다. 하지만 친구들과 어울리는 것이 가장 힘들었고 휴학을 거듭하다가 자퇴를 하고 말았습니다. 그 뒤 카페 알바를 하다가 바리스타가 잘 맞아서 자격증도 따고 정식으로 근무를 시작하게 되었습니다.

신철씨는 평소에 큰 헤드폰을 쓰고 검은색 선글라스를 착용한 상태로 출퇴근합니다. 도로에서 자동차 경적소리가 들리면 깜짝 놀라기 때문입니다. 소리에 매우 민감하고 작은 소리도 크게 듣습니다. 다른 사람과 시선을 마주치면 힘들기 때문에 지하철 안에서 선글라스를 끼고 있습니다. 이것은 외부 자극에 매우 예민한 특성과 관련이 있습니다. 그리고 같은 행동을 항상 반복해서 하는 루틴이 있습니다. 그 루틴을 누가 깨려고 하면 무척 화가 나게 됩니다.

신철씨는 카페에서 주로 커피를 만드는 일을 하지만 이따금 주문을 받고 손님을 응대할 때는 어려움을 겪습니다. 그는 조금 특이한 말투를 가지고 있었습니다. 목소리 톤이 높고 너무 빠르게 말을 하면서 다른 사람의 말을 앵무새처럼 그대로 따라하는 습관이 있었습니다. 손님의 눈을 보며 이야기할 때면 마치 손님이 자신을 관찰하는 듯한 불편한 느낌이 듭니다. 그는 계산하는 모니터만 보면서 주문을 받으면 마음이 한결 편합니다. 갑자기 큰 소리를 내는 손님이 있으면 귀를 막지 않고는 참기가 힘듭니다. 신철씨의 동료인 민정씨는 신철씨가 어려워하는 손님들을 만날 때마다 나서서 대신 해결해 줍니다.

신철씨의 이상한 행동을 잘 이해해주는 사람이 바로 민

정씨였습니다. 민정씨는 신철씨가 시선 처리나 말투 이외에도 다른 사람의 감정을 잘 이해하지 못한다는 사실도 알고 있었습니다. 손님이 화가 난 경우에도 잘 느끼지 못해 민정씨가 도와주곤 했습니다. 민정씨의 동생에게 자폐 증상이 있어 어릴 때부터 동생을 도와주던 습관이 있었기 때문이었습니다.

신철씨는 바리스타로 일하고 있지만 사실 천문학에 더 관심이 많습니다. 집에서는 작은 천체 망원경으로 수많은 별들을 관찰합니다. 그는 다양한 모양의 별들이 지구에서 얼마나 떨어져 있는지 계산하는 일을 좋아합니다. 그의 방에는 천체의 움직임을 그린 큰 그림들이 벽에 붙어 있고 그림에는 깨알 같은 수로 지구와의 거리가 계산되어 적혀 있습니다. 사실 그가 바리스타 일을 시작한 것도 자신이 일하는 커피 전문점 이름에 "스타-"가 들어 있는 것에 꽂힌 것과 관련이 있습니다. 그의 이야기는 항상 별과 관련된 내용으로 연결됩니다. 동료인 민정씨는 신철씨가 사회성이 전혀 없고 일본 만화에만 몰두하던 자신의 동생과 너무 비슷하게 생각되어 병원에 가 볼 것을 권유했습니다.

신철씨는 검사 결과 지능지수는 정상이지만 사람들과 상호작용하는 능력이 떨어지는 것으로 나타났습니다. 다른 사람의 감정을 이해하고 거기에 맞추어 대응하는 능력이 떨어졌습니다. 자신만의 세계를 구축하고 그 세상에서 가장 흥미를 느꼈습니다. 신철씨의 세상은 수와 규칙성으로 구성되어 있었습니다. 신철씨가 별에 대해 공부하는 것을 좋아하지만 그 내용은 사실 별의 움직임의 규칙성에 대한 것에 몰두하고 있습니다. 실제 사회에서 사용할 수 있는 유용한 지식과는 거리가 있었습니다.

신철씨는 사람들과 정서적인 교류가 어렵고 눈 맞춤이 안 되며 표정이 없는 등 의사소통 능력이 부족했습니다. 또한 일반적이지 않은 주제에 집착하는 특징과 감각 자극에 대한 과민성을 보였는데 이로써 '자폐 스펙트럼 장애'로 진단되었습니다. 다만 일반적인 자폐 스펙트럼 장애 환자와는 다르게 지능이 정상적으로 유지되는 고기능 자폐로 판정되었습니다.

'자폐 스펙트럼 장애'는 대개는 3세 이전 다른 또래들과의 발달상의 차이점을 발견할 수 있습니다. 18개월경에 언어 발달이 늦어 부모가 걱정하기도 합니다. 지능이나 자조 기능이 상대적으로 양호한 일부 아이들은 학령기가 되어서야 자폐 스펙트럼 장애를 진단받기도 합니다. 각각의 문제 행동이 광범위한 수준에 걸친, 복잡한 스펙트럼을 갖고 있다는 의미에서 '스펙트럼 장애'라고 부릅니다. 이 때문에 같은 자폐 스펙트럼이라도 보이는 모습은 각기 다를 수 있습니다.

담당 의사는 신철씨가 바리스타 일을 몇 년간 잘하고 있다는 것에 주목했습니다. 이는 그가 앞으로 잘 지낼 수 있을 것이라는 중요한 예측인자가 된다고 했습니다. 일을 하면서 함께 일하는 동료들, 손님들과 소통하고 그 사람에 맞춰 생각해보는 것이 자폐 스펙트럼 장애의 개선에 도움이 됩니다. 또한 신철씨를 이해해주는 민정씨라는 동료가 있는 것도 그에게는 상호작용 능력의 향상에 도움이 됩니다.

신철씨는 다른 사람들이 이야기하는 말을 잘 듣고 그 내용에 맞춰 말하는 연습을 해야 합니다. 신철씨가 이야기를 하다 보면 말의 내용이 처음 생각한 것과는 달리 자신이 생각하는 내용으로 빠지게 되는데 이를 정신의학적 용어로 '사고이탈'이라고 합니다. 그리고 핵심을 바로 이야기하지 못하고 빙빙 돌려서 이야기하게 되는 것을 '우원증'이라고 합니다. 사고이탈과 우원증이 있으면 다른 사람과 대화하는 데 어려움을 겪게 됩니다. 다른 사람이 이야기할 때 다음에 내가 할 이야기를 생각하느라 못 듣는 경우가 많은데 이것이 사고이탈과 우원증을 유발하게 됩니다. 대화 상대의 이야기를 다 듣고 나서 내가 할 이야기를 거기에 맞춰 대답하는 연습을 반복하면 도움이 됩니다.

신철씨는 바리스타 일을 하면서 만족감을 느끼고 사회성

사고이탈Tangentiality

말의 내용이 처음 생각한 것과는 달리 자신이 생각하는 내용으로 빠지게 되는 현상을 말한다. 마치 열차가 탈선하듯이 엉뚱한 이야기로 흘러가서 처음에 의도한 생각과는 다른 이야기로 마무리된다(예 오늘 쓰고 오신 빨간색 모자가 예쁘네요. 빨간색 모자는 제가 예전에 학교에 갈 때 썼는데요. 내 학교에서의 생활은 무척 즐거웠습니다. 내가 학교에서 만났던 친구들에 대해서 이야기해드리지요).

우원증Circumstantiality

핵심을 바로 이야기하지 못하고 빙빙 돌려서 이야기하게 되는 것을 말한다. 최종 목표에는 도달하지만, 도중에 지엽 말단에 얽매어 요점이나 본질에 대한 통찰이 부족하고 목표에 이르는 데 시간이 걸린다(예 오늘 쓰고 오신 빨간색 모자가 예쁘네요. 이런 모자를 만드는 회사에는 A, B, C가 있고요. A는 ○○ 회사이고 B는 ○○ 회사이고… C는 ○○ 회사이고. A에서 만드는 다른 제품에는 어떤 것이 있고요. (한참을 이야기하다가) 결국 오늘 쓰고 오신 모자가 다시 봐도 예쁘네요).

도 조금씩 향상되고 있습니다. 우리 사회도 자폐 스펙트럼 장애를 가진 분들이 일할 수 있게 도움을 주면 좋을 것 같습니다. 이분들에게 소리를 지르지 말고 조금 느리더라도 기다려주면 더 일을 잘할 수 있을 것입니다.

존중받은
경험이 있어야

자신을
사랑할 수 있다

영수씨는 20대 남성으로 지방에서 대학을 휴학하고 서울로 올라와 현재는 배달 아르바이트를 하고 있습니다. 작은 원룸에서 혼자 살고 있는데, 등록금을 벌면 다시 학교를 다닐 계획입니다. 배달이 많아서 바쁘지만 오토바이를 타고 달리다 보면 가슴이 탁 트이는 시원한 느낌을 받았습니다. 그는 돈을 모으기 위해 생활비도 아끼고 있었고 식사도 편의점에서 해결했습니다.

어느 날 영수씨가 음식 배달을 완료했는데 배달받은 집에서 음식을 받은 적이 없다고 전액 환불을 요구하는 일이 있었습니다. 그 집에 다시 찾아가서 분명히 배달이 됐다고 설명하자 심하게 화를 내면서 영수씨의 부모님을 무시하는 막말을 했습니다. 영수씨는 그 이야기를 듣고 무척 화가 났지만 결국 대응하지 못하고 개인적으로 환불까지 해줘야 했습니다. 그 뒤로는 아무것도 하지 못하고 집에만 있게 됐습니다. 처음에는 폭언을 한 그에게 분노가 일었지만, 나중에는 그때 화도 제대로 못 내고 고개를 숙이던 자신이 한없이 싫어졌습니다. 그는 '내가 빠져나갈 길이 없다' '세상 사람들이 무섭다' 이런 생각에 사로잡히고 말았습니다.

영수씨의 부모님은 영수씨가 어릴 때 거의 매일 싸웠습니다. 싸우는 이유는 주로 돈 문제였습니다. 아버지가 작은 가게를 했지만 수입이 충분하지 않았고 어머니는 막내 영수씨를 포함한 삼남매를 키우느라 돈이 부족하다고 소리를 질렀습니다. 결국 영수씨가 초등학생 때 부모님은 이혼을 했습니다. 어머니는 막내인 영수씨만 데려갔고 재혼하게 되면서 영수씨는 새아버지 밑에서 자랐습니다. 새아버지는 사업이 잘되어 경제적으로는 괜찮았지만 외도를 하는 바람에 어머니와 다툼이 많았습니다. 결국 영수씨의 어머니는 다시 이혼을 했고 그 뒤로 영수씨와 단둘이 살았습니다.

영수씨는 어릴 때부터 부모님이 싸우는 소리가 너무 듣기 싫었습니다. 어린 마음에도 차라리 이혼을 하는 게 마음 편하겠다고 생각했습니다. 하지만 한편에는 '부모님이 나 때문에 돈이 많이 들어 이혼한 것이 아닌가' 하는 불편한 마음이 있었습니다. 그래서 대학에 들어간 뒤에는 꼭 돈을 많이 벌어서 다시는 이런 일이 생기지 않도록 해야겠다고 결심했습니다. 영수씨는 무능하고 자신을 지켜주지 못한 아버지에 대한 분노가 일었고, 환불을 요구한 사람이 자신의 아버지에 대해 욕을 한 것이 어쩌면 당연하다는 생각까지 들었습니다.

영수씨는 자신의 생각이 점점 극단적으로 진행되는 것이 심각하다고 생각했습니다. 그래서 인근 정신건강의학과 의원을 방문했습니다. 영수씨는 우울증이었습니다. 그는 세상에 대한 두려움으로 이 세상에 존재하는 것이 힘들다는 생각까지 하고 있었습니다. 상담을 통해 영수씨는 한번도 존중을 받아본 기억이 없다는 것을 알게 됐습니다. 어릴 때부터 '막내가 태어나서 집안이 힘들어졌다' '살기 어렵다'는 이야기를 자주 들었습니다. 자신의 존재를 중요하게 생각한다는 느낌을 받지 못했습니다.

영수씨는 오직 돈을 많이 벌고 부자가 되어야 존중을 받는 것으로 생각했습니다. 새아버지가 돈을 많이 벌어 올 때 어머니가 가장 좋아했던 기억이 있었습니다. 그는 어머니가 기뻐하는 모습을 보기 위해서라도 돈을 벌기 위해 열심히 노력했습니다. 하지만 음식을 분명히 배달했는데 부당하게 돈을 빼앗긴 그날, 자신이 앞으로 무엇을 위해 노력해야 할지 방향을 잃게 됐습니다.

우울증에 걸리면 마치 터널 안에 있는 것처럼 생각의 유연성이 떨어지고 한 방향으로만 치닫게 됩니다. 심각하게 우울해지면 예전의 우울한 기억들이 꼬리에 꼬리를 물고 연상됩니다. 그가 어린 시절 겪었던 '정서적 방임'이 현재의 기억과 연관되어 감정의 증폭이 이뤄집니다. '정서적 방임'이란, 아동에게 필요한 애정 표현과 정서적 지지 없이 무관심으로 방치해 결핍을 남기는 행위를 말합니다. 신체적 학대에 비해 직접적인 폭력으로 나타나지는 않지만 정서적 방임의 영향은 매우 크고 성인기에 우울증이 일어나는 요인이 될 수 있습니다.

영수씨는 치료를 통해 우울증에서 벗어날 수 있었습니다. 우울증 치료 후에는 과도한 두려움이 줄어들어 다시 일을 시작하고 학교에도 복귀했습니다. 자신을 존중하고 도와주는 사람들을 만날 수 있었습니다. 자존감이 생기면서 세상 살기 힘들다는 느낌도 줄었습니다. 영수씨의 어머니는 자식 걱정은 많이 했지만 따뜻한 마음을 드러내고 존중해주는 방법을 몰랐습니다. 어머니는 뒤늦게라도 아들과 대화하며 어린 시절 형성된 그의 슬픈 감정을 이해하려고 노력했습니다.

우리 사회에는 정서적 방임을 경험한 청년이 많습니다. 어린 시절 이런 경험이 있어도 학교를 다니면서 좋은 교우관계를 통해 감정의 결핍이 채워지기도 합니다. 하지만 코로나19 등의 팬데믹 상황에서 대인관계를 온전히 경험하지 못하고 사회로 나오는 경우도 있습니다.

'정서적 방임'을 경험한 이런 이들을 도울 수 있는 방법은 '존중'입니다. 예를 들어 영수씨가 음식을 배달한 뒤 "식지 않게 금방 배달해주셔서 맛있는 음식을 먹게 됐네요. 고맙습니다"라고 감사함을 표현한 사람이 많았다면 영수씨는 결핍의 기억을 메워나갔을 겁니다. 폭언은 절대 하지 않아야 합니다. 우리나라는 외국과 달리 존댓말과 반말이 있습니다. 반말은 상처를 주기 쉽습니다. 처음 보는 사람에게는 나이가 어리더라도 존댓말을 쓰고, 내 돈 주고 서비스를 제공받았어도 "고맙습니다"라는 말을 해봅시다. 앞으로 만나게 될 수많은 사람들에게 '존중받는 경험'을 준다면, 그건 그들이 자신을 좋아할 수 있도록 돕는 일입니다. 동시에 내가 존중받는 길이기도 합니다.

4부

분노편

"이유 없이 화가 나고
감정조절이 안 돼요"

분노는 타인을 향할 수도 있고 자신을 향할 수도 있습니다. 적당한 정도의 화는 누구나 낼 수 있는 것이지만 만성적으로 오래 지속되는 분노는 개인의 정신에 영향을 주게 됩니다. 분노하고 나면 문제가 해결되기보다는 오히려 더 복잡해지고 이를 해결하기 위해서 더 많은 에너지가 소모됩니다. 자신을 향한 분노는 자존심을 떨어뜨리고 불면증, 우울증 등 정신적인 질환까지 유발할 수 있습니다. 왜 분노를 하게 되는 것일까요? 사람마다 성격이 다른 것처럼 분노를 하게 되는 원인도 다양합니다. 분노는 첫째, 자존심에 상처를 받았을 때 둘째, 타인에 자신의 갈등을 투사할 때 셋째, 충동 억제가 되지 않을 때 넷째, 부도덕한 행동을 보았을 때 등으로 볼 수 있습니다.

분노에는 "다른 사람이 나를 어떻게 생각하는지"가 중요합니다. 다른 사람이 나를 낮추어 보거나 무시하면 자존심에 상처를 입고 분노가 발생하게 됩니다. 하지만 개인마다 자존심의 수준은 큰 차이가 있고 이에 따라 같은 경험을 하더라도 분노를 느끼는 정도에는 큰 차이가 있게 됩니다. 성격의 유형 중에 히스테리성 성격 histrionic personality trait 유형을 가진 분들은 특히 다른 사람이 나를 어떻게 생각하는지 나를 좋아하는지에 민감합니다. 다른 사람의 감정에 민감하게 대응해야 하는 직업을 가진 분들(예 연예인·디자이너·의류업계 종사자·고객상담실 직원·마케팅 전문가 등) 중에서 이런 타입이 많습니다. 모든 사람들이 나를 좋아해야 하기 때문에 항상 웃는 모습을 하고 친절하지만 속으로는 "나를 버리지 않을까, 나를 싫어하지 않을까" 유기에 대한 두려움이 있습니다. 정도가 적절하면 타인에게 잘 보이기 위해 일을 잘 하는 원동력이 될 수 있고 새로운 창의성을 발휘할 수도 있습니다. 하지만, 항상 다른 모든 사람들에게 좋은 평가를 받거나 사랑을 받기는 불가능합니다. 따라서, 욕구가 좌절되면서 분노가 생기게 되고, 인터넷이나 SNS에 자극적인 글을 올리거나 일생생활을 과장해서 올리기도 합니다. 심한 경우에는 폭식, 불면증, 자살에 대한 생각을 보이기도 합니다.

이와는 반대로 자기애적 성격narcissistic personality trait 유형을 가진 분들은 권위와 복종의 관계에 민감합니다. 자신의 말에 다른 사람들이 복종할 때 자존심이 유지가 됩니다. 이것이 잘 되지 않으면 주위의 사람을 낮추어 봄으로써 자신이 우월한 존재라는 것을 표현하고자 합니다. 겉으로는 강해 보이고 단호해 보이지만 속으로는 열등감이 많습니다. 직장이나 조직에서 동료나 상사로 있으면 무척 같이 있기 힘든 사람이지만 부하로 있으면 자신의 말을 잘 듣고 일을 잘하는 것 같아 보입니다. 하지만, 자신이 모르는 갈등이 조직 내부에 점점 커져 결국에는 사고가 나게 됩니다. 자신의 열등감이 드러날 때 갑작스러운 분노의 폭발이 일어날 수 있습니다.

타인에게 자신의 갈등을 투사할 때도 분노가 생기게 됩니다. 투사는 자신의 문제를 무의식적으로 다른 사람에게 원인을 돌리는 심리적 현상입니다. 어린 시절에 부모에게 많이 맞고 자란 사람이 자신의 무의식적인 분노를 대통령에게 돌리고 악성 댓글을 다는 것들이 예가 됩니다. 겉으로 보기에는 나라를 위하는 것 같지만 실제로는 대안이 없는 분노를 인터넷이나 SNS에 쏟아붓습니다. 이것을 정신의학적으로는 '권위자를 향한 분노anger toward authority figure'라고 합니다. 권위자에게 분노를 표출하는 것이 결국 자신의 어린 시절에 억눌린 분노를 해소하는 것이지요.

충동억제가 되지 않아서 분노가 자주 표출되는 경우도 있습니다. 타고난 성정이 다혈질인 경우도 있고 후천적으로 충동억제가 잘 안 되는 것은 술, 담배와 관련이 있습니다. 술을 장기간 마시면 우리 뇌의 전두엽에 손상이 와서 충동을 억제하는 능력이 떨어지게 됩니다. 또한 담배도 말초 뇌혈관 등을 막아서 뇌 기능을 저하시킵니다. 술 담배를 많이 한 남자들의 경우 50대가 넘으면서 성격이 날카로워지고 고집이 세지는 것을 볼 수 있습니다. 이 경우에 뇌 MRI 등을 촬영해보면 뇌의 변화를 관찰할 수 있습니다.

분노를 자주 느끼는 분들은 자신이 어떤 유형인지 살펴볼 필요가 있습니다. 중요한 점은 자신이나 주위의 누군가가 자주 분노를 표현한다면, 당시 상황을 자세히 살펴보고 반응을 분석해보면 그 사람이 어떤 유형의 문제가 있는지 알 수 있습니다. 나의 문제나 그 사람의 문제를 이해하면 인간 관계에서 더 넓은 시야를 가질 수 있고 분노를 통제할 수 있게 됩니다. 인터넷이나 SNS를 보고 무척 화가 나거나 분노가 들 때 이것이 자신의 문제와 결부되어 있는지를 확인하고 나서 글의 내용을 이해한다면 훨씬 객관적으로 이해할 수 있게 됩니다. '다른 사람이 나를 얼마나 인정하는지' '다른 사람이 내 말을 잘 듣는지' '다른 사람보다 내가 얼마나 앞서가는지' 등 다른 사람에 매달려서 자신의 자존심을 유지하기보다는 내가 좋아하는 운동, 영화관람, 친구들과의 대화, 내가 가진 소중한 것들에서 나의 자존심을 찾는다면 분노를 이기고 마음의 평화를 얻을 수 있을 것입니다.

리더는 그 자리에 이르기까지 수많은 검증을 거칩니다. 학업, 업무, 조직 등 다양한 평가를 통과해야 하죠. 하지만 리더가 되고 나면 해야 될 일이 그전과는 크게 달라집니다. 자신의 결정이 회사나 조직의 운명이나 성패를 좌우하게 되는데 그 책임은 오롯이 리더의 몫이 됩니다. 이런 책임감에 짓눌려 불안하고 초조해지죠. 적당한 불안은 결정을 신중하게 내리는 데 도움이 되지만 과도한 불안은 현상을 왜곡하고 단기간 실적에 집착하게 만드는 원인이 되기도 합니다.

불안감이 높은데 여러 사람들 앞에 노출되는 경우가 많다 보면 심장박동이 증가하고 숨이 막힙니다. 소위 사회공포증social phobia이라고 하는 것인데요. 심한 경우에는 공황발작이 일어나기도 합니다. 그래서 리더는 실수하지 않도록 꼼꼼하게 확인하고, 또 재확인하는 경우가 많습니다. 세무나 회계 전문가는 물론 경영을 책임지는 리더도 이런 경우가 많은데요. 이것이 강박적인 성향으로 발전합니다. 지나치게 반복 확인하는 탓에 주위 사람들이 힘들어합니다.

이처럼 리더가 짊어진 압박감은 히스테리성 성향histrionic trait으로 나타나기도 합니다. 감정 표현이 격해지고 주변의 관심이 떨어질 때 불안해합니다. 감정의 기복이 크고 우울증이 오는 경우도 흔하죠. 상담을 해보면 자신이 관심에서 멀어지고 비난을 받게 되면 마치 가슴이 뻥 뚫린 것 같은 공허감을 느낀다고 해요. 타인의 관심과 인정에 집착하다 보면 결정을 내리는 일이 큰 부담이 됩니다.

또 어떤 경우에는 리더가 되면 자기애적 성향이 강해지죠. 자신에 대한 과장, 인정받고 싶어하는 욕구, 타인에 대한 공감의 결여가 그 특징입니다. 자신이 타인과 비교가 안 될 정도로 우월하다고 느낍니다. 이런 리더는 권력지향적이고 타인을 지배하려는 경향이 강합니다. 일은 잘한다는 평가를 받는데 주위 사람들은 권위적이고 독단적인 행동에 상처를 받습니다.

이런 타입은 자신이 가진 콤플렉스를 감추기 위한 경우가 많습니다. 콤플렉스는 리더가 되기까지 강력한 성취 동기가 되지만, 이것을 잘 다루지 못하면 리더는커녕 평범한 구성원조차 되기 힘듭니다. 특히나 소통이 강조되는 요즘 이런 사람은 자신의 생각을 남에게 강요하기 때문에 함께 일하기 힘든 사람 취급을 받습니다. 사실 리더가 느끼는 압박감은 특별한 증상이 없습니다. 불면, 식욕부진, 두통, 근육통 등 일상적인 증상으로도 나타나기 때문에, 굉장히 고통스러운데도 스스로 인지하기도 어렵습니다. 곁에 있는 리더를 비난하기 전에 한번쯤 관심을 가져주는 것이 필요합니다. 본인이 깨닫지 못하면 주위 사람들이 도와줄 필요가 있습니다.

평소에는 점잖고 신사처럼 보이던 사람이 술을 마시고 전혀 다른 사람이 되는 경우가 있습니다. 마치 《지킬 박사와 하이드》에 나오는 헨리 지킬 박사처럼 그 사람의 됨됨이를 생각하면 도저히 이해할 수 없는 행동이 일어납니다. 술을 마시고 술자리에 있던 사람을 폭행한다거나 성추행을 하는 경우가 기사화되곤 합니다. 최근 우리 사회에 문제가 되고 있는 '갑질 논란'과도 관련이 있습니다. 자신의 권력이나 위세를 이용해서 자신보다 '을'의 위치에 있는 사람에게 폭언이나 폭력을 가하는 것입니다. 당한 '을'은 자존심에 상처를 입고 분노감이 커지게 됩니다. 하지만 이러한 갑질 논란의 중심에 술이 있다는 사실에 주목해야 합니다. 대부분의 사고가 술을 마시고 난 후에 충동조절이 안 되는 상황에서 발생합니다.

저는 우리나라 국민 중 술을 마신 경험이 있는 9461명을 대상으로 연구를 했습니다. 이들 중 술을 마시고 나서 심하게 싸운 적이 있거나 음주운전을 해서 법적인 처벌을 받은 경험이 있는 경우를 '알코올 유발성 탈억제Alcohol-induced disinhibition'라고 합니다. 전체 국민의 5.96퍼센트로 적지 않은 숫자였는데 남자가 2배 더 많았습니다. 탈억제가 있는 경우는 평소에도 일반인보다 쉽게 흥분하는 경향이 있었는데 충동조절장애가 동반된 것으로 나타났습니다. 이는 자살시도의 위험도 1.79배 증가하는 것으로 나타났는데, 특히 우울증과 같이 동반되면 자살시도 위험이 6.86배까지 증가하는 것으로 나타났습니다. 〈기분장애학회지Journal of Affective Disorders〉 11월 호에 발표되었습니다.

알코올 유발성 탈억제는 술을 많이 마신다거나 오래 마신 것과는 무관하게 발생했고 타고난 개인적인 성향이 있는 것으로 보입니다. 이들은 술을 중단하면 금단 증상으로 무척 예민해지고 심장이 심하게 두근거리며 몸이 약해진 듯한 느낌을 다른 음주자들보다 많이 경험했습니다. 알코올은 중추신경을 억제하는 작용이 있는데 이마 쪽 뇌인 전두엽을 억제하면 전두엽이 변연계에서 발생하는 감정을 제어하지 못해서 다소간 기분이 고양되고 즐거움을 느끼는 현상이 발생합니다. 그런데 알코올 유발성 탈억제가 있는 분들은 전두엽 억제의 정도가 갑자기 매우 크게 발생해서 충동조절장애를 유발하는 것으로 보입니다.

자신이 알코올 유발성 탈억제가 있는지는 스스로는 잘 모를 수 있습니다. 자신과 함께 음주를 해본 사람의 조언을 귀담아들을 필요가 있습니다. 술을 먹으면 공격성이 증가하고 말을 함부로 하는 것 같다고 조언을 들으면 주의해야 합니다. 자신은 기억이 잘 나지 않을 수도 있습니다. 이 경우는 스스로 탈억제가 잘 발생한다는 사실을 알고 있어야 합니다. 왜냐하면 알코올뿐 아니라 수면제, 안정제, 항우울제, 마취제 등 다양한 약물에 의해서도 발생할 수 있기 때문입니다. 우울증이 동반되는 경우에는 자살 충동이 더욱 심하게 발생합니다. 우울증이 발생하면 전두엽 기능이 더 저하되기 때문입니다. 역설적으로 우울증으로 인해 잠이 오지 않아 복용한 수면제가 오히려 충동을 증가하게 만들 수 있습니다.

알코올 유발성 탈억제가 있다고 생각되면 정신건강 전문의의 정확한 평가와 조언을 듣고 문제가 발생하지 않도록 해야 합니다. 알코올 중독에 비해서 알코올 유발성 탈억제는 사회 지도층이나 전문직에도 많습니다. 다른 사람의 시선과 이목 때문에 모든 것을 억제하고 자신을 조절하며 살아오던 것이 한순간 술 몇 잔에 공격 본능이 폭발해서 회복하기 힘든 상처를 줍니다. 자신을 돌아보고, 또

주위에 알코올 유발성 탈억제로 충동조절장애가 생기는 사람이 있는지 잘 살펴보고 알려주면 스스로 조절하는 데 큰 도움이 될 것입니다.

머리를
다친 뒤

갑자기 분노조절이
안 되는 사람

　영철씨는 정년퇴직한 지 2년 된 62세 남성입니다. 그는 평생 중소기업에서 일하며 성실하게 살아왔습니다. 문제는 3개월 전에 내리막길을 걸어 내려오다가 돌부리에 걸려 앞으로 넘어지면서 발생했습니다. 보도블록에 머리를 강하게 부딪쳤고 피를 흘리면서 의식을 잃었습니다. 그가 눈을 떠보니 응급실 침대에 누워 있었습니다. 걱정스럽게 자신을 보고 있는 가족들을 보며 '살았구나' 하는 생각이 들었습니다. 하루 정도 정신을 잃고 누워 있었다고 하는데 그는 전혀 기억이 나지 않았습니다. 자신의 머리를 만져보니 붕대로 칭칭 감겨 있었습니다. 갑자기 머리가 지끈지끈 아프고 어지러운 느낌이 들었습니다.

영철씨는 다행히 골절은 없었지만 뇌 내 출혈이 발생한 상태였습니다. 이마를 땅에 부딪치면서 전두엽 내 출혈이 발생한 것입니다. 신경외과 진료를 받았지만 수술할 상황은 아니었고 출혈이 멎을 때까지 안정을 취하며 입원해 있었습니다. 다행히 출혈은 잘 멎었고 일주일 만에 퇴원할 수 있었습니다. 그 뒤로 두통과 어지러움증 같은 신체 자각 증상도 차츰 없어졌고 팔다리 움직임에도 전혀 문제가 없었습니다. 그는 천만다행이라고 생각했습니다. 다만, 다시 넘어지지 않을까 걱정이 되어 항상 조심하고 다니게 되었습니다.

그런데 영철씨는 사고 이후에 변화가 생겼습니다. 운전을 하다가 다른 차가 앞으로 끼어들면 심한 분노가 차올라 창문을 열고 소리를 지르는 일이 생겼습니다. 동승자들이 놀라 싸움을 말리는 일도 여러 번 있었습니다. 한번은 버스를 타려고 줄을 서 있는데 앞에 사람이 새치기를 하자 갑자기 큰소리를 질러서 줄 서 있던 사람들이 놀라는 일이 있었습니다. 가족들이 보기에 영철씨가 분노조절이 잘 안 되는 것 같은 느낌이 들었습니다. 하지만 영철씨는 자신에게는 아무 문제가 없고 질서를 지키지 않고 끼어든 사람들이 문제라고만 생각했습니다. 이전보다 목소리도 무척 커져서 가족들도 깜짝깜짝 놀라는 일이 자주 있었습니다.

　조마조마한 상태가 계속되다가 결국 큰일이 나고 말았습니다. 하루는 영철씨가 아파트 윗집에서 쿵쿵거리는 소리를 가만히 듣고 있더니 "윗집에서 나를 괴롭히는 것을 더 이상 못 참겠다"며 밖으로 뛰쳐나갔습니다. 그 길로 영철씨는 윗집으로 올라가 발로 문을 차고 당장 나오라며 소리를 질렀습니다. 결국 윗집 사람과 말싸움을 하게 되었고 온 가족이 나가서 말리는 상황이 벌어졌습니다. 심지어 경찰이 출동해서 현행범으로 파출소에 가게 되었습니다. 파출소에 가서도 함께 간 윗집 주민에게 고함을 지르는 통에 합의가 되지 않았습니다. 결국 경찰서에 여러 번 출두해야 하는 처지가 되었고 가족들이 나서서 사과를 해서 겨우 합의가 되었습니다.

　그 후 영철씨가 조용히 지내는가 싶었는데 그게 아니었습니다. 가만히 보니 전기매트를 엄청나게 많이 사서 뜯지도 않고 방에 두는 것이었습니다. 가족들이 그가 외출할 때 몰래 따라가보니 상가에 물건을 쌓아놓고 노인들에게 전기매트를 파는 다단계 업체에 가는 것이었습니다. 영철씨는 자신에게 할당된 수량을 채우느라 매트를 구입했던 것이었으며, 다단계에서 만난 사람들과 어울려 지내고 있었습니다. 평소 조용하고 물건 구입에도 신중한 편이었던 영철씨에게는 처음 있는 일이었습니다.

　자신에게 아무 문제가 없고 진료받을 필요가 없다는 영철씨를 가족들이 간곡하게 설득해 정신건강의학과를 찾았습니다. 영철씨는 기억력에는 문제가 없었지만 충동성이 매우 증가한 상태로 간단한 검사에도 집중하지 못하고 자꾸 틀렸습니다. 검사가 잘 진행이 안 되자 검사자에게 화를 내기도 했습니다. 검사 소견에서 치매는 아니지만 주의력이 지속적으로 떨어져 있었고 '충동조절장애'가 있는 것을 관찰할 수 있었습니다. 영철씨가 보이는 이 충동조절장애는 3개월 전에 뇌출혈이 있을 때 찍은 사진에서 실마리를 풀 수 있었습니다. 전두엽 중에서도 눈 뒤쪽의 안와전두엽에 출혈이 있었습니다. 다시 뇌 MRI를 촬영해보니 출혈된 부위의 혈액이 흡수되면서 뇌연화증이 발생한 것을 볼 수 있었습니다. 뇌연화증이란 뇌졸중, 뇌의 외상 등으로 혈액이 흐르지 못해서 뇌 조직이 사멸·붕괴하는 현상을 말합니다.

　영철씨는 넘어지면서 이마를 부딪쳐 그 충격으로 안와전두엽에 뇌연화증이 발생했습니다. 안와전두엽은 뇌의 중심에 있는 변연계와 직접 연결되어 변연계에서 발생하는 인간의 기본적인 충동을 억제하는 역할과 상황에 맞게 조절하여 사회적 행동을 수행하도록 돕는 기능을 담당합니다. 안와전두엽이 망가지면 분노조절이 안 되고 매너가 없는 듯한 느낌을 주게 됩니다. 결국은 주변 사람들에게 비난당하면서 우울해지고 자존심도 바닥으로 떨어지는 극단의 상황으로 진행되게 됩니다.

영철씨는 치료를 받으며 이전의 모습으로 되돌아갔습니다. 화를 내는 일이 거의 없게 되었고 층간소음에도 자극받지 않게 되었습니다. 케이크를 들고 가 위층 주민에게 사과를 하기도 했습니다. 그분도 흔쾌히 사과를 받아주어 관계가 회복되었습니다. 다단계 업체에서 구입한 전기매트도 모두 직접 환불했고 다시 그곳에 가지 않게 되었습니다. 또한 가족들의 이야기를 경청하고 자신에게 문제가 없는지 다시 한번 확인해보는 여유를 가지게 되었습니다. 가족들도 영철씨가 이전에 머리를 다친 것 때문에 충동조절장애가 왔다는 사실을 이해하고 이제는 안심할 수 있었습니다.

자면서
소리를 지르고

주먹질과
발길질을 하는 남자

　　철민씨는 건강하게 살아온 70대 남성입니다. 반년 전부
터 잘 때 소리를 지르고 몸부림을 심하게 쳐 아내인 영주씨가
깨는 일이 자주 있었습니다. 그런데 철민씨가 자면서 하는 행
동들이 점점 더 심해지면서 가족들은 자다가도 철민씨가 지
르는 소리에 깜짝 놀라 달려올 정도였습니다. 하지만 철민씨
는 잘 자고 있었습니다. 자면서도 마치 자신이 꾸는 꿈을 방
송이라도 하듯이 중얼거리며 허공에 펀치를 날리고 발길질
을 하고 있었습니다. 가족들은 걱정은 되었지만 평소에도 잠
버릇이 심한 편이라서 그냥 넘어갔다고 합니다.
　　그런데 결국 일이 벌어졌습니다. 잠꼬대로 주먹질을 하
다가 옆에서 자고 있던 영주씨의 가슴을 때려 갈비뼈를 부러

뜨린 것이었습니다. 철민씨는 자신이 절대 일부러 한 것은 아니라고, 꿈속에서 산에서 나온 곰을 때려잡으려던 것이었는데 영주씨가 맞은 것이라며 심한 죄책감에 시달려야 했습니다. 그럼에도 영주씨는 더 이상 철민씨 옆에서 자는 것이 무서워 철민씨와 같은 방에서도 잘 수가 없었고, 결국 각방을 쓰게 되었습니다. 하지만 밤마다 철민씨가 중얼거리거나 소리를 질러서 다른 방에서 자도 자꾸 깨기 일쑤였습니다.

철민씨에게는 다른 변화도 있었습니다. 검은 고양이가 집 안을 빠르게 지나다닌다고 말하는 것이었습니다. 하지만 집에서 고양이를 키운 적이 없었습니다. 고양이뿐 아니라 강아지, 심지어는 말이나 사슴이 집 안을 뛰어다니는 모습도 보인다고 했습니다. 영주씨가 지켜보니 철민씨는 식사를 할 때도 손을 심하게 떨었습니다. 걸어다닐 때도 종종걸음으로 걸어서 자주 위태로워 보였습니다. 가족들은 철민씨의 이런 증상을 보고 병원에 데려가야겠다고 하다가도 철민씨가 갑자기 좋아지기도 해서 갈피를 잡기 힘들었습니다. 철민씨의 행동은 이전보다 무척 느려진 것 같았습니다. 이전과는 다르게 멍하게 있는 시간도 많아졌습니다. 창밖에 있는 나뭇가지를 보면서도 아이들이 그네를 뛰고 있다고 말하기도 했습니다.

어느 날 철민씨는 화장실을 가다가 넘어지고 말았습니

다. 다행히 골절은 되지 않았지만 철민씨의 걸음걸이는 점점 더 위태로워 보였습니다. 갈수록 증상이 심각해져 철민씨는 가족들과 함께 정신건강의학과를 방문하게 되었습니다.

가족들은 철민씨가 자면서 소리를 지르고 주먹질과 발길질을 하고 걸음걸이가 불안정한 것에만 신경을 쓰고 있었습니다. 하지만 상담 결과 철민씨는 자기만의 망상을 가지고 있었습니다. 자신이 사는 곳은 아파트가 아니라 동물을 키우는 농장이라고 생각했습니다. 그리고 누가 자꾸 자신을 잡으러 온다는 것이었습니다. 그 이유는 자신이 동물을 많이 기르고 있기 때문이라고 설명했습니다. 그도 그럴 것이 철민씨의 눈에는 온갖 동물들이 실제로 보였습니다.

아무것도 없는데 눈에 보이는 것을 '환시'라고 합니다. 몸이 경직되고 떨리며 느려지는 것을 '파킨슨 증상'이라고 합니다. 하루에도 오전·오후로 기억력, 집중력, 시간이나 공간에 대한 파악 능력이 변화하는 것을 '인지기능의 변동'이라고 합니다. 환시, 파킨슨 증상, 인지기능의 심한 변동을 보이는 병을 '루이체 치매'라고 합니다. 이것은 '알츠하이머 치매'와 다르며 '루이체'라고 하는 물질이 뇌에 광범위하게 발생하는 치매로, 국내에서 전체 치매 환자 수의 3.4퍼센트를 차지하는 것으로 알려져 있습니다.

루이체 치매에서 보이는 가장 흔한 증상이 '렘수면 행동장애'입니다. 잠을 잘 때 꿈을 꾸는 렘수면과 꿈을 꾸지 않는 비렘수면이 반복적으로 나타나게 됩니다. 정상적으로는 렘수면 중에는 호흡근을 제외하고 온몸의 힘이 빠지면서 심한 움직임이 없어지게 됩니다. 하지만 렘수면행동장애가 생기면 근육의 힘이 빠지지 않아 꿈의 내용을 말하기도 하고 꿈의 내용에 따라 움직이게 됩니다.

철민씨에게 신경인지기능 검사를 진행했습니다. 철민씨는 단기 기억력도 떨어져 있었지만 가장 문제가 되는 것은 시각적 기억력과 판단력이 크게 떨어진 점이었습니다. 가족들이 철민씨를 보고 놀란 것은 철민씨가 시계를 보고도 몇 시인지 모른다는 점이었습니다. 철민씨에게 시계를 본 뒤에 종이에 다시 그려보라고 하면 보았던 시계 모양을 거의 그리지 못했습니다. 시각적인 파악 능력이 루이체 치매로 인해 크게 떨어져서 사물의 모양이나 원근 확인이 되지 않았습니다. 철민씨는 마치 한쪽 눈을 감고 세상을 보는 것처럼 멀리 있는 물체와 자신 사이의 거리를 알기 어렵게 되었습니다. 이 때문에 문지방에 걸려 넘어진 것이었습니다.

철민씨는 루이체 치매로 치료를 받으면서 이전보다 기억력도 다소 나아지고 보행도 더 좋아졌습니다. 지금은 정신건강의학과, 신경과, 내과 등 여러 과의 전문의 간의 협진 진료를 받고 있습니다. 가족이나 간병인은 루이체 치매가 있는 분들이 음식을 먹다가 사레에 잘 걸린다는 것을 명심해야 합니다. 루이체 치매가 있는 분들은 음식을 연하하는 기능이 떨어져 음식이 쉽게 기도로 넘어갈 수 있습니다. 그렇게 되면 흡인성 폐렴에 걸리게 됩니다. 음식을 먹고 나서는 등을 두들겨 주고 30분 정도는 눕지 말고 앉아 있도록 해야 합니다. 떡이나 젤리는 피하게 하는 것이 좋습니다.

또한 루이체 치매가 있는 분들은 원근감을 파악하는 능력과 균형 감각이 떨어져 넘어지거나 미끄러지기 쉽습니다. 목욕탕 바닥에 미끄럼 방지 스티커를 붙이거나 매트를 까는 것도 도움이 됩니다. 자다가 소리를 지르거나 주먹질과 발길질을 하는 것은 약물 치료를 하면 많이 좋아지지만 어떤 약은 루이체 치매를 오히려 악화시킬 수 있으므로 정신건강의학과 전문의와의 상담이 필요합니다.

철민씨는 치료를 받으면서 이전보다 멍한 것도 줄어들고 똑바로 걸을 수 있게 되었습니다. 밤에 소리를 지르거나 발길질을 덜하게 되어서 영주씨도 옆에서 잘 잘 수 있게 되었습니다. 조기 발견과 치료를 한 덕분에 많이 호전되어 가족들도 안심할 수 있게 되었습니다.

어린 시절 폭언을
많이 듣고

자란 청년

동주씨는 28세로 대학을 졸업하고 집에서 백수로 지내고 있습니다. 회사에 입사한 적도 있었지만 상사가 자신을 불편하게 한다며 그만둔 것이 벌써 세 번째입니다. 그는 회사에서 선임들과 같이 있으면 무척 불편해 그 자리를 빠져나가고 싶다고 합니다. 가족들이 보기에는 어릴 때 운동을 해서 몸도 건강한데 침대에만 누워 지내니 한심한 놈으로 생각되었습니다.

동주씨는 초등학교 때 우연히 어머니 손에 이끌려 구기 운동을 하기 시작했습니다. 그는 보통 키에 체격이 좋은 편은 아니었지만 운동부 코치는 동주씨가 운동에 특별한 재능이 있다고 치켜세웠습니다. 동주씨도 운동을 하는 것이 재미있었고 앞으로 대학도 운동 관련 과로 진학하기로 마음 먹었습니다. 동주씨의 부모님은 대회 때마다 따라다니면서 동주씨를 응원하고 뒷바라지를 했습니다.

그 뒤 동주씨는 중학교에 진학했고, 동주씨가 다니게 된 학교의 운동부는 전국체전과 세계 대회 입상을 통해 학교의 명예를 드높이는 데 목표가 있었습니다. 동주씨가 느끼기에 이전보다 운동의 강도가 매우 세졌고 제대로 하지 못하면 코치에게 욕을 먹는 경우가 많아졌습니다. 동주씨는 다른 친구들처럼 키와 체격이 크게 성장하지 않았고 체력 싸움에서부터 밀리는 경우가 많았습니다.

한번은 동주씨의 학교가 중요한 전국체전에서 예선탈락을 하는 일이 있었습니다. 이 때문에 팀 전원이 단체 기합을 받게 되었습니다. 동주씨는 코치에게 "운동은 팀워크가 중요한데 동주 너 때문에 우리 팀이 엉망이 되었다. 너 이리 나와"라고 욕을 먹으며 모든 동료들이 보는 앞에서 여러 차례 따귀를 맞았습니다. 그는 너무 아팠지만 부끄러움이 더 컸고 팀이 탈락한 것이 자신의 잘못으로 생각이 되어 뺨보다 마음이 더 아팠습니다. 집에 가서 부모님께 더 이상 운동을 하지 못하겠다고 말씀드렸더니 부모님은 불같이 화를 내며 "네가 할 수 있는 것이 뭐가 있는데, 공부를 잘할 수 있니? 못난 놈"이라며 욕을 하고 주먹으로 동주씨의 머리를 때렸습니다. 동주씨도 이 상황에 너무 화가 나 문을 박차고 가출을 했습니다. 하지만 추운 겨울에 동주씨가 있을 곳은 어디에도 없었고 하루만에 집으로 돌아오고 말았습니다.

동주씨는 운동부에서 더 이상 주전으로 뛰지 못하게 되었고 허드렛일을 돕는 경우가 많아졌습니다. 자존심이 몹시 상했지만 운동부가 잘 되면 대학에 가는 데 도움이 될 수 있다고 해서 참고 견뎠습니다. 코치는 동주씨를 동료들이 있는 앞에서 무시하고 욕을 하는 경우가 자주 있었고, 동주씨는 그때마다 마음속에서 솟아나는 엄청난 분노를 느꼈지만 간신히 억누를 수 있었습니다. 그날 밤에는 모멸감으로 죽고 싶은 생각이 들어 잠을 이루지 못했습니다. 마음속으로 자신을 욕한 사람들에게 더 심한 욕을 했습니다.

동주씨는 대학에 들어간 뒤로도 친구들과 어울리기 힘들었고 혼자 지내는 일이 많았습니다. 그는 즐거운 일이 없었고 살아가는 것이 의무처럼 생각이 되었습니다. 가끔 자신도 모르게 이유 없는 분노가 솟구칠 때가 있었는데 그럴 때는 체육관에 가서 샌드백을 두들겨 패곤 했습니다. 중고등학교 때처럼 자신을 괴롭히는 사람도 없는데 왜 이렇게 마음이 불편한지 알 수 없었습니다. 강의도 듣기 싫고 혼자 지내는 것이 편했습니다. 유일한 취미는 게임을 하는 것이었는데 주로 전쟁에 참여해 상대 팀을 모두 죽이는 게임을 좋아했습니다.

동주씨는 이유 없는 무기력감, 우울감, 분노감이 지속되어 인근 정신건강의학과 의원을 내원했습니다. 검사 결과 그는 어린 시절 자신에게 모욕을 주고 폭행한 코치와 팀 동료에 대한 심한 분노감을 억압하고 있었습니다. 어린 시절 경험은 동주씨에게 트라우마가 되고 있었습니다. 동주씨가 학교나 직장에 가거나 게임을 하면서 어떤 팀에 소속이 되면 그 당시 윗사람이나 동료에 대한 경계심과 분노를 재경험^{reexperience}하게 됩니다. 재경험이란 과거의 부정적 경험이나 정서 또는 갈등상태를 다시 떠올려 현재 경험하는 일을 의미합니다. 재경험이 되면 억압되어 무의식에 있던 분노가 수면 위로 올라오게 됩니다.

어린 시절 동주씨가 고통을 받고 있을 때 도와주는 사람은 아무도 없었습니다. 부모님도 오히려 가해자가 되었고, 학교와 사회는 목표를 달성하는 데에만 관심이 있었습니다. 그 안에서 트라우마를 반복적으로 당하며 고통받는 동주씨의 어린 영혼에는 아무도 관심이 없었습니다.

정신건강의학과 전문의와 상담과 치료를 받으며 동주씨는 그의 생애 처음으로 자신의 이야기를 들어주는 대상을 만날 수 있었습니다. 동주씨는 상담하는 상황에서 자신이 학습된 무력감^{Learned helplessness}을 가지고 있다는 것을 알게 되었습니다. 학습된 무력감이란 피할 수 없는 힘든 상황을 반복적으로 겪게 되면 그 상황을 피할 수 있는 상황이 와도 극복하려는 시도조차 없이 자포자기하는 현상입니다. 가족 상담을 통해 동주씨의 부모님도 동주씨가 얼마나 큰 고통을 겪고 살아왔는지 처음 알고는 눈물을 흘렸습니다.

이제 동주씨는 자신의 어린 시절의 기억으로부터 점차 자유로워지려고 합니다. 담당 의사가 자신의 안전기지 역할을 하게 된 것입니다. 그는 안전기지를 통해 얼굴에 쌓인 오래된 분노감이 줄어들고 편안한 미소로 바뀔 수 있는 날이 오기 위해 노력하고 있습니다. 하지만 사회적으로 더 중요한 것이 있습니다. 누구나 욕을 먹지 않을 권리가 있고 하나의 인격체로 존중받을 권리가 있습니다. 집단의 목표 달성을 위해 더 이상 개인의 마음을 희생하는 사회가 되어서는 안 됩니다.

내
스마트
기기의

공격

　영미씨는 30대 여성으로 대기업 마케팅 부서에 근무하고 있습니다. 하루 종일 스마트폰으로 문자메세지와 메신저를 확인하고 5초 내에 바로 답을 합니다. 커피는 하루에 다섯 잔 이상 아이스 아메리카노로 마십니다. 출퇴근 시에는 헤드폰을 끼고 음악을 듣습니다. 퇴근 후에는 SNS에 그날 찍은 사진을 올리고 사람들의 댓글을 확인하고 답장을 달거나 '좋아요'를 누릅니다. 물건을 살 때도 홈쇼핑이나 온라인 쇼핑을 이용합니다. 저녁 식사도 배달플랫폼을 이용해 주문합니다. 식사 후에는 투자해놓은 코인과 외국 주식의 시세를 앱으로 확인합니다. 그러고 나면 OTT 채널을 통해 영화를 봅니다. 영미씨는 주로 공포물을 시청하는 것을 좋아합니다. 자기 전에는 유튜브를 보면서 잠을 청합니다. 영미씨의 일상은 온종일 스마트 기기와 연결되어 있습니다. 그의 뇌는 자는 시간 이외에는 온종일 스마트 기기에서 나오는 끊임없는 정보를 받아들이느라 쉴 틈이 없습니다.

스마트 기기와 함께 살고 있는 영미씨에게 자신이 사용하는 기기들이 두려움의 대상으로 바뀌는 일이 생기게 되었습니다. 영미씨는 직장에서 부서의 팀장인 민철씨와 친하게 지냈습니다. 민철씨는 누가 보기에도 훈남이고 잘생긴 외모로 인기가 많았습니다. 그는 유부남으로 같은 직장 다른 부서의 동기와 사내 결혼을 한 상태입니다. 영미씨는 자신에게 잘 대해주는 민철씨가 좋았고 가끔 함께 맥주를 마시기도 했습니다. 그런데 사내 익명 게시판에 영미씨와 민철씨가 보통 사이가 아니라는 글이 올라오고 단둘이 맥주를 마시는 사진이 돌아다니게 되었습니다.

영미씨는 직장 동료들에게 자신과 민철씨에 대한 소문이 돈다는 이야기를 듣고 너무 놀랐습니다. 자신은 전혀 그런 의도가 아닌데 해명을 할 방법도 없고 속이 많이 상했습니다. 심지어 영미씨에게 욕하는 문자가 오기도 하고 자신의 SNS 게시물에 댓글로 욕을 하는 사람들도 있었습니다. 영미씨는 스마트 기기에서 알람이 울릴 때마다 깜짝 놀라게 되었습니다. 사내 게시판과 SNS를 계속 들여다보며 자신과 관련된 글이나 악플이 있는지 지속적으로 확인했습니다. 너무 큰 정신적인 스트레스에 영미씨는 결국 익명 게시판에 자신과 민철씨에 대한 글을 올린 사람을 찾아내 그에게 울며 항의를 했습니다. 그는 영미씨에게 미안하다며 글은 이미 내렸다고 했지만 영미씨에 대한 소문은 퍼질 대로 퍼진 상태였습니다. 글을 올린 이에게 피해배상 소송을 할 생각도 했지만 그러면 더 소문만 커질 것 같아 그만두었습니다.

영미씨는 자신이 그동안 편리하게 사용해오던 온갖 스마트 기기가 자신을 비난하고 조여오는 듯한 압박감이 들었습니다. 잠을 이루지 못하고 밤새 울다가 아침에 출근을 해야하는 일이 잦아졌습니다. 자려고 하면 심장이 두근거리고 스마트 기기에 혹시 이상한 글이 올라오지 않았는지 자꾸 확인하게 되었습니다. 자다가 깨면 다시 폰을 확인하는 일이 반복되었습니다. 이제 더 이상 직장을 다닐 수 있을까 하는 생각까지 이르게 되었습니다. 아무것도 할 수 없을 것 같은 생각이 들고 쉽게 눈물이 났습니다.

정신건강의학과 의원에서 검사를 해본 결과 영미씨는 우울증과 함께 교감신경계 항진으로 인한 심각한 과각성 상태였습니다. 영미씨는 작은 소리에도 깜짝 놀라고 집중이 되지

않았습니다. 회사와 민철씨에 대한 분노와 억울함으로 가득
차 있었습니다. 하도 억울해서 죽고 싶다는 생각도 자주 하고
있었습니다. 회사 생각만 해도 숨이 턱 막히고 불안이 증가했
습니다. 더 이상 업무에 집중하기 어려운 상태였습니다. 민철
씨와 유사한 남자의 사진만 봐도 분노가 치밀어 올랐습니다.
매일 새벽 3시가 넘어서야 잠에 들 수 있었고 스트레스로 인
해 새벽 폭식이 생겨서 체중이 벌써 10킬로그램 이상 늘었습
니다. 거울을 보면 체중이 늘어난 모습에 화가 나고 다시 그
소문이 생각났습니다.

　　정신건강의학과 의사는 영미씨가 이번 일로 무척 놀랐지
만 그전부터 지나치게 스마트 기기에 몰두했다는 것을 알게
되었습니다. 심지어 영미씨는 가족들이나 친구들과 있을 때
도 얼굴을 쳐다보지 않고 메신저로 이야기를 했습니다. SNS
에 자신의 일상 생활을 과장되게 올리며 하루 종일 댓글을 확
인하는 일에 열중했습니다. 마음과 몸이 편하게 이완되는 시
간이 없었습니다. 게다가 카페인을 과다 섭취하고 OTT로 공
포물을 자주 접하면서 긴장상태는 더욱 높아졌습니다.

　　미국 메이요클리닉에 의하면 하루에 네 잔 이상의 커피
를 마시면 부작용으로 두통·불면증·신경질·짜증·잦은 배뇨
또는 배뇨 조절 불능·빠른 심장 박동·근육 떨림이 발생할 수

있다고 합니다. 영미씨는 교감신경계의 작용이 과다 항진되어 있었습니다. 교감신경계는 부교감신경계와 함께 자율신경계의 한 축을 이루는 신경계통으로, 주로 긴장이나 공포·흥분 등의 감정을 느꼈을 때 신체를 활성화시키는 쪽으로 작용합니다. 교감신경이 항진된 상태에서 놀라거나 두려움을 느끼면 우울이나 불면, 공황이 유발될 수 있습니다.

치료 후 영미씨는 우울증과 과각성 상태가 호전되며 이전보다 편안하게 동료들을 대할 수 있었습니다. 당분간 SNS 계정도 폐쇄하기로 했습니다. 긴장과 불안이 높을 때는 카페인 섭취를 줄이고 코인과 외국 주식에 투자하는 것도 중단하기로 했습니다. 문자메세지나 메신저도 꼭 필요한 것만 확인하기로 했습니다. 우리가 편리하게 사용할 수 있는 스마트 기기나 SNS도 어느 순간 자신을 공격하는 무기가 될 수 있습니다. 특히 영미씨처럼 온라인상에서 문제가 생겼을 때 모든 것을 혼자 해결하려고 하면 더 일이 꼬이게 됩니다. 초기부터 주위에 도움을 요청하고 함께 문제를 해결할 수 있도록 해야 합니다.

갑작스럽게
고집이 세지고

말이 거칠어진
50대 남자

수영씨는 50대 남성으로 공무원 퇴직 후 작은 회사에 다니고 있습니다. 술을 좋아해서 거의 매일 동료들이나 친구들과 술자리를 했지만 큰 실수를 하는 일은 없었습니다. 대인관계도 원만하고 타인을 배려하는 편이어서 직장 내에서도 젊은 사원들과 잘 지냈습니다. 그런데 6개월 전부터 이전에 없던 변화가 나타났습니다. 고집이 세지고 다른 사람이 이야기를 해도 잘 듣지 않을뿐더러 자신의 뜻을 우기는 경우가 많아졌습니다. 직장에서 다른 사람들이 그의 주장이 옳지 않다고 해도 수영씨는 자신의 고집을 꺾지 않았습니다. 자신을 반대하는 사람들에게 화를 내고 작은 소리로 욕을 하는 일도 있었습니다. 결국 직장 동료들과 후배들이 수영씨와 함께 일하기 힘들다며 회사에 진정서를 내는 일이 생겼습니다. 하지만 그때까지만 해도 별 문제없이 지나갈 수 있었습니다.

한 달 전에 수영씨는 수영씨의 어머니 병원비 문제로 아내와 언쟁을 했습니다. 근데 이전과는 다르게 소리를 지르며 아내에게 욕을 하고 집에 있는 컵을 마룻바닥에 집어던져 박살낸 일이 있었습니다. 모든 가족들이 놀라서 그를 진정시켰지만 수영씨는 화를 참지 못했고 결국 다시 소리를 질러 옆집에서 경찰에 신고하는 일까지 생겼습니다. 수영씨의 아내와 자녀들은 이전과는 다르게 화가 나면 눈에 살기가 느껴지는 그를 보고 수영씨에게 뭔가 문제가 생긴 것이 아닌지 걱정하게 되었습니다.

결국 문제가 터지고 말았습니다. 수영씨가 친구들과 술을 많이 마신 다음 날이었습니다. 회사 직원이 가져온 보고서가 마음에 들지 않는다며 다른 직원들이 보는 앞에서 보고서를 바닥에 집어던지고 큰소리로 야단을 치는 일이 있었습니다. 그 직원은 회사에 수영씨를 직장 내 괴롭힘으로 신고하였고, 수영씨를 아껴 주던 사장님도 더 이상 도와줄 수 없게 되었습니다. 결국 수영씨는 회사에서 불명예스럽게 파면당하고 말았습니다. 집에서 이 문제로 아내와 다투다가 이번에는 스마트폰을 아내에게 집어던져서 아내의 얼굴에 상처가 났습니다. 결국 아내는 집을 나가게 되었고 이혼 위기에 몰리게 되었습니다.

수영씨는 자녀들의 간곡한 설득으로 정신건강의학과 외래 진료를 받게 되었습니다. 자녀들이 보기에 수영씨는 이전과 성격이 전혀 달라져 있었습니다. 진료실에서도 쉽게 화를 내고 흥분하는 모습을 보였습니다. 회사에서 있었던 일도 해당 직원에게 앞으로 잘하라고 훈계를 한 것뿐인데 무슨 문제가 되느냐며 오히려 직원의 인성에 문제가 있었다고 언성을 높였습니다. 자녀들이 보기에 이전에 신중하고 사려 깊던 아버지의 모습과는 전혀 다른 사람이 되어 있었습니다. 이러다가는 직장에서 사직당한 것에 이어 아내와도 이혼하게 될 것이 뻔한 상황이었습니다.

담당 정신건강의학과 전문의는 수영씨의 아내, 자녀와 함께 수영씨를 진료했습니다. 먼저 인지기능 검사를 진행했습니다. 기억력은 정상범위에 있었지만 자신이 하는 일이 어떤 결과를 나타낼지 미리 생각하고 계획하는 능력인 실행기능이 떨어져 있었습니다. 이로 인해서 생각이 단순해지고 융통성이 없어지고 고집이 세진 것으로 나타났습니다. 그리고 다른 사람을 배려하는 마음이 없고 공격적인 성향을 보였습니다. 뇌 MRI에서 이마쪽에 있는 전두엽과 양쪽 측두엽의 전

	알츠하이머 치매	혈관성 치매	전두측두엽 치매	루이체 치매
원인	뇌에 아밀로이드 플라크와 타우 탱글의 이상 침착	뇌경색이나 뇌출혈로 인한 뇌손상	전두엽과 측두엽의 위축	뇌에 루이체 침착
주 증상	최근 기억력 저하, 방향감각 저하, 말을 반복함	최근과 과거의 기억력 저하, 마비 증상	계획을 세우거나 조직화에 어려움을 겪음, 충동성	근육 경직, 환시, 얼굴 표정 감소, 시공간 능력 현저한 감소
첫번째 증상	기억력 저하	무감각, 낙상, 국소 근 위약	무감각, 판단력 저하	REM 수면 장애, 근육 경직
정신 증상	우울증, 불안	우울증, 망상, 불안	탈억제, 우울증	환시, 수면장애, 우울증, 망상
보행	처음에는 정상	초기부터 보행 기능 장애	처음에는 정상	종종걸음, 균형감각 저하
비율	60~70퍼센트	10~20퍼센트	10퍼센트	4퍼센트

표 3. 치매의 종류와 비교[17]

방부에 위축이 발견되었습니다. 이마 쪽 두개골과 뇌 사이에 빈 공간이 뚜렷하게 나타났습니다. 결국 수영씨는 전두엽과 양쪽 측두엽의 위축에 의해 성격 변화가 나타난 것인데 이를 '전두측두엽 치매'라고 합니다(표 3).

전두측두엽 치매는 전체 치매의 2~5퍼센트를 차지하고 있지만 사후 부검한 치매 환자에서 5~10퍼센트까지 발견됩니다. 일찍 발병하는 특징이 있어서 60세 이전에 발생한 치매에서 더 자주 나타납니다. 전두측두엽 치매가 오면 절제가 잘 되지 않는데 이전보다 술을 많이 마시는 행동도 흔히 동반되어 충동적인 행동을 할 가능성이 높습니다. 이로 인해서 가정폭력, 음주운전, 직장 내 괴롭힘 등을 유발할 수 있으며 폭력성이 자신에게 향하면 극단적인 행동의 위험을 높일 수도 있습니다. 알츠하이머 치매에 비해 기억력 저하는 초기에 많지 않아 치매로 보기 어려울 수도 있습니다. 전두측두엽 치매의 20~40퍼센트에서 가족력이 있기 때문에 부모에서도 비슷한 형태의 치매가 있었다면 주의를 할 필요가 있습니다. 수영씨는 가만히 생각해보니 돌아가신 자신의 아버님도 자신과 비슷한 증상을 보였다는 사실을 깨닫게 되었습니다.

수영씨는 가족들과 함께 검사 결과를 확인하면서 자신의 뇌에 문제가 있다는 사실을 받아들이게 되었습니다. 아내나 자녀도 수영씨의 성격 변화가 전두측두엽 치매의 초기 증상이었다는 것을 알게 되면서 서로 이해하게 되었습니다. 수영씨는 적극적으로 치료를 받으면서 그 직원에게도 이유를 설명하고 사과했습니다.

수영 씨는 치료 후에 다시 이전의 차분하고 사려 깊은 성격으로 회복될 수 있었습니다. 아내나 자녀가 이야기하면 신중하게 듣고 되도록 이해하고 수용하려고 노력했습니다. 그리고 음주와 흡연을 줄이고 하루에 1만보 걷기 운동을 시작했습니다. 직장은 그만두게 되었지만 가정은 지킬 수 있었습니다. 자신이 이유 없이 흥분하거나 마음이 급해지면 항상 다른 사람의 이야기를 듣고 자신을 조절하려고 노력하고 있습니다. 자신의 몸을 통제하는 뇌 전두엽은 위축되었지만 치료를 통해서 마음으로 자신을 통제할 수 있는 방법을 배우게 되었습니다.

자신을
비난하는

성향을 가진
사람

○
○
○

　민숙씨는 50대 여성으로 남편과 함께 살고 있습니다. 남편은 한 달 전 대장암으로 수술을 받았습니다. 다행히 초기에 암이 발견되어 대장의 일부만 절제하고 항문을 유지할 수 있었습니다. 민숙씨는 남편이 대장암이 걸린 것이 자신이 남편을 제대로 돌보지 못한 탓이라고 자책하게 되었습니다. 남편이 배를 아파할 때면 가슴이 철렁 내려앉고 암이 재발하지 않을까 불안에 사로잡힙니다. 남편이 정기 검사를 받으러 병원에 갈 때면 며칠 전부터 잠을 이루지 못하고 노심초사합니다. 민숙씨의 남편은 집에서 주로 누워 있고 활동도 거의 없습니다. 남편의 병이 그다지 심하지 않다고 하지만 그래도 민숙씨가 모든 것을 챙겨주어야 하는 상황입니다.

그러던 중 큰딸이 결혼 1년 만에 이혼을 해서 집으로 짐을 싸서 들어오는 일이 있었습니다. 딸에게 다시 사위와 재결합하라고 달래기도 하고 화를 내기도 했습니다. 딸만 보면 '네 인생 망쳤다'고 눈물을 흘리며 소리를 질렀습니다. 결국 딸이 이혼하게 된 것도 남편 간병을 하느라 딸을 제대로 챙기지 못한 자신 탓이라고 가슴을 쳤습니다.

이런 중에 아들인 둘째가 직장을 그만두는 일이 생겼습니다. 민숙씨는 멀쩡하게 다니던 대기업을 그만두고 레스토랑을 운영하겠다는 아들의 이야기를 듣고 쓰러질 뻔했습니다. 항상 대기업에 다니는 아들을 자랑으로 생각하고 있었는데 이제 모든 것이 끝났다는 생각이 들었습니다. 민숙씨는 아들에게 사표를 철회하라고 말렸지만 아들은 이미 가게를 운영할 장소를 계약해놓은 상태였습니다.

민숙씨는 남편도 자식도 하나 제대로 되는 것이 없다는 생각이 들었습니다. 자신의 소식이 다른 사람들에게 알려지는 것이 두려워 그 뒤로 집 밖으로 나가지 않게 됐고 친구들이나 친척들과도 연락을 하지 않게 되었습니다. 집에서 혼자 남편 병간호와 다 큰 자식들의 뒷바라지를 하고 식사를 챙기느라 이전보다 더 힘이 들었습니다. 생활비도 더 많이 들어서 경제적으로 점점 더 어렵게 되었습니다.

민숙씨는 우울한 기분에 휩싸였습니다. 그는 가족들에게 항상 미안해했고 가족들이 화를 내면 심장이 두근거리는 불안을 느꼈습니다. 가족들은 민숙씨의 도움을 당연하게 생각했습니다. 민숙씨가 얼마나 우울하고 불안한지에 대해서는 잘 알지 못했습니다.

민숙씨는 끝이 보이지 않는 우울의 터널에서 벗어나는 방법은 평생 없을 것이라고 생각하게 되었습니다. 그리고 초등학교 때 어머니가 교통사고로 사망한 기억을 떠올리게 되었습니다. 가족이 모두 아버지가 운전하는 차를 타고 가던 중에 반대편에서 중앙선을 넘어오는 차와 정면으로 충돌했습니다. 자신과 아버지는 입원 치료 후에 살았지만, 조수석에 타고 있던 어머니는 그 자리에서 사망하고 말았습니다. 민숙씨는 어릴 때부터 어머니가 돌아가신 것 또한 자신의 잘못이라고 막연하게 생각하며 자라왔습니다.

어머니가 돌아가신 뒤 큰딸이었던 민숙씨는 어머니 역할을 대신하게 되었습니다. 동생들을 챙기고 아버지 식사도 준비해야 했습니다. 정작 자신을 위해서는 시간을 많이 쓰지 못했습니다. 그런 중에도 공부를 잘했지만 남동생을 위해 대학에 가는 것 또한 포기했습니다. 옷을 만드는 공장에 다니면서 번 돈을 가지고 동생들의 학비를 대주는 역할을 했습니다. 동생들은 모두 대학을 나와 잘 성장했지만 정작 자신에게 남은 것은 아무것도 없었습니다.

민숙씨는 인근 정신건강의학과 의원을 방문하게 되었습니다. 그는 평생에 걸쳐 오랜 기간 동안 우울감이 지속되고 있었는데 이를 정신의학에서는 '기분부전증'이라고 합니다. 기분부전증은 최소 2년 이상 하루의 대부분 우울한 기분을 가지며 우울한 날이 그렇지 않는 날보다 더 많은 것을 특징으로 합니다. 그는 기분부전증과 함께 상실에 대한 불안감을 가지고 있었습니다. 초등학교 시절 어머니가 사망하면서 어머니 역할을 해왔고, 가족들이 어머니처럼 없어지거나 문제가 생기지 않을까 하는 오랜 불안감이 있었습니다. 하지만 민숙씨는 어머니의 사망에 책임이 없고 오히려 사고의 피해자입니다.

민숙씨는 이제는 자신을 돌볼 수 있는 시간을 가져야 합니다. 남편의 병도, 딸의 이혼도, 아들이 직장을 그만둔 것도 민숙씨의 탓이 아닙니다. 그들은 자신의 인생을 사는 사람들이고 도움을 줄 수는 있지만 책임은 그들의 몫입니다. 민숙씨의 지나친 책임감의 이면에는 어린 시절부터 굳어진 근본적인 죄책감이 있습니다. 하지만 이제 그 죄책감에서 자유로워져야 합니다. 민숙씨가 가족들의 문제를 자신의 탓으로 돌리면 돌릴수록 가족들은 민숙씨에게 점점 더 의지하게 됩니다. 가족들은 민숙씨와는 반대로 민숙씨에게 의지하면서 그만큼 마음이 편해집니다.

민숙씨는 정신건강의학과 상담을 받으면서 자신을 위해 처음으로 타인의 도움을 받았다는 생각을 하게 되었습니다. 그동안 민숙씨의 인생은 가족을 위해 희생하는 쪽이었지만 앞으로는 자신만을 위한 시간을 가져보기로 했습니다. 자식들은 이제 민숙씨의 옆에서 도움을 받지 않고 집에서 분리·독립되어야 합니다. 남편은 자신의 병을 스스로 관리하고 환자라는 역할에만 빠져들지 말아야 합니다. 대장암 못지않은 고통을 주는 민숙씨의 기분부전증이 얼마나 힘든지 이해하고 치료에 도움을 주기로 했습니다. 결국 민숙씨는 치료 후에 이전보다 우울감과 죄책감에서 벗어나고 자신을 비난하는 것도 줄일 수 있게 되었습니다.

자녀들에게
좋은 기억을

만들어줘야 하는
이유

영도씨는 30대 후반으로 음식점을 하면서 초등학생인 아들 둘을 키우고 있습니다. 그는 아들들을 엄격하게 훈육하는 것을 양육 원칙으로 하고 있습니다. 두 아들이 숙제를 늦게 하거나 식사 시간에 늦으면 야단을 칩니다. 그래도 말을 듣지 않으면 회초리를 드는 경우도 있습니다. 그의 목표는 두 아들이 바르게 자라서 좋은 학교에 입학하는 것입니다. 영도씨는 아이들이 시험을 앞두고는 교과서의 공부한 내용을 확인하고 제대로 알고 있지 않으면 혼을 냅니다. 두 아들은 영도씨의 이러한 훈육 방법에 잘 길들여져서인지 말을 잘 듣고 신속하게 움직입니다.

그러던 어느 날 둘째 아들의 학교 담임 선생님이 영도씨에게 연락을 해왔습니다. 아들이 학교에 오지 않았다는 것입니다. 영도씨와 그의 아내는 수소문 끝에 인근 PC방에서 게임에 몰두하는 아들을 찾을 수 있었습니다. 모범생인 줄로만 알았던 아들이 학교에도 가지 않고 PC방에서 게임하는 것을 보자 영도씨는 분노를 참을 수가 없었고 아들을 무자비하게 때리기 시작했습니다. 그러다 PC방 주인에게 아동학대 혐의로 신고되었고 결국 경찰 조사를 받는 상황이 되었습니다.

영도씨는 스스로 두 아들을 위해서 헌신했다고 생각했습니다. 음식점에서 진상 손님을 만나도 두 아들을 위해 참고 웃으면서 돈을 벌었습니다. 지금까지 자신에게도 엄격했고 두 아이들도 자신만큼 엄격하게 스스로를 관리할 수 있도록 최선을 다했습니다. 하지만 두 아이들은 영도씨를 무척 두려워하고 있었습니다. 영도씨를 아버지라기보다는 무서운 사람으로 기억하고 있었습니다. 아내도 더 이상 그의 평소 성향을 견디지 못하고 이혼하자고 했습니다.

영도씨는 가족들이 모두 자신을 이해하지 못하고 혼자 버려지는 상황이 되자 온몸에 힘이 빠지고 우울한 생각에 빠져들었습니다. 다행히 신고는 취하되었지만 이제 두 아들과 아내를 보면 배신감에 몸이 떨렸습니다. 음식점도 잘되지 않았습니다. 그는 매일 같이 음식점에서 남은 술을 혼자 마시고 집으로 돌아가게 되었습니다. 자꾸 자존심이 바닥에 떨어지면서 사는 게 의미가 없다는 생각에 빠져들었습니다. 하루라도 술을 마시지 않으면 잠을 이루지 못하고 밤을 뜬눈으로 지새우곤 했습니다. 그러다 더 이상 음식점을 운영하기 힘들 것 같아 손해를 보고서라도 가게를 내놓게 되었습니다. 아내는 아이들을 데리고 친정으로 가버렸고 영도씨는 기분이 바닥으로 떨어지는 것 같은 생각이 들어 결국 도움을 받고자 인근 정신건강의학과 의원에 방문했습니다.

담당 의사는 검사 후에 영도씨를 우울증과 알코올 중독증으로 진단했습니다. 그는 가족들에 대한 분노가 계속되고 있었습니다. 이로 인한 우울감과 불면증을 달래기 위해서 밤에 혼자 술을 마셨습니다. 술의 양은 계속 늘어 이제 주체할 수 없을 정도가 되었습니다. 이제는 분노가 영도씨 자신을 향하게 되었습니다. '나는 이 세상에서 쓸모없는 사람이다'라는 생각이 들었고 극단적인 생각까지도 이르게 되었습니다.

영도씨는 매우 무서운 아버지 밑에서 자랐습니다. 아버지는 조금이라고 잘못하면 매를 들었고 막내인 영도씨와 형들은 아버지가 술 마시고 오는 날에는 무서워서 공포에 떨었습니다. 그에게 아버지는 따뜻하고 다정한 기억은 전혀 없었습니다. 아버지라는 존재는 권위와 복종, 그리고 체벌을 주는 대상이었습니다. 어머니는 아버지의 이러한 태도에 대해 무심했고 아들이 맞는 것을 보면서 저녁을 만들곤 했습니다. 어머니는 그에게 말을 안 들으면 아버지에게 이르겠다고 하면서 영도씨를 훈육했습니다.

영도씨는 아이들과 아내에게 좋은 기억을 만들어주는 방법을 전혀 몰랐습니다. 그저 자신은 아버지에게 배운 대로 했을 뿐이었습니다. 그는 두 아들에게 책을 읽어주거나 함께 여행을 가거나 맛있는 것을 먹은 기억이 거의 없었습니다. 두 아들이 무엇을 좋아하는지 흥미가 무엇인지도 잘 몰랐습니다. 자신의 기준에서 잘못된 것이라고 생각을 하면 체벌을 통해 고치는 것을 가장 중요하게 생각했습니다.

사람의 기억 중에서 무섭거나 두려운 기억은 우리 뇌의 '편도체'를 통해서 강화됩니다. 편도체는 공포나 화 등 감정과 관련된 학습 과정에 매우 중요한 역할을 합니다. 편도체는 기억에 공포의 태그를 붙여 그 기억을 회상할 때마다 당시 느꼈던 공포감이 발생하게 됩니다. 영도씨가 혼을 내고 체벌을 하면서 아이들에게 만든 기억은 편도체를 통해 만들어진 공포의 기억입니다. 아이들은 아버지를 기억할 때마다 편도체가 최대로 활성화되면서 공포의 기억을 회상하게 됩니다. 영도씨는 아이들과 아내에게 두려움으로 가득 찬 존재가 되었던 것입니다.

영도씨는 담당 선생님에게 어떻게 해야 하는지 간절하게 여쭤보았습니다. 담당 선생님은 영도씨가 그동안 가족에게 만든 공포의 기억보다 더 많은 즐거움과 행복의 기억을 만들어줘야 한다고 했습니다. 그는 앞으로 아이들과 시간을 가지고 편안하게 이야기하면서 아이들과 아내가 무엇을 좋아하는지 확인해보는 것이 필요합니다. 하지만 가족들은 이전의 기억 때문에 바로 가까워지기 힘들 수 있습니다. 이때는 가족들이 모두 있는 자리에서 지금부터 자신을 바꾸겠다고 선언해보는 것이 좋습니다. 첫째로 가족들의 이야기를 끝까지 듣고 자신의 말과 행동을 바꾸어보기, 둘째로 다른 사람들이 편안하게 느끼는 표정을 만들어보기, 셋째로 술을 마시지 않고 대화하기, 넷째로 자존심을 짓밟는 폭력과 폭언은 절대로 하지 않기입니다.

영도씨는 치료를 받으면서 이제는 아이들과 아내에게 부드러운 말을 먼저 써보기로 했습니다. 그리고 아이들과 아내가 좋아하는 것이 무엇인지 확인하고 함께해보기로 했습니다. 그리고 아이들을 양육할 때, 좋은 대학이나 직장에 가기를 바랄 것이 아니라 아이들이 행복하게 살아가는 것으로 목표를 수정했습니다. 이제 그는 앞으로 두 아들이 자신을 생각하면 따뜻하고 편안한 기분이 들도록 해주고 싶습니다. 이러한 영도씨의 변화가 결국 두 아들과 아내가 집에서 긴장을 풀고 편안하게 쉴 수 있게 만들었습니다. 가족들의 정신건강에 큰 도움이 되었습니다.

장에 이상이
없는데도

설사를 계속 하는
남자

　태영씨는 방송국에서 기술직으로 근무를 하고 있습니다. 시간을 잘 지켜야 하는 직업 특성상 항상 긴장 속에서 살고 있습니다. 하루는 무척 중요한 생방송 촬영이 있는 날이었습니다. 촬영 시작 5분 전에 태영씨는 참을 수 없이 배가 아프기 시작했습니다. 아무래도 화장실에 가야 할 것 같은데 마침 그날은 자신을 대신해 스튜디오에서 일할 수 있는 인력이 아무도 없었습니다. 도저히 더 이상은 견딜 수 없어서 중간에 급하게 부탁을 하고 나오다가 그만 방송 송출에 작은 문제가 생겼습니다. 큰 문제는 아니어서 별일 없이 넘어갔지만 그 이후로 태영씨는 다시 이런 문제가 생기지 않을까 걱정하게 되었습니다.

그 뒤로 태영씨는 중요한 촬영이 있는 날이면 배가 살살 아프기 시작했습니다. 미리 화장실을 가야 하는 버릇도 생겼습니다. 그러면 어김없이 설사가 나는데 여러 번 화장실을 왔다갔다 해야 겨우 멈추었습니다. 처음에는 동료들도 태영씨를 도와주었지만, 촬영 직전에 급하게 화장실을 가야 하는 일이 자주 생기자 동료들 사이에서도 불만이 나오기 시작했습니다. 태영씨는 이전보다 회사에서 긴장이 높아져 집에 도착하면 완전히 녹초가 되었습니다. 사소한 일에도 아내와 자녀들에게 자주 짜증을 냈습니다. 결국 태영씨는 아내와 크게 다툰 뒤 이혼 이야기까지 나오게 되었습니다.

　태영씨는 설사를 치료하려고 회사 근처 내과를 방문해서 진찰을 받고 대장 내시경을 진행했습니다. 하지만 장에는 이상이 없었습니다. 원인이 밝혀지지 않자 태영씨는 더욱 불안해지기 시작했습니다. 혹시 대장암이나 췌장암이 아닐까 하는 걱정으로 잠을 이루지 못했습니다. 결국 대학병원에서 가서 다시 진찰을 받고 내시경을 진행했습니다. 그곳에서 태영씨는 담당 의사에게 심리적 문제일 가능성이 높다고 들었고, 같은 병원 정신건강의학과에서 진료를 받게 되었습니다.

　태영씨는 담당 정신건강의학과 선생님에게 진료를 받으면서도 자신에게는 설사 문제가 가장 중요하고 의사 선생님이 이 증상을 해결해주기만을 원했습니다. 촬영 직전에 장에서 신호가 오면 너무나 고통스러워 회사를 그만둘 생각도 했다고 합니다. 화장실을 뛰어가는 태영씨를 보고 직원들이 뒤에서 웃는 것 같은 느낌을 받을 때도 있었습니다. 태영씨의 아내는 병원도 같이 오지 않을 정도로 태영씨와 사이가 좋지 않았고 자녀들은 태영씨에게 관심이 없었습니다.

태영씨는 심리 상담 중에 자신의 처지를 생각하며 눈물을 흘렸습니다. 내가 이 고생을 하면서 평생 부인과 아이들을 위해 돈을 벌어 왔는데 가족 모두가 자신을 외면하고 있다며 설움에 복받쳐 울기 시작했습니다. 담당 의사 선생님이 태영씨에게 이렇게 울어본 적이 있느냐고 물었습니다. 태영씨는 남 앞에서 울어본 적이 처음인 것 같다는 생각이 들었습니다. 아버지가 돌아가셨을 때 운 적은 있었지만 그때도 혼자 있었고 이전에는 한 번도 타인 앞에서 운 적이 없었습니다. 검사 결과 태영씨는 '걱정과 불안이 동반된 주요우울증'으로 진단되었습니다. 하지만 자신의 감정을 잘 드러내지 않고 억압하는 특성이 있어서 자신의 감정이 우울한지 잘 모르고 있었습니다.

만성적인 긴장과 우울은 장의 움직임에 문제를 일으킬 뿐 아니라 장에 살고 있는 정상 세균의 분포에 영향을 주게 됩니다. 우리 몸이 긴장 호르몬인 코르티솔을 만성적으로 분비하게 되면 면역계를 교란시켜 병적인 세균이 장에 많아지고 이로 인해 만성 설사를 일으키게 될 수 있습니다. 장과 뇌는 신호를 전달하면서 서로 긴밀하게 영향을 주고받게 되는데 이를 '장-뇌 축'이라고 합니다. '과민성 대장 증후군'은 간헐적인 복통, 변비, 설사를 동반하는 증후군으로 만성적인 긴장과 우울을 가진 사람들에게 흔히 발생합니다. 만성적인 긴장과 우울을 예방하기 위해서는 자신의 감정을 적절히 표현하고 타인의 감정을 편하게 받아들이는 것이 도움이 됩니다.

태영씨는 어릴 때부터 항상 자신의 감정을 잘 표현하지 않고 과묵한 편이었습니다. 부모님은 항상 바쁘셨고 따뜻한 대화를 나눠본 기억이 없었습니다. 아버지는 태영씨에게 '남자는 자신의 감정을 드러내면 안 된다'고 말씀하셨습니다. 잘못한 일이 있거나 동생과 싸우면 회초리로 맞는 일이 아버지와의 관계에 있어서 전부였습니다. 어머니는 주부셨는데 태영씨가 어머니에게서 따뜻한 정을 느껴본 적이 없었습니다. 어머니는 허리가 아파서 항상 누워 있는 일이 많았고 통증 때문에 얼굴을 찌푸리고 지냈습니다. 남동생 또한 태영씨처럼 말이 없는 편입니다. 같은 집에서 지내지만 가족 간에 대화가 없고 웃는 일도 거의 없었습니다. 집에서 항상 부모님의 눈치

315

를 보면서 긴장 속에 지냈고 서로 감정을 표현하고 이해하는 기회는 거의 없었습니다.

태영씨는 담당 선생님에게 나의 감정을 다른 사람에게 표현하는 것이 무척 어렵다는 이야기를 했습니다. 아내도 아이들도 너무 좋아하고 사랑하지만, 그런 감정은 태영씨의 마음속에만 있었습니다. 집에 오면 한마디도 하지 않고 식사하고 자는 것이 전부였습니다. 아내와 자녀들은 아버지는 정을 모르는 사람이고 이야기를 나누려고 하면 화를 내는 '앵그리버드' 같은 사람이라고 이야기했습니다.

담당 의사는 태영씨가 자신의 감정을 드러내본 적이 없는데 진료 중에 왜 처음으로 눈물을 흘렸는지 분석해보았습니다. 태영씨는 자신이 가지고 있는 문제에 대해서 공감해주고 위로해주는 것을 처음 경험해보았습니다. 자신의 부모님도, 아내와 자녀도, 직장 동료도 아무도 태영씨에게 관심이 없었습니다. 태영씨는 자신이 가족들에게 어떠한 아버지였는지 생각해볼 기회가 되었습니다. 가족들은 태영씨가 화를 내는 감정밖에는 표현을 못하는 사람이라고 생각했습니다. 자신의 감정을 말로 표현하고 서로 공감하는 것은 대인관계의 기본을 형성합니다. 가족들도 함께 산다고 감정적인 교류가 되는 것은 아닙니다.

'너를 사랑한다' '네가 자랑스럽다' '오늘 기분이 좋다' '고맙다' '내가 도와줄 것 없을까?' '오늘 따라 너무 멋있어 보인다' 자신의 감정을 전달하고 이에 맞는 부드러운 미소를 만들어보는 것이 중요합니다. 태영씨는 부모님께도 학교에서도 자신의 감정을 표현하고 전달하는 방법을 배워본 적이 없었습니다. 늦었다고 생각할 때가 가장 빠를 때입니다. 태영씨는 조금씩 자신을 변화시키고 좋은 감정을 적극적으로 표현해보기로 했습니다. 아내와 아이들과의 관계도 점차 나아지면서 집에 가면 편안하고 기분이 좋아졌습니다. 태영씨는 가족들에게 좋은 기분을 표현하고 항상 칭찬을 아끼지 않았습니다. 직장에 가서도 동료들에게 편안한 미소로 대하고 화를 내지 않았습니다. 그러자 주위 동료들도 태영씨를 더욱 이해하고 도와주기 시작했습니다. 태영씨의 설사 증상도 어느새 멈추었습니다. 서로 공감할 수 있는 행복한 가정과 직장으로 점차 변화하게 되었습니다.

윗사람에게
지나치게

잘 보이려고 하는
사람

    동철씨는 자동차 부품을 만드는 중소기업에서 과장으로 근무하고 있습니다. 회사에서 동철씨는 상사에게 지나치게 순종적이고 잘 보이려고 합니다. 윗사람에게 90도로 인사하고 하지 않아도 될 심부름까지 합니다. 주위 동료들은 동철씨가 상사들에게 잘 보여 빨리 승진하기 위해 그런 행동을 한다고 생각해 동철씨를 무척 싫어합니다. 그런데 사실 동철씨는 자기 스스로 윗사람에게 숙이고 들어가지 않으면 무척 불편합니다. 동료들과는 거의 어울리지 않으며 일에 몰두하는 것을 좋아합니다. 회사에서만 그런 것은 아니고 관공서에 있는 공무원이나 병원의 의사와 간호사에게도 비슷하게 숙이고 들어갑니다. 지나치게 자신을 낮추고 앞에 있는 사람을 높여 상대방에게 오버하는 것 같은 느낌을 주게 됩니다.

이와는 정반대로 자신의 아래 직급 직원들에게는 무척 차갑고 화를 자주 내는 편입니다. 표정도 윗사람을 만날 때와는 달리 날카롭게 변합니다. "이것밖에 준비가 안 되나요?" "앞으로 더 잘하실 수 있지요?" "상무님께서 좋아하시도록 잘 준비해봅시다." 직원들은 이런 말을 들으면 몸서리치게 됩니다. 식당에 가서는 음식을 빨리 달라고 소리를 지르거나 종업원에게 반말을 하는 경우도 흔하게 있었습니다. 자신보다 위에 있는지 아래에 있는지를 생각하고 완전히 다른 행동을 보입니다.

그러다 결국 문제가 터졌습니다. 동철씨가 한 일이 잘못되어 바이어와의 중요한 계약이 성사되지 못했습니다. 동철씨는 상무실로 불려가 호통을 듣게 되었습니다. 이때 동철씨는 자신의 아래 직원이 실수를 해서 이런 문제가 생겼으며, 그에게 알아듣게 이야기해서 다시는 이런 일이 없도록 하겠다고 했습니다. 동철씨는 상무실을 나오자마자 그 직원을 불러내 여러 사람 앞에서 야단을 쳤습니다. "어떻게 일을 이따위로 하는 거야. 내가 상무님께 얼마나 혼난 줄 알아?" 그런데 다른 직원들이 모두 나서서 그에게 자신들은 시키는 대로 했을 뿐인데 일이 잘 안 되니 동철씨가 자기들에게 탓을 돌린다고 부당함을 지적했습니다. "과장님 때문에 다들 너무 힘들어하는 것 같아요. 제발 이 회사에서 나가 주셨으면 좋겠습니다. 우리 모두의 바람입니다."

동철씨는 모두가 자신을 왕따시킨다는 생각에 분노가 치밀었지만 분위기 때문에 더 이상 말을 하지 못했습니다. 그 이후로 직장 동료들은 동철씨에게 말도 걸지 않고 함께 식사도 하지 않았습니다. 윗사람들도 동철씨가 문제가 있다는 이야기를 하기 시작했습니다. 자신은 너무나 열심히 회사와 윗사람들을 위해 일했는데 무엇이 문제인지 설움이 복받쳐 올랐습니다. 동철씨는 심각하게 우울해지면서 더 이상 회사에 다닐 힘이 없어졌습니다.

그러다 가족의 추천으로 동철씨는 인근 정신건강의학과에 방문했습니다. 동철씨가 보이는 '윗사람에게 지나치게 순종적이고 잘 보이려고 하는 특징'은 진료 중에도 두드러졌습니다. 담당 의사에게 제발 살려달라고 하면서 자신은 더 이상 살아갈 의욕이 없다고 했습니다. 울면서 매달리는 것이 마치 어린아이 같았습니다. 돌이켜보면 동철씨는 초·중·고등학교 때도 선생님께 그렇게 잘 보이려고 했다고 합니다.

동철씨는 결국 자신의 가족에 대해 생각해보았습니다. 동철씨의 아버지는 겉으로는 멀쩡해 보이고 주위 사람들에게 잘하는 호인이었지만 가정 내에서는 폭군이었습니다. 술을 먹지 않은 맨정신으로도 동철씨와 동생을 자주 때렸고 동철씨의 어머니에게도 폭력을 휘둘렀습니다. 심지어는 재떨이를 집어던져 어머니가 머리를 맞은 적도 있었습니다. 동철씨가 아버지에게 맞고 어머니에게 가면 어머니는 동철씨에게 아버지 말씀을 잘 들어야 맞지 않는다며 우리 가족은 아버지가 없으면 살아갈 수 없다고 항상 말했습니다. 아버지는 외도를 해서 집에 사귀는 여자를 데려오기도 했는데 그러면 어머니가 식사를 대접해주기도 했습니다. 이제 부모님은 두 분 다 돌아가셔서, 왜 어머니가 아버지의 폭력과 외도에 고생하면서도 자신에게 그렇게 아버지에게 순종하라고 했는지 알 수 없었습니다.

담당 의사는 '가스라이팅'에 관해 이야기했습니다. 가스라이팅은 1938년 패트릭 해밀턴 작가가 연출한 스릴러 연극 〈가스등Gas Light〉에서 유래된 '정신적 학대'를 일컫는 용어입니다. 가스라이팅은 타인의 심리나 상황을 교묘하게 조작해 그 사람이 스스로를 의심하게 만듦으로써 타인에 대한 지배력을 강화하는 행위를 말합니다. 어머니와 영철씨는 아버지의 반복적 폭력을 통해서 자존감이 무너지고 심리적인 지배를 당하는 상태였습니다. 학대 가해자는 가스라이팅을 통해서 자존감을 앗아가고 그 사람이 자신을 벗어나서 독자적으로 생존할 수 없다는 두려움으로 순종하게 만듭니다.

동철씨는 이러한 분위기 속에서 자랐고 폭력이 잘못된 것이라고 배우기보다는 아버지와 같은 권위적인 존재의 도움이 없이는 자신은 독자적으로 살아갈 수 없다는 생각을 하며 자랐습니다. 그래서 윗사람에 대해 지나치게 잘 보이려고 하는 특징이 생겼습니다. 윗사람이 자신을 싫어하면 어린 시절 아버지의 폭력에서 느꼈던 분노와 공포의 감정이 되살아나서 견딜 수가 없었습니다. 반대로 자신보다 아래에 있다고 생각되는 사람들에게는 자신이 없으면 모든 일이 되지 않을 거라고 간섭하며 독자적으로 행동하지 못하게 하는 태도를 보입니다. 마침내 직장에서 윗사람에게 자신이 문제가 있다는 이야기를 듣고 나서 모든 설움이 복받쳐 올라오면서 상사에 대한 분노가 발생했고 우울증으로 이어졌습니다.

가정폭력은 트라우마의 근원이고 정신건강과 대인관계에 심각한 문제를 일으킵니다. 반복된 폭력을 경험하면 분노가 쌓이게 되고 결국 자신에 대한 공격성을 유발해서 죽고 싶은 생각을 만들 수 있습니다. 가정폭력의 가스라이팅에서 벗어나기 위해서는 폭력의 문제에 대해서 초기부터 단호하게 대처하고 가족들에게 알려서 도움을 받아야 합니다. 그리고 자신이 그러한 트라우마를 가지고 있다면 지금도 자신에게 영향을 주고 있지 않은지 잘 살펴보아야 합니다. 영향을 주고 있다면 스스로 윗사람에게 과도하게 잘 보이려는 태도를 줄이고 자신이 하는 일에 대해 스스로 만족할 수 있도록 해야 합니다. 아랫사람이나 가족들에게는 의견을 존중하고 지나치게 통제하지 않으려는 태도가 필요합니다.

넘치는 에너지로
위험한

행동을 즐기는
리더

　사업을 해서 성공을 한 분들을 만나면 특유의 넘치는 에너지와 도전 정신에 놀랄 때가 있습니다. 일반 직장인은 따라갈 수 없는 그들의 에너지는 세상을 미리 예측하고 준비하는 데 도움이 됩니다. 자신의 정한 사업 방향이 옳다고 판단이 되었다면 자신이 가진 전 재산에 투자금까지 올인할 수 있는 배포가 있습니다. 하지만 다 성공하는 것은 아닙니다. 그중 성공한 사람들은 자신의 성향을 잘 파악하고 관리하며 놀라운 위기관리 능력을 보여줍니다. 제 판단으로는 '높은 에너지'만 가지고는 사업에 성공할 수 없고, 자신의 마음을 관리할 수 있는 능력을 함께 가져 자신의 판단이 옳은 방향으로 가도록 정교하게 조절을 하는 분이 결국 성공을 하게 되는 것 같습니다. 40대 스타트업 대표인 민영씨의 예를 봅시다.

민영씨는 공대를 졸업하고 게임 회사를 창업해서 얼마 전까지 성공한 사업가였습니다. 그는 대학 때부터 남다른 에너지를 가지고 있어 과대표에 학생회장을 했고, 이미 학교 다닐 때부터 게임을 만들어 인정을 받았습니다. 주위 사람들에게 '○○자이저'라는 별명을 들을 정도였습니다. 한 번 목표가 정해지면 며칠 밤을 새우면서 결국 해내고야 말았습니다. 대학을 마치고 대기업 취직에 성공했지만 결국 1년 만에 그만두고 창업을 하게 되었습니다. 그가 창업한 모바일 게임 회사에서 만들어낸 게임이 크게 성공하게 되었습니다. 점점 회사의 규모도 커지고 재정도 안정이 되었습니다.

문제는 이때부터 시작이 되었습니다. 오래간만에 고향 친구가 회사에 찾아왔는데 자신이 '창업 투자 회사'를 세웠다는 것입니다. 민영씨는 새로 창업한 회사를 잘 골라서 투자를 해서 나중에 그 회사가 잘 되면 큰 이익을 얻을 수 있다는 이야기를 듣고 귀가 솔깃하게 되었습니다. 강남에 있는 친구 회사를 찾아가고 나서 민영씨는 더 확신이 생겼고 결국 친구의 회사에 투자를 하게 되었습니다. 처음에는 투자 원금의 2, 3배를 벌었습니다. 그동안 고생해서 돈을 벌었지만 이제 돈이 돈을 버는 구조를 만들어야겠다는 생각이 들었습니다. 점점 더 자신의 본업보다는 친구와 동업한 투자 회사에 더 신경을 쓰고 자신의 재산마저 맡기게 되었습니다.

정수씨는 민영씨 회사에 창업 초기부터 참여한 직원입니다. 최근에 점점 회사가 어려워지는 것 같아 걱정입니다. 매출은 날이 갈수록 떨어지고 새로운 게임을 만드는 일도 잘 되지 않고 있습니다. 결국 정수씨는 대표에게 회사의 어려움에 대해서 직언을 했지만 전혀 통하지 않았고 민영씨는 쉽게 돈을 버는 일에만 빠져 있었습니다. 정수씨뿐 아니라 다른 직원들도 민영씨가 예전과는 다르게 다른 사람들의 이야기를 듣지 않는다는 점에 공감하고 있었습니다. 회사의 미래가 불안해서 결국 옮겨야 하지 않을까 하는 생각이 들었습니다. 정수씨는 민영씨가 점점 잘못된 길을 가는 것이 보였지만, 자신의 말을 무시하는 민영씨와 불안한 미래를 함께 하기보다는 차라리 떠나는 것이 낫지 않을까 고민하고 있었습니다.

결국 민영씨는 친구와 함께 거액을 투자한 새로 창업한 회사가 잘 안 되면서 투자자들에게 소송을 당하게 되었습니다. 친구는 민영씨가 모든 책임을 지도록 만들고 자신은 빠져나갔습니다. 이에 낙담한 민영씨는 술과 도박에 손을 대기 시작했습니다. 매일같이 술을 마시고 반쯤 취한 상태로 출근하기도 하고 회사에서도 일은 안 하고 온라인 도박 사이트에 베팅을 했습니다. 아내와도 사이가 안 좋아져서 이혼 소송을 하게 되었고 직원들은 하나둘씩 이직을 하기 시작했습니다. 정수씨는 아직 회사에 남아 있었지만 어떤 이야기도 듣지 않는 민영씨에게 크게 실망한 상태입니다.

민영씨는 각고의 노력 끝에 회사를 창업하고 성공하게 되었지만 한순간에 어려움에 처하게 되었습니다. 그 뒤 우울감, 심한 의욕 저하, 불면증 증상을 동반하는 우울증이 생겨서 이제는 사업을 계속할 엄두가 나지 않았습니다. 다행히 민영씨는 자신의 정신 건강 문제를 인지하고 조언을 듣게 되었습니다. 가장 늦었다고 생각할 때가 빠를 때입니다. 기질-성격 검사 결과 민영씨는 '새로움 추구novelty seeking' 경향이 매우 높은 것으로 나타났습니다. 사업가나 예술가에서 많이 발견되는 성격인데요. 새롭거나 신기한 자극, 잠재적인 보상 단서에 끌리는 성향이 강한 것입니다.

연구를 해보면 '새로움 추구' 경향은 뇌의 신경 속에 있는 도파민과 관련이 있다고 합니다. 우리 뇌에는 수천억 개의 신경이 들어 있고 신경과 신경사이에 '시냅스'라고 하는 연결 구조가 있습니다. 여기에 신경전달물질이 들어 있고 기분이나 인지기능에 중요한 역할을 합니다. 대표적인 신경전달물질로 도파민·세로토닌·노르에피네프린 등이 있습니다. 도파민은 의욕이나 에너지와 관련이 되어 있으며 적절히 유지가 되면 에너지가 높고 '새로움 추구' 경향이 높은 사람이 될 수 있습니다. 이러한 성향은 창의적인 아이디어를 도출하여 사업을 성공하게 만들 수 있지만 도박 성향, 중독 성향, 충동성, 피해 의식, 성적인 충동과도 연관됩니다.

다만 문제는 민영씨가 게임 사업이 안정기에 이르면서 더 이상 게임으로는 '새로움 추구' 경향을 만족시키지 못하는 상태가 되었다는 것이지요. 민영씨는 친구의 사업에 참여해서 자신이 원하는 것을 발견할 수 있으리라는 생각이 들었지만 이 일은 자신이 잘 모르는 분야의 일이었고, 결국 사기를 당하고 말았습니다. 민영씨가 투자에 손대면서 실패를 하더라도 다음에는 잘 될 것이라고 생각하며 점점 더 큰 손해를 보게 된 과정은 도박을 통해 돈을 잃는 과정과 유사한데, 여기에는 '도박사의 오류'라는 함정이 있습니다.

1913년, 모나코 몬테카를로의 카지노에서 있었던 룰렛 게임에서 놀라운 일이 발생했습니다. 룰렛에는 검은색과 붉은색 칸이 섞여 있었는데 구슬이 연거푸 20번이나 검은색에서 멈추는 믿기지 않는 일이 벌어졌기 때문입니다. 이 장면을 보던 사람들은 이번에야말로 붉은색에 떨어질 것으로 생각하고 엄청난 돈을 베팅했다고 합니다. 그런데 계속 룰렛은 검은색에서 멈추었고 27번째에 가서야 붉은색에서 멈추었다고 합니다. 많은 게이머들이 수많은 돈을 잃은 이 사건에서 '도박사의 오류'라는 말이 생겨났습니다. 이는 앞 사건과 뒤 사건이 마치 연관성이 있다고 받아들이는 심리적 오류를 의미합니다. '모든 독립사건은 독립적으로 일어난다'는 확률 이론의 가정을 받아들이지 않는 데서 발생합니다.

민영씨는 도박사의 오류에 빠져 있었고 처음에 2~3배의 이익을 얻었던 생각에 빠져 있었습니다. 다시 자신에게 큰 이익을 얻는 날이 있을 것으로 생각하고 점점 더 큰돈을 베팅했지만 결국은 평생 일군 재산을 잃게 되었습니다. 옆에서 지켜보는 정수씨나 아내의 입장에서는 속이 터질 수밖에 없었지만 아무리 이야기를 해도 듣지 않는 민영씨를 보면서 질릴 수밖에 없었습니다. 결국 자신의 주위 사람들이 하나둘씩 떠나가고 있었지만 그래도 민영씨는 정신을 차리지 못하고 있었습니다.

'위험을 감수하는 행동'이 심해지면 뇌의 도파민이 점점 더 증가하고, 결국 알코올 중독·무리한 투자·도박·외도 문제 등 자신을 파괴하는 방향으로 나아가게 됩니다. 가장 늦었을 때가 가장 빠를 때입니다. 에너지가 높은 사람들은 다른 사람의 조언을 무시하고 자신의 결정이 절대적으로 맞다고 생각합니다. 중요한 것은 스스로 자신의 에너지를 평가하고 에너지가 높은 사람일수록 다른 사람의 조언을 경청해 보수적으로 결정해야 합니다. 자신의 가족이 떠날 정도의 상황이라면 지금이라도 강하게 브레이크를 걸어야 합니다.

민영씨는 담당 의사와의 상담을 마친 뒤 자신을 바꾸기로 결심했습니다. 먼저 스스로 '새로움 추구' 경향을 극단적으로 높이는 요인들을 정리해보았습니다. 지금까지 민영씨를 망쳐왔던 술·담배·도박·이성과의 개인적 만남·과도한 약물 복용 등을 중단하기로 했습니다. 지금 그에게 중요한 것은 선택과 집중이었습니다. 먼저 현재까지 자신이 해왔고 잘 아는 게임 사업과 개발에서 새로운 능력을 발휘해보는 것을 목표로 잡았습니다. 또한 꾸준한 상담과 치료를 통해 자신의 의지가 박약해질 때마다 방향을 바로 잡았습니다. 자신을 안정시킬 수 있는 방법으로 충분한 수면, 숨이 찰 정도의 꾸준한 운동, 가족과 직원들과의 오랜 대화의 시간을 갖고 화해 등의 요인을 강화했습니다. 이전에는 잠이 안 올 때마다 수면제를 복용했지만 이는 민영씨에게 우울감이나 충동감을 일으킬 수 있다는 이야기를 듣고 당장 복용을 중단했습니다. 그대신에 오전에는 6시면 일어나서 조깅을 하며 하루를 시작하고 밤에는 일찍 귀가해 12시 이전에 수면에 드는 방법으로 수면제 없이도 잠에 들 수 있었습니다.

　무언가를 결정할 때에는 정수씨나 아내의 말에 귀 기울이고 항상 자신의 생각이 틀릴 수도 있다는 점을 명심했습니다. 자신의 '새로움 추구' 경향을 가족이나 직원들과 함께 새로운 맛집이나 예쁜 카페를 찾아가는 일로 전환해 충족시켰습니다. 새로운 사업을 할 때는 '도박사의 오류'에 빠지지 않기 위해 자신이 잘 아는 인접 분야를 먼저 생각하고 주위 참모들의 조언을 충분히 들어서 결정했습니다. '무리한 투자' '도박' '알코올' 등으로 자신의 에너지와 시간을 낭비하는 경향을 줄였습니다. 민영씨는 결국 다시 좋은 게임을 만들어내게 되었고 재기에 성공했습니다. 극단적으로 새로운 것을 추구하는 자신의 성향을 정교하게 조절해내는 일이 얼마나 중요한 것인지 다시금 깨닫게 되었습니다.

5부

실전편

예민함을 나만의
장점으로 만들어보자

매우 예민한 사람들은 '외부 자극의 미묘한 차이를 인식하고 자극적인 환경에 쉽게 압도당하는 민감한 신경 시스템을 지닌 사람'을 의미합니다. 하루 동안 만난 사람들, 그들이 한 여러 가지 이야기와 표정, 말투, 그날 가본 장소 등 모든 정보가 다른 사람들보다 더 예민하게 기억되고 회상됩니다. 만약 이전과는 다르게 힘든 일이 있었다면 그 기억은 더 생생하게 머릿속에 자리 잡게 됩니다. 힘든 기억은 '각성 상태'를 유발해서 심장을 두근거리게 하고 호흡을 빠르게 하며 잠을 이루지 못하게 만들 수 있습니다.

예민한 성격은 바꿔야 하는 것이 아닙니다. 자신이 갖고 있는 특징이자 장점이 될 수도 있으니 그런 강박을 가질 필요가 없습니다. 이 책은 자신의 예민성을 알아차리고 이를 잘 관리해 자신만의 장점으로 활용될 수 있도록 하는 데 목적이 있습니다. 다만 예민한 사람들은 다른 사람과 이야기할 때 내용만 듣는 것이 아니라 표정이나 말투, 주위 환경, 내 말에 어떻게 반응하는지 등 너무 많은 정보를 주입하고 계속 되새김질하는 면이 있습니다. 그러면 예민성은 장점이 되지 못한 채 자기 자신을 소모시키고 맙니다.

제가 강조하고 싶은 점은 예민성의 방향을 조절해보자는 것입니다. 시작은 자기 자신을 잘 이해하는 데서 비롯되며, 상대와 대화할 때 차차 자신의 기질을 잘 다스려 대화 내용에만 집중하고 생산성 있는 방향으로 미세하게 조정해가면 됩니다. 예를 들어, 대화할 때도 내용에만 집중하고 상대의 표정 등에는 신경 쓰지 않아야 합니다. 상대는 까맣게 잊어버린 내용을 계속 생생하게 회상하는 것은 자기 자신을 괴롭힐 뿐 아니라 상대와의 관계를 망쳐버리기도 하지요. 가까운 예로 교제 중인 친구와 다툴 때 상대는 기억하지 못하는 말투, 표정, 리액션 등을 세세하게 꺼내놓으면서 계속 불씨를 지핀다면 관계는 덜컥거릴 수밖에 없습니다. 과거의 세부 내용들 중 커다란 줄기를 중심으로 기억하고 잊을 것은 잊기도 해야 합니다. 이 모든 것은 현재에만 집중하면서 끊어내는 연습으로 바뀔 수 있습니다.

자신이 예민하다는 것을 파악하는 것은 매우 중요합니다. 예민한 점이 어떤 부분에서 장점이 되고 어떤 부분에서 문제가 되는지 알면 자신의 예민성을 업그레이드 하는 데 도움이 됩니다. 예민한 분들은 과거에 있었던 문제에 집착하고 남들이 잊어버리는 과거의 기억을 되새기곤 합니다. 그러면 우울, 불안, 분노가 생기기 쉬운데 이때 그런 문제의 원인을 외부로 돌리면서 단절된 생활을 하게 됩니다. 예를 들어 대학에서 팀 플레이 과제를 하는데 팀원들 간에 사소한 갈등이 일고 점수를 낮게 받으면 이를 자연스럽게 해소하기보다 타인에 대해 책망을 하거나 자책을 계속하면서 대인관계가 소원해지는 것이지요.

한편 예민한 점은 남들이 보지 못하는 통찰력을 주고 남다른 창의적인 생각을 하게도 만듭니다. 예를 들어, 에너지가 높으면서 예민하고 완벽주의적인 성격이라면 새로운 아이템으로 창업을 시도해봐도 좋을 것입니다. 남다른 생각으로 대중의 취향을 파악해 성공의 기회가 열릴 수도 있습니다. 숫자에 민감한 분들이 회계사나 은행원이 된다면 실수 없이 업무를 잘 해내 인정받을 수도 있을 겁니다. 거꾸로 만약 대인관계에 예민한 사람이 영업부서나 고객상담실에서 근무한다면 어떻게 될까요? 다른 사람들보다 힘들어하며 에너지를 생산적이지 못한 곳으로 흘려보낼 가능성이 큽니다.

예민한 성향이 있는 분들은 자기 성격을 인정하는 데서 시작해야 합니다. 예민한 사람은 자기 가족도 대체로 예민하기 때문에 자신이나 가족의 특이한 부분을 인식하지 못할 때가 많습니다. 예민성을 없애려 하기보다는 예민성이 자기 일에서 잘 발휘될 수 있도록 스스로를 관리해야 합니다. 특히 대인관계를 편하게 하는 것이 중요합니다. 현재 여기에 에너지를 과도하게 소모하고 있다면 자신한테 문제가 없는지 먼저 돌아봐야 합니다.

매우 예민한 사람이 자신의 예민성을 장점으로 바꿀 수 있다면 예민한 특성은 오히려 자신의 삶에 큰 도움이 될 수 있습니다. 그러기 위해서는 사람들과 만날 때 스트레스를 덜 받고 에너지를 덜 사용할 수 있어야 합니다. 예민한 사람이 가진 에너지가 다른 사람보다 2배 많다고 합시다. 에너지가 200이라면 이것을 다 감당하고도 남을 것입니다. 하지만 인간관계에서 발생하는 스트레스 때문에 신경을 쓰고 있다면 이 에너지는 100, 50으로 줄어듭니다. 에너지가 고갈되면 다른 스트레스에도 민감하게 되고 직장에서 받는 스트레스, 가정 스트레스 모두에 예민하게 됩니다.

예민한 사람이 가진 에너지가 자신이 하는 일에 온전히 쓰일 수 있다면 자신만의 장점으로 바뀔 수 있습니다. 다른 사람이 보지 못하는 깊은 생각을 하고 창의적인 아이디어를 낼 수 있어서 남들이 하지 못하는 업적을 낼 수 있을 것입니다. 이를 위해서는 혼자 있을 때 완전히 쉬는 것이 필요합니다.

쉬는 것은 우리 몸과 정신이 완전히 이완되어 편안한 상태가 되는 것을 의미합니다. 단지 일을 안 하거나 가만히 있는 것을 넘어서는 일입니다. 쉬는 것의 대표적인 것은 잠을 자는 것입니다. 하지만 자는 것 이외에도 완전히 쉬는 능력을 가지는 것은 그 사람의 예민성을 줄이는 데 매우 중요합니다.

예민한 사람은 집에서 쉬는 것 같지만 쉴 새 없이 스마트폰을 만지고 웹 서핑을 하거나, 카카오톡, 페이스북 등 개인 SNS 계정, 유튜브 등을 합니다. 그러다 보면 눈이 피곤해지고 필요 없는 기사들을 보게 됩니다. 사실 일을 하는 것 보다 더 피곤을 느끼게 되는 경우도 많습니다.

매우 예민한 사람이 대인관계를 하기 힘들어서 혼자 있는 시간을 가진다면 어떻게 될까요? 외부로부터 자극이 적기 때문에 편안할 것 같다고 생각하지만 그렇지 않은 경우도 많습니다. 예민한 사람들은 혼자 있을 때 오늘, 어제, 기억 속의 먼 과거의 일을 생각합니다. "그때 이렇게 했으면 어땠을까?" "그 사람이 그때 한 말은 어떤 의미가 있을까?" "내가 그때 잘못한 것이 무엇일까?" 등의 생각을 끊임없이 하게 됩니다. 과거에 일에 대한 생각들은 현재 예민한 사람이 느끼는 불안에 의해서 각색되어 실제 기억보다 더 심각하게 생각되는 경우가 많습니다.

과거의 일을 생각하지 않는다고 하더라도 자신의 신체 감각에 민감해지는 경우도 흔합니다. 여기저기 몸이 아플 수 있습니다. 흔한 신체 증상은 두통, 허리통증, 소화불량, 심장 두근거림, 호흡곤란, 어지러움 등입니다. 이런 이상은 암이나 큰 병의 초기 증상이 아닐까 걱정으로 이어집니다. 큰 병에 대한 두려움이 들면 신체 증상이 더더욱 민감하게 느껴지게 됩니다. 우리 몸은 이상이 있지 않을까 계속 걱정하면 실제로 그곳에 통증이나 이상 감각이 느껴지는 경우도 많습니다.

혼자 있는 시간에 완전하게 쉴 수 있다면 자신의 예민함을 다스리는데 큰 도움이 됩니다. 이들은 민감해서 작은 일에도 에너지가 고갈되기 쉽습니다. 예민한 사람들은 다른 사람이 느끼지 못하는 감각을 느끼고 각성 수준이 높기 때문에 우리의 뇌가 더 이상 견디지 못하게 됩니다. 이런 상태가 지속되면 우울증, 불안증, 불면증 등으로 발전할 수 있습니다.

예민한 사람과 그렇지 않은 사람이 만나서 카페에서 대화를 한다고 합시다. 예민한 사람은 상대편이 하는 말 이외에 그 사람의 말투, 표정, 카페의 분위기, 주위에 앉은 사람들의 시끄러운 소리 등등을 모두 신경 쓰게 됩니다. 인풋이 너무 많다고 할 수 있습니다. 그렇지 않은 사람은 상대편이 하는 말에만 신경을 쓸 것입니다.

그럼 지금부터 매우 예민한 사람들이 자신의 예민함을 장점으로 바꾸기 위해 어떻게 하면 좋을지 생각해보면 좋겠습니다.

나만의 좋은
자동적 사고를

만들어보자

　매우 예민한 사람은 외부의 자극에 민감한 사람입니다. 이에 반해 섬세한 사람은 외부 자극의 미묘한 차이를 잘 인식하지만 자극적인 환경에 압도당하지 않고 통제가 가능한 사람입니다. 영어로는 'Dedicated Person'이라고 할 수 있을 것입니다. 둘 다 민감한 신경시스템을 지니고 있지만 섬세한 특성으로 발휘되면 다른 사람의 감정을 잘 파악하고 세부적인 일들을 잘 챙길 수 있습니다.

　예민하지 않은 사람들은 외부의 자극이 있더라도 시간이 지나면 무뎌지게 되는데 이를 '소거extinction'라고 합니다. 예를 들어, 아파트 위층에서 쿵쿵거리는 소리가 들려도 시간이 지나면 그 소리에 적응되고 무뎌집니다. 그리고 자극에 대해

피로감이 생기면서 위층에서 소리가 나더라도 대수롭지 않게 여기게 됩니다. 반면에, 매우 예민한 사람들은 자극이 반복되면 시간이 지날수록 더 신경을 쓰게 되는데 이를 '강화 reinforcement'라고 합니다. 강화가 지속되면 위층에서 들리는 소음은 엄청난 크기로 자신에게 전달됩니다.

여기서 중요한 것은 외부 자극에 어떤 감정이 담겨 있다고 생각되면 강화가 더욱 잘 일어나는데 그렇기 때문에 매우 예민한 분들은 강화가 더 잘 된다는 점을 생각해야 합니다. 예를 들어 친구들끼리 대화를 하는데 어떤 친구가 내 말을 무시했다고 생각되면 기분이 좋지 않을 것입니다. 그런데 그런 일이 몇 번 더 반복되면 분노의 감정이 강화됩니다. 친구의 얼굴만 봐도 화가 나고 이전의 나빴던 기억까지 모두 연상되게 됩니다(그림 8).

관계사고는 강화를 유발하는 중요한 요인이 됩니다. 이는 다른 사람의 말이나 행동 또는 환경 현상이 자신에게 어떤 영향을 주기 위해 일어난다고 생각하는 것을 말합니다. 이렇게 되면 그 친구의 말과 행동이 모두 자신을 무시하는 것이라고 해석될 수 있습니다. 더 나아가 다른 친구들에게도 관계사고가 확장될 수 있습니다. 관계사고가 생기면 우리 뇌는 실제로 나와 관계없는 타인의 행동을 자신을 향한 것으로 해석하

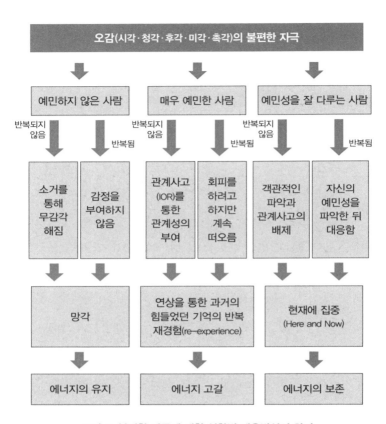

그림 8. 불편한 자극에 대한 성향별 대응방식의 차이

게 됩니다. 예를 들어 타인이 누군가를 쳐다보는 것, 웃는 것, 서로 대화를 나누는 것을 자신을 비난하는 행동으로 느낄 수 있습니다. 관계사고는 우울증에서 예민성을 증가시키고 밤이 되어도 긴장을 증가시켜 불면증을 유발합니다. 꿈을 꾸다가 놀라서 각성되어 잠을 깨고 꿈에서 쫓기거나 죽은 사람이 나오는 내용의 악몽을 꾸게 됩니다.

매우 예민한 사람들의 중요한 특징 하나는 이따금 자신만의 생각으로 깊게 빠질 수 있다는 점입니다. 매우 예민한 사람들이 생각에 깊게 빠지면 연상작용이 이루어집니다. 연상은 감정의 흐름을 따라갑니다. 감정을 따라 과거의 기억들을 연상하다가 결국 트라우마를 다시 생각하고 과거에 힘든 기억을 재경험하게 됩니다. 재경험은 과거의 부정적 경험이나 정서 또는 갈등 상태를 다시 떠올려 생각하는 것을 말합니다. 작은 자극이 트라우마를 재경험하게 되면 결국 우울·불안·불면이 발생하게 되고 자신이 지닌 에너지를 고갈시키게 됩니다. 마치 배터리가 다 된 스마트폰처럼 더 이상 새로운 일을 하기 어려워집니다.

자동적 사고는 내가 의도하지도 않았는데 자신만의 생각의 흐름에 따라 결론으로 도달하는 것을 의미합니다. 자동적 사고에 대한 이론은 펜실베니아 주립대학교 정신과의 아론 벡 교수에 의해 처음 정의되었습니다.[18] 나만의 좋은 자동적 사고를 만들고 불편한 자극이 올 때 내가 지닌 좋은 자동적 사고의 흐름을 따라 생각을 진행해봅시다. 그러면 내가 가진 에너지의 배터리가 방전되는 것을 미리 막을 수 있습니다. 나의 남은 에너지로 여행도 다니고 운동도 할 수 있는 여유가 생기게 됩니다.

나만의 좋은 자동적 사고를 만들어봅시다

몇 가지 예시를 들어드립니다. 부록에 좋은 자동적 사고를 기록할 수 있는 표가 있습니다. 자동적 사고는 반복해 읽고 암기한 뒤 자동적으로 튀어나오게 하면 좋습니다. 자극이 올 때 마음을 안정시키고 예민하지 않게 됩니다.

① 내 자신에게는 남들에게는 없는 _____한 장점이 있다.
② 내가 가진 장점으로 할 수 있는 일에는 _____가 있다.
③ 내가 일을 한다면 잘되든 못 되든 일을 시작하는 데 의의가 있다.
④ 예전에도 내 장점을 활용해 진행했던 일들이 있었다.
⑤ 사람들은 나를 좋아하기도, 싫어하기도 할 수 있다. 사람들은 나와 가까워지기도, 멀어지기도 할 수 있다.
⑥ 다른 사람이 나와 멀어지는 것과 나를 싫어하는 것과는 다르다. 멀어지는 것은 자연스러운 것이다.
⑦ 다른 사람의 표정이나 말투는 나를 향하는 것이 아니고, 그 사람의 성향과 더 연관되어 있다.

⑧ 사람들은 대부분 나에 관심이 없고 내가 했던 이야기도 하루만 지나면 잊어버린다. 망각은 인간이 가진 큰 장점이다.

⑨ 나에게 일어난 일은 대부분 계획된 것이 아니며 무작위randomized로 일어 난다. 내가 잘못해서 일어난 게 아닌 경우가 많다.

⑩ 부모님과 가족은 내가 선택할 수 없었지만 앞으로 만나는 사람들은 내 가 선택할 수 있다.

⑪ 세상에는 여러 모순이 존재하고 격차가 존재한다. 하지만 이는 태초의 인류가 생긴 신석기 시대 이후 지금까지 계속되고 있다.

⑫ 내 미래는 앞이 보이지 않는다고 생각하지만, 하루 앞을 예측하기만 할 수 있다면 일론 머스크보다 더 부자가 될 수 있다.

⑬ 야구를 보는 것은 재미있지만 야구 선수 당사자는 야구가 재미없고 오 히려 힘들게 느껴질 수도 있다. 그 이유는 어떤 일이든 직업이 되면 힘 들기 때문이다. 직업에서 재미를 느끼기 힘들다면 직장을 마친 후의 일 에 재미를 느끼면 된다.

⑭ 내가 만나는 사람에게서 좋은 점을 발견해보자. 좋은 점이 보일 때 바 로 칭찬해주면 좋다. 사람은 좋은 점도 있고 나쁜 점도 있는 것이 정상 이다.

⑮ 죽고 싶은 생각이 드는 사람을 1년 뒤에 다시 만나면 내가 왜 그런 생 각을 했는지 모르겠다고 하는 경우가 대부분이다. 상황이 지나가면 생 각도 변하게 된다.

자신을 향해 날아오는 수많은 오감을 통한 불쾌한 자극을 방패처럼 막아내는 연습을 해보면 좋을 것입니다. 한 번 막아내면 다음에 막아내는 것은 더 쉬워집니다. 매우 예민한 사람들은 현재에 집중하는 것이 중요합니다. 과거의 기억을 소환하여 부정적 자동사고를 통해 에너지를 고갈시키지 않아야 합니다. 나만의 좋은 자동적 사고를 통해 현재에 집중 Here and now하는 것이 자신이 가진 예민성을 잘 다룰 수 있는 키가 됩니다.

나의 에너지
관리를

업그레이드
해보자

　민지씨는 50대 여성으로 몸이 기력이 없고 항상 피곤합니다. 밤에 잠을 이루기 힘들고 스트레스를 받으면 숨쉬기가 답답하면서 살짝 어지러운 증상이 있습니다. 남편을 보면 항상 서운하고 과거에 한 섭섭한 일들이 생각납니다. 자녀들은 내 마음 같지 않고 말도 잘 듣지 않습니다. 게다가 허리통증과 무릎통증이 있어 짜증이 나는 경우가 많습니다. 친구들을 만나려고 해도 나를 어떻게 볼까 신경 쓰며 준비하다 보면 피곤해집니다. 민지씨는 집에서 누워 있는 것이 가장 편합니다. 하루 종일 한 일이 별로 없는데도 저녁이 되면 피곤하고 꼼짝도 못하지만 잘 시간이 되어 막상 침대에 누우면 잠은 잘 오지 않습니다. 그러다 예전에 가족들에게 말로 상처받은 기억들이 떠올라 갑자기 화가 납니다. 자고 있는 남편을 한 대 때리고 싶습니다.

매우 예민한 사람들은 외부의 자극에 민감하기 때문에 예민하지 않은 사람들보다 에너지가 더 빨리 떨어집니다. 여기에 만약 힘든 일이 생기면 에너지가 더욱 빨리 고갈됩니다. 이렇게 되면 회사에 다니는 사람들은 오후가 되면 기진맥진해져 퇴근시간만 기다리게 됩니다. 월요일이 되면 무기력해서 아무 일도 하지 못하게 됩니다. 집에 있는 경우에도 주로 누워서 지내고 주변 사람들과의 교류를 끊고 지내는 것으로 에너지를 유지하게 됩니다. 이렇게 되면 새롭고 도전적인 일을 하기는 어렵고 겨우 현상유지하기도 힘듭니다.

매우 예민한 사람들이 에너지에 영향을 받는 요인은 대인관계, 일(공부), 건강, 과거 기억이 있습니다. 이러한 요인들은 에너지를 방전시키는 주요 요인이지만 잘 관리되면 오히려 자신의 에너지를 충전시키는 요인이 될 수도 있습니다(그림 9). 에너지가 고갈되면 우울증·불안증·불면증으로 이어지고 이로 인해 에너지의 고갈이 더욱 심해지고 과거 트라우마의 기억에 사로잡힐 수 있습니다. 그러한 상태가 이어진다면 전문의의 도움을 받는 데 주저하지 않는 것이 좋습니다.

대인관계로 인한 방전
- 다른 사람의 표정이나 말투에
  예민함
- 눈치를 많이 봄
- 다른 사람이 나를 어떻게
  생각하는지 의식함
- 사람들이 수군거리면 내 이야기를
  하는 것 같음
- 가족과 자주 다툼

대인관계로 인한 충전
- 다른 사람의 표정이나 말투를
  의식하지 않음
- 사람들과 함께 이야기
  나누는 것이 편함
- 타인의 기준보다 내 자신의
  만족이 중요함
- 사람들이 수군거리면
  자기들 이야기하는 것임
- 가족과 즐거운 기억이 많음

일(공부)로 인한 방전
- 내가 하는 일(공부)이
  의미 없어 보임
- 내가 하기 싫은 일(공부)을
  해야 함
- 보기 싫은 사람과 함께
  일(공부)을 해야 함

나의
에너지

방전 ←   → 충전

일(공부)로 인한 충전
- 내가 하는 일(공부)에
  가치를 부여함
- 내가 하는 일(공부)에 재미있는
  부분이 무엇인지 발견함
- 함께 일(공부)하는 사람에게
  평소에 배려하고 필요할 때
  도움을 요청할 수 있음

건강으로 인한 방전
- 우울증·불안·불면증
- 통증을 유발하는 신체질환
- 약물 과다 복용
- 혈압·당뇨·고지혈증 관리 안 됨

건강으로 인한 충전
- 자신감·편안함·숙면
- 통증이 없음
- 꼭 필요한 약물만 복용
- 만성질환 관리가 잘 됨

기억으로 인한 방전
- 어린시절의 트라우마
- 대인관계나 가족관계에서
  받은 상처의 기억

기억으로 인한 충전
- 현재의 상황에 집중
- 대인관계나 가족관계에서
  받은 즐거운 기억
- 자신의 현재에 대한 만족

그림 9. 나의 에너지의 방전요인과 충전요인들

안전기지를
만들어보자

저는 이런 질문을 받은 적이 있었습니다. "제가 왜 살아야 하는지 이유를 잘 모르겠어요. 가정도 있고 직장도 있는데 힘들게만 느껴지고 모든 게 짐처럼 버거워요. 제가 살아야 할 이유를 알려주세요." 이런 질문에 잠시 그에게 이유를 찾아주려고 생각에 잠깁니다.

"집에 가면 아내도 있고 자식들도 있는데 행복하지 않나요?" 그가 곧바로 대답합니다. "저는 집에서 한 번도 행복하다고 느낀 적이 없어요. 그렇다고 아내나 아이들한테 문제가 있는 것은 아니에요. 하지만 가족들과 함께 있어도 고독하고 허전한 느낌은 그대로입니다." 그의 허탈한 표정에서 가족이 주는 안락함과 행복감은 찾아보기 어려웠습니다.

그는 초등학교 때 부모님이 이혼해 이후 어머니와 함께 살았다고 합니다. 어머니는 생계를 꾸리느라 바빴고 어린 아들에게는 힘들고 피곤한 모습으로만 기억되었습니다. 학교에서 그는 어두운 자신을 드러내지 않으려고 공부에 매달렸고 원하는 대학과 꿈의 직장에 들어갔습니다. 하지만 늘 머리를 떠나지 않는 것은 왜 이렇게 고생해야 하는지, 내가 왜 살아야 하는지 하는 이유였습니다.

볼비의 애착이론에 의하면 부모는 힘들고 불안할 때 찾아와 안전을 느끼는 안전기지 역할을 하게 되며, 그런 기지가 잘 만들어질 때 향후 일생에 걸쳐 좋은 대인관계를 형성할 능력이 생긴다고 했습니다. 앞서 이야기한 것처럼 조지 베일런트 교수가 1938년부터 하버드대 법대 졸업생 집단·지능이 뛰어난 여성 집단·대도시 출신 고등학교 중퇴자 등 814명의 인생을 꾸준히 추적한 결과, 이들에게 스트레스 정도는 행복한 삶에서 중요 변수가 아니었습니다.

저는 그가 평생 노력했지만 공부나 직장을 통해서는 자신만의 안전기지를 형성하지 못했다는 것을 알게 되었습니다. 아버지가 집을 나간 후 20년이 흘렀지만 아직도 그날의 분노감은 대인관계에서 예민하고 민감한 태도를 만들어내고 있었습니다. 그는 자신의 상태를 진심으로 걱정하고 위로해 주는 아내를 통해 결국 자신이 살아가야 하는 이유에 대한 답을 얻을 수 있었습니다. 아내가 자신의 경제적인 능력만 바라는 것이 아니라 진심으로 함께하는 안전기지임을 느끼면서 아버지가 자신을 버리고 집을 떠날 때의 상처를 긍정적인 태도로 바꿀 수 있었습니다.

과거의 상처나 트라우마로 인해 우리는 행복을 잘 느끼지 못할 수도 있습니다. 마치 치아를 뽑기 전 마취한 상태처럼 얼얼한 느낌으로 평생을 지낼 수도 있습니다. 하지만 과거와 단절하고 새로운 행복을 찾는 것은 잊기 위한 노력이 아니라 새로운 안전기지를 형성하는 데서 찾아옵니다. 다시 강조하지만, 안전기지는 배우자가 될 수도 있지만, 자신을 치료하는 의사, 좋은 책, 취미 생활, 반려동물이 될 수도 있습니다.

앞서 말씀드렸던 것처럼 안전기지란 내가 믿고 의지할 수 있으며 함께 있으면 마음이 편안해지는 대상을 의미합니다. 애착은 특정한 두 사람 간에 형성되는 정서적인 유대관계로, 특히 부모와 아기와의 관계에서 형성되는 심리적 경험으로 개인의 성격형성과 평생에 걸친 대인관계에 지대한 영향을 미칩니다. 특히 부모가 안전기지 역할을 하게 되는 경우가 가장 흔합니다. 아이는 안전기지를 통해 세상을 적극적으로 탐색하고 활동하는 기반이 됩니다.

안전기지 중에서 가장 중요한 것은 부모의 역할입니다. 하지만 여러 이유로 부모가 그 역할을 하지 못하는 경우도 있습니다. 부모가 사망한 경우, 이혼·별거를 하는 경우, 일이 너무 바빠서 정서적인 역할을 못하는 경우, 신체적·정신적 질환이 있는 경우 등을 들 수 있습니다.

부모가 안전기지 역할을 못하는 경우 타고난 기질에 따라 반응이 달라지게 됩니다. 어떤 경우에는 매우 예민해져서 불안하고, 초조한 특성을 보이는 경우가 있고 어떤 경우에는 다른 사람들과 사회에 대한 분노가 생기는 경우도 있습니다. 그러면 다른 보호자라도 그 역할을 하면 됩니다. 이때 중요한 것은 왜 부모가 그 역할을 하기 힘든 상황인지 아이의 나이에 맞게 잘 설명해야 한다는 것입니다.

지선씨는 부모님이 초등학교 때 이혼했습니다. 그리고 새어머니와 함께 살고 있습니다. 생모는 다른 사람과 결혼을 했고 거의 만나지 않고 있습니다. 아버지는 왜 지선씨의 생모와 이혼했는지 그에게 한 번도 설명해준 적이 없었습니다. 지선씨는 초등학교 때 어머니가 짐을 싸고 나가는 날을 아직도 기억합니다. "잘 살아라, 아빠 말씀 잘 듣고." 그는 어머니의 마지막 말이 성인이 된 지금도 뇌리에 생생합니다. 그 말은 지선씨가 아빠 말을 잘 듣지 않아서 엄마가 떠난 것이라는 오해를 가져왔습니다. "엄마가 나를 떠난 것은 나 때문이야"라는 자신에 대한 오랜 죄책감이 남아 있었습니다. 그리고 새어머니를 어떻게 대해야 할지 잘 몰랐습니다. 지선씨가 새어머니의 말을 잘 듣는 것이 생모가 원하는 것인지 확인할 방법이 없었습니다. 지선씨는 새어머니와 거리감을 두었고 집 안에서 누구에게도 편안한 마음을 느껴본 적이 없었습니다.

지선씨는 회사에 취직한 후에 같은 직장에서 남편을 만났습니다. 남편은 따뜻하고 부드러운 사람이었습니다. 지선씨에 대해 항상 정서적으로 지지해주고 도움을 주었습니다. 그리고 남편과 함께 지내며 자신의 오랜 죄책감에서 벗어났습니다. 엄마의 빈자리를 남편이 대신한다는 생각이 들었습니다. 남편은 자신이 지선씨에 대해서 불만이 있으면 항상 그 이유를 명확하게 이야기하고 대화를 했습니다. 지선씨가 힘들어했던 것은 바로 그 '불확실성'이었습니다. 지선씨 부모님의 불확실한 메시지의 전달은 평생에 걸쳐서 지선씨를 예민하게 만들었습니다. 하지만, 이제 남편이 지선씨의 안전기지 역할을 하면서 이전에 경험하지 못한 편안함을 느낄 수 있었습니다.

안전기지가 부모님뿐이었던 상황에서 부모님이 심각한 병에 걸리거나 사망하는 경우 매우 예민한 사람에게는 이러한 일이 큰 트라우마로 다가올 수 있습니다. 따라서 안전기지를 다양화할 필요가 있습니다. 나의 예민성을 안정시켜줄 편안한 대상을 만나면 큰 도움이 됩니다. 조금이라도 폭력성이 있는 상대는 매우 예민한 사람들에게 절대 추천하지 않습니다. 폭력은 트라우마의 경험을 재경험하게 해서 더욱 예민하게 만듭니다. 다음으로 안전기지가 되면 좋은 것은 직업입니다. 자신이 직업을 선택하는 것은 심리적으로 큰 의미가 있습니다.

상철씨는 중학교 때 어머니가 유방암으로 사망했습니다. 어머니는 여러 번 항암치료를 받았지만 결국 폐로 전이되었습니다. 상철씨는 엄마가 돌아가시던 날을 아직도 잊지 못합니다. "동생들과 함께 잘 지내고 공부 열심히 해." 그 뒤로 상철씨는 유방암을 치료하는 의사가 되겠다는 목표를 가지게 되었고, 열심히 공부해서 의과대학을 졸업하고 유방암을 치료하는 전문의가 되었습니다. 환자를 치료할 때 마음이 편하고 안심이 되었습니다. 그는 다른 의사들보다 더 열심히 환자를 보았습니다. 그런데 언젠가 최선을 다해 환자를 치료를 했지만 결국 암의 전이로 환자가 사망하는 경우가 있었습니다.

"선생님, 제 아내를 치료해주셨지만 보람이 없이 이렇게 되었네요." 그 뒤 상철씨는 심한 번아웃을 경험하게 되었습니다. 환자를 보기도 싫고 자주 화가 났습니다. 자신의 한계를 느끼며 결국 어머니와 헤어졌을 때의 분리불안을 재경험하게 되었습니다. 상철씨는 전문가와의 상담을 통해 자신이 환자에게 역전이를 느낀다는 것을 알게 되었습니다. 역전이란 상철씨가 환자에게 각별한 정서를 느끼는 것을 말하며 어머니와의 감정이 환자에게 전이된 것입니다.

상철씨는 결국 원인을 찾아 번아웃을 극복하고 자신의 감정을 절제할 수 있게 되었습니다. 그 뒤 자기 일에 최선을 다하는 마음이 다시 생겼습니다. 그리고 자신의 직업이 안전기지 역할이 될 수 있었습니다.

직업이 안전기지가 되기 위해서는 타고난 인내력과 노력이 필요합니다. 하지만 그러한 직업이 반드시 사회에서 인정하는 고학력·고소득의 직업일 필요는 없습니다. '자신의 직업에 의미를 부여'하는 작업이 안전기지의 형성에 중요합니다. "내가 하는 일이 중요하고 사람들에게 도움을 주는 소중한 일이다"라고 생각하며 내 직업이 왜 중요한 일인지, 어떤 도움을 주는지에 대해 생각해보는 것이 좋습니다.

그 밖에도 안전기지는 반려자나 직업 외에도 친한 친구

나 직장동료가 될 수도 있습니다. 아니면 자신의 주치의가 되는 경우도 흔합니다. 취미로 하는 운동이나 반려동물, 반려식물도 훌륭한 안전기지가 될 수 있습니다. 다만 내가 안전기지와 있을 때 마음이 편안해지고 예민성이 0에 수렴하는 상태가 되는지 확인할 필요가 있습니다. 내가 안전기지라고 생각하는 것이 정말 나에게 안전기지가 맞는지 객관적인 판단이 필요한 경우도 있습니다. 매우 예민한 분들의 경우 사이비 종교에 빠지기도 합니다. 잘못된 믿음으로 인해 마음이 일시적으로 편안해질 수 있지만 결국 현실감을 잃고 경제적·정신적으로 심각한 피해를 보게 됩니다. 사이비 종교의 특징은 살아 있는 교주를 신으로 만들기 때문에 잘 구분해야 합니다. 만약 내가 믿는 종교가 사이비 종교라 생각된다면 바로 단절하는 용기가 필요합니다.

살아가다 보면 어느 정도의 좌절은 견디고 넘어갈 수 있는 준비가 되어 있어야 합니다. 만약 내가 견딜 수 없는 심각한 좌절을 경험하게 되었다면 안전기지의 도움을 필요로 합니다. 그때를 대비해 미리 안전기지를 마련해두어야 합니다. 그리고 부모나, 친구 혹은 주위사람의 도움으로도 해결되지 않는다면 전문적인 도움을 받는 것이 필요합니다.

나쁜 기억을
대신할

○
○
○

좋은 기억을
만들어보자

인간의 뇌는 축구공 크기보다도 작은데 어떻게 평생에 걸친 기억들이 저장될까요? 컴퓨터는 저장 공간을 확장하면 되지만 뇌는 그렇게 할 수는 없습니다. 지금까지 인간의 뇌는 위험한 상황에서 빠르게 대처해 살아남기 위해서 진화해왔습니다.

호랑이가 나에게 달려드는 상황이라고 생각해봅시다. 호랑이를 보는 즉시 우리의 뇌는 호랑이가 위험한 동물이라는 생각이 바로 떠오르게 됩니다. 그러고 나서 신체를 움직여 도망가게 됩니다. 이 반응이 0.01초라도 빠른 것이 종의 생존에 도움이 됩니다. 그런데, 호랑이를 전혀 본 적이 없는 아기도 호랑이를 보고 웁니다. 강아지들도 호랑이 소리를 들으면 도망가는 것을 볼 수 있습니다. 태어날 때부터 이미 유전자에 저장되어 있는 위험 리스트가 있습니다. 뱀을 보면 바로 피하는 것도 비슷한 원리입니다.

살아가면서 사람들에게 상처를 받으면 그 사람의 얼굴이 뇌에 각인됩니다. 마치 호랑이를 보면 두려움을 느끼는 것처럼 그 사람의 얼굴만 보면 동일한 반응이 일어나 피하게 됩니다. 우리는 생존에 문제가 되는 해로운 얼굴을 뇌에 담아 놓고 바로 확인할 수 있는 기능이 있습니다. 이것은 우리 뇌의 편도체에 의해서 이루어집니다. 편도체가 심하게 반복 자극이 되면 해로운 얼굴은 장기 기억으로 남아 위험 리스트에 들어가게 됩니다.

매우 예민한 분들은 '공포의 일반화'가 잘 됩니다. 나에게 상처를 주었던 사람만이 아니라 그와 유사한 다른 사람들에게까지 두려움이 확산됩니다. 결국 두려움의 대상이 모든 사람으로 확대될 수 있습니다. 이러한 두려움은 사람이 아니라 상황이나 사물에도 연결이 되는 경우가 있습니다. 어릴 때의 경험이 성인이 되어서의 대인관계에 영향을 주는 중요한 요인이 됩니다.

과거에 경험한 트라우마 때문에 현재의 일상적인 경험, 사건, 대인관계까지도 더 위험하게 받아들이게 되고 위협 반응이 더 쉽게 일어난다는 것이다.[19] 우리 속담에서는 '자라 보고 놀란 가슴 솥뚜껑 보고 놀란다'고 한다. 애초에 공포를 일으켰던 자극과 비슷한 특징을 가진 대상이라면 쉽게 공포 반응이 일어나는 것이다.

영미씨는 남편과 두 자녀를 둔 40대 여성입니다. 어느 날 가족들과 아쿠아리움에 갔다가 대형 수족관 앞에서 쓰러지고 말았습니다. 응급실에 가서 검사를 해보았더니 몸에는 아무 문제가 없었습니다. 수족관에서 빙빙 돌고 있는 물고기들을 보다가 갑자기 어지럽고 핑 도는 느낌이 들었다고 합니다. 그러고는 수족관이 갈라지면서 물고기들이 자신에게 달려드는 느낌이 들어 다리에 힘이 풀려 쓰러졌습니다. 당시 기억은 다 난다고 합니다.

그 뒤로도 영미씨는 올림픽대로에서 운전을 하는데 자꾸 자신이 핸들을 꺾어 강 쪽으로 빠질 것 같은 느낌이 들었습니다. 그래서 차선을 바꾸려고 하면 온몸에 식은 땀이 나서 운전을 하기가 무척 어려웠습니다. 대교에 진입하려고 돌아서 올라가는 도로에서 갑자기 다리에 힘이 빠져 도로 한가운데에 멈춰서 버리고 말았습니다. 뒤에서 빵빵거리는 소리에 겨우 정신을 차려 집으로 왔습니다. 그 뒤로 영미씨는 물가 주변에 있는 도로에서는 운전을 하기가 어려워졌습니다.

영미씨의 아버지는 영미씨가 초등학교도 들어가기 전에 큰일을 당한 적이 있었습니다. 한번은 영미씨의 가족이 모두 계곡으로 놀러간 적이 있었는데, 아버지가 이끼에 미끄러져 계곡에 빠지고 말았습니다. 거의 죽을 뻔했으나 계곡 아래쪽에서 다른 가족들의 도움을 받아 가까스로 살아날 수 있었습니다.

그 뒤로 영미씨는 수영장이나 바다에 가는 것을 두려워하게 되었고 심지어는 공중 목욕탕에도 가지 않으려고 했습니다. 가족들은 영미씨와는 절대 물가에 함께 가지 않았습니다. 영미씨가 아쿠아리움에서 쓰러진 것도 어린 시절의 트라우마와 관련이 있을 것으로 판단되었습니다. 영미씨는 전문의와 상담 치료 후 물에 대한 두려움이 많이 사라졌고 점점 물가에 갈 수 있게 되었습니다. 공포 및 불안 상황에 계속 노출이 되면 두려움이 줄어들 수 있는데 이를 '체계적 탈감작법'이라고 하며 트라우마의 치료에 이용합니다.

나쁜 기억을 없애기 위해서는 그 기억을 생각하지 않도록 노력하는 것보다 기억에 연관된 공포나 두려움을 없애는 특정한 기억에 조건 형성된 공포 및 불안 반응을 극복하도록 할 때 이용된다. 처음에는 기억과 관련된 약한 자극을 주어 극복할 수 있도록 한다. 그 후 점점 자극의 강도를 높이면서 극복할 수 있도록 도와준다. 기억에 대한 예민성을 줄이는 방법이다. 폐소공포증·시험 불안·학교 등교에 대한 불안 등에 사용될 수 있다(부록에 체계적 탈감작법 훈련이 있다).

경험을 해보는 것이 중요합니다. 그러면 좋은 기억이 만들어져 나쁜 기억을 대체할 수 있게 됩니다.

어릴 때 친구들에게 왕따를 당해서 나쁜 기억이 있으면 성인기에 우울증이 일어날 수 있습니다.[20] 이를 극복하기 위해서는 친구를 만나지 않는 것보다는 새로운 친구들을 만들고 좋은 경험을 하는 것이 큰 도움이 됩니다. 처음에는 어렵겠지만 먼저 사람들을 만나서 가볍게 이야기해보면 좋습니다. 공통의 관심사를 가지게 되면 좋을 기억을 만들기 더 쉽습니다. 시작을 안 하면 자신만의 상상에서 공포의 일반화가 일어나고 친구를 만나는 것이 점점 더 힘들어질 수 있습니다.

가족 중에 매우 예민한 사람이 있다면 시간을 내서 좋은 기억을 만들어봅시다. 좋은 기억은 함께 식사를 하거나 여행을 하면서 만드는 것이 가장 좋습니다. 식사를 하거나 여행할 장소를 정할 때 예민한 분의 의견을 항상 듣고 정하는 것이 좋습니다. 일방적으로 정해진 곳을 간다면 강압적이라는 느낌이 들고 충분히 마음이 편해지기 어렵습니다. 만약 결정하지 못한다면 몇 가지 안을 제시해주고 선택하게 할 수 있습니다. 자기 자신이 결정한 곳에 가서 함께 좋은 경험을 한다면 앞으로 결정을 내릴 때 자신감이 생길 수 있습니다.

좋은 생활 리듬을
만들어보자

-공통편

우리 몸은 밤과 낮의 24시간 주기에 맞춰 변화합니다. 이를 생체리듬Circadian rhythm이라고 합니다(그림 10). 2017년 미국 브랜다이스대학교 명예교수 제프리 홀Jeffrey C. Hall, 동대학 마이클 로스배시Michael Rosbash, 록펠러대학교의 마이클 영Michael W. Young 교수가 이 생체리듬을 만드는 '생체리듬 유전자'를 발견해 노벨 생리의학상 공동 수상자로 선정되었습니다. 이 생체리듬 유전자는 태양의 주기에 따라서 밤에는 단백질을 축적하고 낮에는 분해해서 사용하는 일을 하는데, 이는 수면·혈압·체온 등 신진대사에 영향을 줍니다.

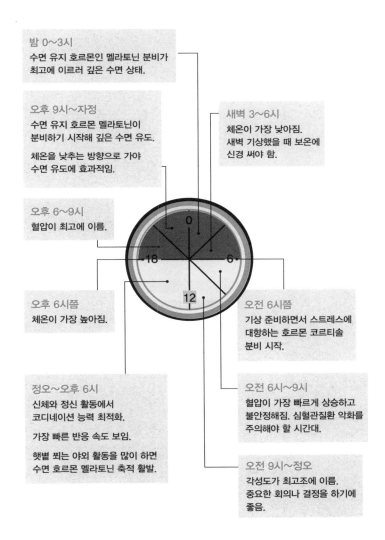

밤 0~3시
수면 유지 호르몬인 멜라토닌 분비가 최고에 이르러 깊은 수면 상태.

오후 9시~자정
수면 유지 호르몬 멜라토닌이 분비하기 시작해 깊은 수면 유도.
체온을 낮추는 방향으로 가야 수면 유도에 효과적임.

오후 6~9시
혈압이 최고에 이름.

오후 6시쯤
체온이 가장 높아짐.

정오~오후 6시
신체와 정신 활동에서 코디네이션 능력 최적화.
가장 빠른 반응 속도 보임.
햇볕 쬐는 야외 활동을 많이 하면 수면 호르몬 멜라토닌 축적 활발.

새벽 3~6시
체온이 가장 낮아짐.
새벽 기상했을 때 보온에 신경 써야 함.

오전 6시쯤
기상 준비하면서 스트레스에 대항하는 호르몬 코르티솔 분비 시작.

오전 6시~9시
혈압이 가장 빠르게 상승하고 불안정해짐. 심혈관질환 악화를 주의해야 할 시간대.

오전 9시~정오
각성도가 최고조에 이름.
중요한 회의나 결정을 하기에 좋음.

그림 10. 24시간 주기에 따른 몸의 변화

생활 리듬 중에서 가장 중요하고, 시작이 되는 것이 수면 패턴입니다. 하루에 잠을 8시간 정도 잔다면 2시간가량은 꿈을 꾸는 수면을 하게 되고 나머지 6시간가량은 꿈을 꾸지 않는 수면을 하게 됩니다. 아이들이 자는 모습을 보면 이따금 눈꺼풀 아래로 눈을 빠르게 굴리는 것을 볼 수 있습니다. 이것이 꿈을 꾸는 수면으로, 눈을 빠르게 굴린다고 해서 렘수면 Rapid Eye Movement Sleep, REM이라고 합니다. 잠들기 시작한 지 90분가량 뒤 렘수면이 시작됩니다. 만면에 눈을 굴리지 않는 수면은 비렘수면non-REM Sleep이라고 합니다. 꿈을 많이 꾸는 분들은 렘수면이 많은 것입니다. 수면 중에 렘수면과 비렘수면은 교대로 반복됩니다.

우리 뇌는 렘수면 동안 활성화되어 있는 데 반해 몸은 마비상태에 있습니다. 렘수면 중에는 심박동이 증가하고 혈압이 오르며, 산소 섭취량이 증가합니다. 렘수면은 학습과 기억을 향상시키고, 유아에게는 뇌를 발달시킵니다. 감정 기복을 감소시키고 불안·초조 등의 증상을 안정시키는 역할을 합니다. 렘수면을 못 하게 되면 화가 많이 나고 새벽에 식욕이 증가하게 됩니다. 비렘수면 중에는 뼈와 근육이 만들어지고, 신체 조직이 재생되며 면역 시스템이 강화됩니다.

자정부터 새벽 3시까지는 수면유지 호르몬인 멜라토닌

Melatonin이 최대로 많이 뇌에서 나옵니다. 만약 이때 잠을 자지 않고 깨어 있으면 렘수면을 제대로 이루지 못해 다음 날 감정 기복이 심해지고 우울감이 생기게 됩니다. 오전 7시부터는 스트레스 호르몬인 코르티솔과 아드레날린 분비가 증가하고 멜라토닌이 감소합니다. 아드레날린에 의해 혈압과 심장 박동이 증가하면서 잠에서 깨게 되고 각성 상태가 됩니다. 늦게 자고 늦게 일어나면 우리 몸의 호르몬 분비가 교란되면서 오전 내내 몽롱하고 의욕이 떨어지게 됩니다. 결국 오전에 무기력증이 심하게 옵니다.

멜라토닌

멜라토닌은 뇌의 송과선에서 분비되는 수면 호르몬이다. 수면 조절과 항산화anti-oxygen를 진행하는 역할을 하고 있다. 낮에 햇볕에 노출되는 동안 생성된 뒤 저장되어 있다가 저녁 7시부터 분비되기 시작하여 새벽 3시에 최고로 분비되었다가 아침에 햇볕이 들어오면 분비가 중단된다. 햇볕의 영향을 받아 분비와 저장이 조절된다. 낮 시간에도 집 밖에 나가지 않거나 주위가 어두우면 멜라토닌 생성이 증가되어 졸리고 우울감이 생길 수 있다.

좋은 생활 리듬을
만들어보자

– 청년편

　매우 예민한 사람들은 생활패턴과 생체 리듬이 맞지 않아서 고생하시는 분들이 많습니다. 특히 오전 중에는 무기력하고 집중이 안 되어서 '오전이 없는 삶'을 살고 계신 분들도 많이 보게 됩니다. 밤이 되면 수면이 잘 되지 않거나 폭식이 생기고 감정 기복이 심해집니다. 낮 시간 동안의 활동으로 인해 체력이 방전되었는데 밤에는 잠이 오지 않고 그날의 힘들었던 일들이 생각나면 주로 새벽에 먹는 것으로 해소하려고 하는 경우가 많습니다.

　매우 예민한 사람들이 자신의 생활패턴과 생체 리듬을 잘 맞추면 에너지를 유지하는 데 도움이 되고 남은 에너지로 자신의 능력을 발휘할 수 있습니다. 이렇게 되기 위해서는 자신에게 맞는 좋은 생활패턴을 찾는 것이 중요합니다. 이는 청년기·중년기·노년기로 나누어서 볼 수 있습니다. 연령에 따라 하는 일이 다르고 호르몬의 변화로 인한 차이가 있어 구분해 보는 것이 도움이 됩니다. 청년기 때 좋은 생활패턴을 만들어 놓으면 중년기·노년기에도 잘 유지될 수 있을 것으로 보입니다. 우리 몸의 24시간 생체 리듬 주기를 생각하고 그에 맞는 생활패턴을 만들어봅시다.

매우 예민한 청년들을 보면(그림 11) 밤에 늦게 자고 오전에는 무기력해서 정신을 차리지 못하는 생활을 반복하는 경우가 많습니다. 이렇게 되면 에너지가 급격하게 떨어지게 됩니다. 친구들과 대인관계를 유지하는 것이 어렵기 때문에 학교에서 수업만 듣고 거의 어울리지 않는 경우가 많습니다. 친구들과 어울린다고 해도 자신에 맞는 극히 소수의 사람과만 만납니다. 그렇기 때문에 대인관계에서 상처를 받으면 다른 사람들 보다 매우 큰 충격을 받습니다. 충격을 받고 나면 대인관계를 피하고 더 고립이 됩니다. 학교를 중도에 휴학하거나 자퇴를 하는 경우도 많습니다.

대인관계는 SNS나 게임 등을 하면서 채팅으로 만나는 사람들인데 의미 있는 인간관계라고 보기는 어렵습니다. 대면으로 교류하는데 익숙하지 않기 때문에 팀플을 하거나 앞에

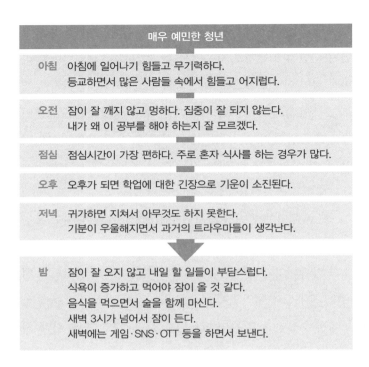

매우 예민한 청년

아침	아침에 일어나기 힘들고 무기력하다. 등교하면서 많은 사람들 속에서 힘들고 어지럽다.
오전	잠이 잘 깨지 않고 멍하다. 집중이 잘 되지 않는다. 내가 왜 이 공부를 해야 하는지 잘 모르겠다.
점심	점심시간이 가장 편하다. 주로 혼자 식사를 하는 경우가 많다.
오후	오후가 되면 학업에 대한 긴장으로 기운이 소진된다.
저녁	귀가하면 지쳐서 아무것도 하지 못한다. 기분이 우울해지면서 과거의 트라우마들이 생각난다.
밤	잠이 잘 오지 않고 내일 할 일들이 부담스럽다. 식욕이 증가하고 먹어야 잠이 올 것 같다. 음식을 먹으면서 술을 함께 마신다. 새벽 3시가 넘어서 잠이 든다. 새벽에는 게임·SNS·OTT 등을 하면서 보낸다.

그림 11. 매우 예민한 사람들의 잘못된 생활패턴

서 발표를 하게 되면 더욱 예민해지고 자신의 능력을 발휘하기 어렵게 됩니다. 결국 가장 편한 것은 방에서 나오지 않는 것입니다. 밤에 활동량이 많아지면서 식욕이 증가하고 배달 음식을 먹게 됩니다. 체중이 늘면서 자신의 외모에 집착하게 되는 경우가 많습니다.

매우 예민한 청년	
아침	아침 6시에 매일 같은 시간 일어난다.
오전	친구들과 함께 수업을 듣는다. 웃으면서 인사를 한다. 내가 하는 공부가 가치 있고 앞으로 내 인생에 도움이 될 것이다.
점심	점심시간에 친구들과 함께 식사를 한다. 식사 후에는 여러 명의 친구들과 함께 편안한 이야기를 나눈다.
오후	오후가 되어도 내 에너지의 절반 이상은 남아 있다. 전공서적 이외에도 여러 가지 책을 읽는다.
저녁	귀가하면 나의 안전기지를 만든다. 현재와 지금이 가장 중요하다.
밤	12시 이전에 잠에 들도록 한다. 잠은 나를 재충전해주고 감정 기복을 줄여서 예민성에 큰 도움이 되는 보약이다. 음식은 7시 이전에만 먹는다. 게임·SNS는 최소화하며 저녁 9시가 넘어가면 중단한다.

그림 12. 매우 예민한 사람들의 좋은 생활패턴

청년들의 좋은 생활패턴의 예(그림 12)를 보면 잘못된 생활패턴과 비교해서 하루의 시작과 끝 시간이 3~4시간 정도 더 빠릅니다. 시간을 이렇게 당기면 생활패턴이 생체 리듬과 일치하게 됩니다. 좋은 생활패턴은 우울증·불안증·불면증 등으로 진행된 경우에도 치료에 큰 도움이 됩니다.

실제로 병원에 진료를 받으러 온 예민한 청년들에게 생활패턴을 바꿔보도록 하는 경우가 많이 있습니다. 지금부터 스스로 자신을 바꿔보려는 생각이 있는 청년들의 경우에 한두 달 안에 성공하는 경우를 보게 됩니다. 성공하고 나서는 다음에 무엇을 해야 하는지 물어봅니다. 내가 스스로 자신을 조절하고 성공하는 기쁨을 느껴보면 다른 일에도 자신감이 생깁니다.

매우 예민한 청년들은 그다음에 한두 명이라도 건강한 대인관계를 만들어보아야 합니다. 건강한 대인관계는 함께 만나면 즐겁고 서로 도움이 되는 관계입니다. 자신과 다르게 예민성이 덜하고 안정된 친구들을 만나보는 것이 도움이 될 수 있습니다. 만나서 친해지기 위해서는 공통의 관심사가 있어야 합니다. 자신의 안전기지가 그 친구도 좋아하는 것이라면 친해지기 더 쉽습니다. 같은 수업을 듣거나 같은 동아리의 학생이라면 좋을 것 같습니다.

책을 읽는 것은 매우 예민한 청년들에게 큰 도움이 됩니다. 책은 시각적·청각적 자극이 다른 매체들보다 덜하고 다양한 관점에서 생각을 할 수 있도록 해줍니다. 한국인이라고 한국말을 잘하는 것이 아닙니다. 책을 많이 읽으면 어휘와 생각이 풍부해지고 다양한 한국어를 구사할 수 있습니다. 친구들에게 더 재미있는 이야기를 할 수 있고 깊이 있는 생각을 나눌 수도 있습니다. SNS나 메신저를 통해 보내는 문장에만 익숙해진 청년들이 긴 호흡의 문장을 읽고 생각해보는 연습을 하는 것이 미래의 사회 생활에 도움이 됩니다.

'사람들과 편하게 만나서 대화할 수 있는 능력'을 갖추는 것이 이 시기에 가장 중요한 목표입니다. 세상은 빠르게 바뀌고 있고 챗GPT를 통해 쉽게 정보를 얻을 수 있습니다. 이제는 암기력보다 네트워크를 통해 여러 사람들과 협력해서 일을 진행하는 능력이 중요합니다. 혼자서 집이나 가게에서 가내 수공업식으로 일하는 것은 앞으로 어려워질 것입니다. 중고등학교에서 이런 능력을 기르지 못했다면 대학이나 군 복무 중에서 이런 능력을 한번 만들어보세요. 내가 가진 에너지 소모를 가장 적게 하면서 여러 사람과 대화를 하고 회의를 할 수 있다면 성공입니다.

좋은 생활 리듬을
만들어보자

-중년편

중년기에 매우 예민한 사람들을 예민하게 만드는 가장 중요한 요인은 배우자(배우자가 없는 경우에는 가장 많은 시간을 보내는 사람이 해당됩니다)입니다(그림 13). 매우 예민한 사람들에게 특히 안 좋은 행동은 배우자가 고주파로 크게 소리를 지르는 것입니다. 이들은 상대방이 이렇게 소리를 지르면 놀라서 교감신경계 항진 증상이 일어나게 됩니다. 심장이 두근거리고 호흡이 곤란해지고 긴장이 되어 잠이 오지 않습니다. 이런 일이 반복되면 배우자가 집에 들어오는 시간이 되거나 부스럭거리기만 해도 신경이 거슬리고 더 예민해지게 됩니다. 이에 화를 내게 되면 더 큰 소리를 지르는 악순환이 됩니다.

긴장과 스트레스를 느끼면 술을 마시는 경우가 많습니

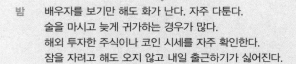

매우 예민한 중년
아침 아침에 일어나기 힘들고 무기력하다. 출근하면서 많은 사람들 속에서 힘들고 어지럽다.
오전 잠이 잘 깨지 않고 멍하다. 업무에 집중이 잘 되지 않는다. 내가 이 회사를 왜 다녀야 하는지 잘 모르겠다.
점심 점심시간이 가장 편하다. 주로 혼자 식사를 하는 경우가 많다.
오후 오후가 되면 기력이 소진되어 퇴근할 시간만 기다려진다.
저녁 귀가하면 여기저기 몸이 아파서 아무것도 하지 못한다. 기분이 우울해지면 과거의 트라우마들이 생각난다.
밤 배우자를 보기만 해도 화가 난다. 자주 다툰다. 술을 마시고 늦게 귀가하는 경우가 많다. 해외 투자한 주식이나 코인 시세를 자주 확인한다. 잠을 자려고 해도 오지 않고 내일 출근하기가 싫어진다.

그림 13. 매우 예민한 사람들의 잘못된 생활패턴(중년층, 40~50대)

다. 술에 들어 있는 알코올은 우리 뇌를 억제시키는 작용을 하게 됩니다. 뇌에서 충동을 억제하는 전두엽을 다시 억제해 충동성을 크게 증가시키기도 합니다. 그래서 술을 마시면 평소에 하지 않던 심한 말을 하기도 하고 과격한 행동을 할 수도 있습니다. 오전에는 전날 먹은 술의 금단 증상으로 우울하

아침	아침에 매일 같은 시간에 일어난다. 출근하면서 햇볕을 쬐고 사람들이 적은 시간에 이동한다.
오전	직장 동료들과 좋은 관계를 유지하고 있다. 내가 하는 일에서 새로운 아이디어를 내는 것을 좋아한다.
점심	점심시간에 동료들과 함께 식사를 한다. 식사 후에는 여러 명의 동료들과 함께 편안한 이야기를 나눈다.
오후	오후가 되어도 내 에너지의 절반 이상은 남아 있다. 디테일에 너무 집착하지 않고 일을 마무리할 수 있다.
저녁	귀가하면 나의 안전기지를 만든다. 현재와 지금이 가장 중요하다.
밤	배우자와 좋은 관계를 유지하고 있다. 집 안에서 큰 소리를 낼 일이 거의 없다. 예민하게 만드는 일을 하지 않는다(투자 확인·SNS 등). 12시 전에 잠자리에 든다.

그림 14. 매우 예민한 사람들의 좋은 생활패턴(중년층, 40~50대)

고 무기력하면서 집중이 잘 되지 않는 상태가 발생합니다.

좋은 생활패턴을 지닌 중년은 배우자와 사이가 원만한 경우가 많습니다(그림 14). 매우 예민한 사람들의 배우자가 예민한 것을 잘 받아주고 안정적이면 큰 도움이 됩니다. 하지만 너무 둔하고 반응이 없는 것도 예민한 사람들에게는 답답하게 느껴질 수 있습니다. 매우 예민한 배우자를 둔 분들은 오늘부터 자신의 목소리에 신경을 쓰는 것이 좋습니다.

'중저음의 부드러운 목소리'는 매우 예민한 사람들에게 편안한 느낌을 줍니다. 예민한 분들은 작게 말을 해도 소리에 예민해서 잘 알아듣기 때문에 소리를 크게 지를 필요가 없습니다. 목소리와 함께 표정도 부드럽게 미소를 지어주세요. 비언어적 표현에도 예민하기 때문에 부드러운 미소를 목소리와 함께 보내면 매우 효과적입니다.

매우 예민한 분들은 사람들이 많은 지하철이나 버스에서 무척 불편하고 답답한 경우가 많습니다. 자가용으로 출퇴근을 하면 되겠지만 교통체증이 심하고 터널을 통과해야 할 때면 대중교통 못지않게 힘든 경험을 하게 됩니다. 그럴 땐 아침에 일찍 일어나서 사람들이 많지 않을 때 출근을 하거나, 유연하게 출퇴근 시간을 정할 수 있다면 조절하는 것이 더 도움이 됩니다.

매우 예민한 분들은 남들이 보지 못하는 것을 보고 듣지 못하는 것을 듣기 때문에 '아이디어 뱅크'인 경우가 많습니다. 이러한 예민한 특성은 패션이나 디자인, 광고 등에 탁월한 역량을 보이는 경우가 많습니다. 꼼꼼하고 세심하기 때문에 은

행·출판·회계 업무 등도 잘 합니다. 이런 분들은 다른 사람에게 폐를 끼치는 것을 무척 싫어합니다. 따라서 회사에 손해를 끼칠 사고를 일으키는 경우가 적습니다.

좋은 생활패턴을 유지해서 아이디어를 낼 여유를 만드는 것이 중요합니다. 아이디어도 에너지가 남아 있어야 낼 수 있는 것입니다. 더 이상 에너지가 없으면 지금 하는 일을 마무리하기에 급급하게 됩니다. 이렇게 되면 수동적이 되고 내가 하는 일에 의미가 없습니다. 직업은 월급을 받는 수단에 그칠 수밖에 없습니다.

좋은 생활 리듬을
만들어보자

– 장·노년편

　장년이 되면 누구나 한두 가지쯤 만성질환이 생깁니다. 고혈압·당뇨·고지혈증 등의 만성질환이 올 수 있기 때문에 계속 관리가 필요합니다. 그 밖에 두통·요통·관절통 등 통증이 떠나질 않습니다. 매우 예민한 장년층은 집 밖에 나가지 않고 집에서 누워 있는 경우가 많은데 그러면 만성질환은 악화되고 통증은 더 강해지게 됩니다(그림 15).

　집에 누워만 있으면 운동량이 떨어지면서 당뇨가 있는 분들은 혈당이 올라가고 당화혈색소가 조절되지 않게 됩니다. 결국 먹는 약이나 인슐린 주사를 맞아야 될 수도 있습니다. 혈당이 관리가 안 되면 뇌혈관에도 영향을 주어 기억력이 떨어지고 멍한 느낌을 주게 됩니다. 운동량이 떨어지고 식습

매우 예민한 장년	
아침	아침에 일어나기 힘들고 무기력하다. 온몸이 다 아프다. 진통제를 먹는 것으로 하루를 시작한다.
오전	아침에는 거의 누워서 지낸다. 식사를 거르는 경우가 많다. 혈압·당뇨·고지혈증이 잘 조절되지 않는다.
점심	약을 먹기 위해 억지로 밥을 먹는다.
오후	집에서 배우자나 가족이 병간호를 한다. 언제까지 이 일을 해야 할지 끝이 안 보인다.
저녁	해가 지면 여기저기 몸이 아파서 아무것도 하지 못한다. 기분이 우울해지면서 과거의 트라우마들이 생각난다.
밤	배우자를 보기만 해도 화가 난다. 자주 다툰다. 밤에 잠이 잘 오지 않는다. 수면제를 먹어야 겨우 잠이 든다. 자다가 화장실을 가느라 자주 깨서 숙면을 하지 못한다. 밤에 꼭 술을 마셔야 잠이 든다.

그림 15. 매우 예민한 사람들의 잘못된 생활패턴(장·노년층, 60대 이상)

관이 불규칙해지면 고지혈증도 따라오게 됩니다. 매우 예민한 분들은 주로 누워서 예전에 상처받은 생각이나 힘든 일들을 생각하기 때문에 교감신경이 항진되어 혈압이 올라가고 배꼽에서 머리 쪽으로 열감이 수시로 올라오게 됩니다. 활동

저하로 고혈압과 당뇨가 조절이 안 되는 경우가 많습니다.

배우자와 오래 살다보면 좋은 일도 있고 화났던 일도 있기 마련입니다. 매우 예민한 분들은 배우자를 보면 예전에 화가 나고 분했던 기억만 연상됩니다. 배우자의 가족들이 이전에 자신에게 소홀하게 했던 일들까지 확대 연상되기도 합니다. 그리고 의심이 많아져서 배우자의 핸드폰을 확인해보고 바람을 피우지 않는지 확인하는 경우도 있습니다. 이렇게 되면 배우자 입장에서는 함께 있는 것이 무척 힘들어지게 됩니다.

노년에는 운동을 하지 않고 누워 있으면 근육량이 쉽게 줄어드는데 이것을 근감소증이라고 합니다. 근감소증이 오면 넘어져서 골절이 생기고 이로 인해 다시 통증이 생기고 기억력이 떨어질 수 있습니다. 또한 잠이 안 와서 복용하는 수면제도 다리에 힘이 풀려 낙상을 유발할 수 있습니다(그림 16).

근감소증Sarcopenia

근감소증은 나이가 많아지면서 근육의 양·근력·근 기능이 모두 감소하는 질환을 의미한다. 가장 흔한 원인은 단백질 섭취 저하·운동량 부족 때문이다. 다리 근육이 많이 감소되는데 특히 허벅지와 종아리 근육이 감소한다. 근감소증 환자는 걸음걸이가 늦어지고 근지구력이 떨어지며 일상생활이 어렵고 다른 사람의 도움이 자주 필요하게 된다. 또 골다공증·낙상·골절이 쉽게 발생한다. 근육의 혈액 및 호르몬 완충 작용이 줄어들어, 기초 대사량이 감소하고 만성 질환 조절이 어렵게 되며, 당뇨병과 심혈관 질환이 쉽게 악화될 수 있다.

매우 예민한 장년

아침 아침에 매일 같은 시간에 일어난다.
오전에 일어나서 30분 정도 햇볕을 쬐며 걷는다.

오전 아침에는 누워 있는 일이 거의 없다. 식사는 꼭 한다.
혈압·당뇨·고지혈증이 없거나 잘 관리되고 있다.

점심 맛있는 음식을 만들어보는 것이 재미있다.
가족들과 함께하는 것이 즐겁다.

오후 오후가 되면 다시 운동을 한다. 에너지가 고갈되지 않는다.
가족들도 자신의 신체적·정신적 건강관리를 잘하고 있다.

저녁 책과 신문 등을 보며 세상이 어떻게 돌아가는지 확인한다.
새로운 용어가 나오면 확인하고 익힌다.
현재와 지금이 가장 중요하다.

밤 배우자와 좋은 관계를 유지하고 있다.
집 안에서 큰 소리를 낼 일이 거의 없다.
오늘 즐겁고 건강한 하루를 보냈다는 생각이 든다.
12시 전에 잠자리에 든다.

그림 16. 매우 예민한 사람들의 좋은 생활패턴(장·노년층, 60대 이상)

노년에서 가장 중요한 것은 치매와 우울증을 예방하는 것입니다. 혈압·당뇨·고지혈증이 잘 관리되지 않으면 치매와 우울증이 더 잘 생깁니다. 데이비드 스노든 교수는 앞서 말한 대로 수녀들이 건강하게 오래 사는 이유가 무엇인지 관심을 가지고 자신의 책《우아한 노년》에 이를 기록했습니다. 그는 노트르담 수녀회에서 100여 년간 기록된 방대한 개인 자료와, 사후 뇌 기증을 약속한 75세부터 106세까지의 수녀 678명을 연구했습니다.

알츠하이머 치매에 걸린 수녀와 건강한 수녀의 22세 젊은 날의 자서전과 58년이 지난 80세의 인지 능력을 추적해 비교해보았습니다. 수녀들의 어휘를 살펴보니 단어의 선택이나 어휘량도 치매의 발병 여부와 관련이 있었습니다. 수녀들의 개인 기록에서 복합성·쾌활함·유창함을 나타내는 언어밀도가 떨어지는 것이 치매 발병의 중요한 예측 인자였습니다. 고급 단어를 사용하는 수녀는 10퍼센트만 치매 증상이, 고급 단어를 사용하지 않는 수녀들은 80퍼센트가 치매 증상이 나타났습니다. 언어밀도가 높은 사람들은 사후에 뇌에서 알츠하이머병의 원인이라고 알려진 아밀로이드의 축적이 있었음에도 불구하고 치매가 발생하지 않았습니다.

아밀로이드는 36~43개의 펩타이드peptide로서 알츠하이머병Alzheimer's disease, AD 환자의 뇌에서 발견되는 아밀로이드 플라크amyloid plaque의 주성분이다. 아밀로이드가 제대로 처리가 안 되고 뇌에 축적되는 것이 알츠하이머 병의 발생을 유발한다고 설명하는 학설이 있다. 아밀로이드 플라크와 타우 탱글은 알츠하이머병 환자의 뇌에서 발견되는 중요한 특징이다. 하지만 아밀로이드가 뇌에서 발견된다고 해서 반드시 알츠하이머 치매로 진행되는 것은 아니다.

스노든 교수는 연구를 통해 개인 기록이 긍정적인 사람일수록 더 오래 산다는 것도 확인했습니다. 연구자가 발견한 오래 사는 수녀들의 공통적인 인자는 '긍정적인 문장의 개수' '긍정적인 단어의 개수' '긍정적인 표현의 다양성'이었습니다. 그가 수녀들을 통해 얻은 결론은 어휘량과 고급 단어를 배우고 사용하면서 긍정적인 생각을 하는 사람이 치매도 예방하고 건강하게 오래 살 수 있다는 것입니다. 그러기 위해서는 책과 신문을 보면서 새로운 단어를 익히고 다른 사람들과 대화할 때 새롭게 배운 단어를 사용해보는 것이 좋겠습니다.

자신의
방어기제를

알아보자

조지 베일런트는 불쾌한 상황에 부딪히더라도 심각한 상황으로 몰아가는 일 없이 긍정적으로 전환할 수 있는 능력이 성숙한 방어기제이며, 행복하고 건강한 삶을 살아가는 이들은 대부분 이것을 가지고 있다고 말합니다.[21]

방어기제는 감정적 상처로부터 마음의 평정심을 지키기 위해 자신도 모르게 무의식적으로 스스로를 보호하는 마음의 작용을 말합니다. 이것은 누구나 가지고 있으며 대체로 성격적인 특성과 관련이 있습니다. 가장 흔한 방법은 '투사'입니다. 내가 경험하는 상황에 대한 분노를 다른 대상에게 전가해서 표현하는 것입니다. 분노를 표출하면 일시적인 화풀이는 되지만 결국 쌓여서 더 커지고 우울증이나 알코올 중독이 될 수도 있습니다. 어떤 사람은 '건강염려증'이 되기도 하는데, 여기저기 몸이 아파 자기를 환자라고 여김으로써 불쾌한 상황을 회피하게 됩니다. '통제'는 자기 주변의 대상을 엄격하게 관리해 그런 상황이 발생하지 않게 조정하는 것입니다.

하지만 '투사' '건강염려증' '통제'로는 불편한 상황을 잠시 회피할 수 있을지언정 결국 더 힘들어집니다. 더 예민해지고 지나치게 많은 에너지를 소모하게 됩니다. 앞서 이야기한 것처럼 앤서니 피렐리의 사례를 주목할 필요가 있습니다. 그는 평생 '평온의 기도'를 성실하게 한 덕분에 용기와 인내심을 지닐 수 있었다고 합니다. 그처럼 우리도 불쾌한 상황을 평온하게 만드는 성숙한 방어기제를 가져보면 어떨까요.

트라우마나 심각한 스트레스가 자신의 마음을 힘들게 하는 것을 그대로 둔다면 우울증으로 진행될 수 있습니다. 우리 마음은 자신도 모르게 무의식적으로 마음을 힘들게 하는 요인을 처리하는 방법을 지니고 있는데 이것을 '방어기제Defense mechanism'라고 합니다. 방어기제는 누구나 지니고 있지만 성격이나 환경에 따라 다양하게 형성되며 크게 네 가지로 나눌 수 있습니다. 자기애적 방어기제narcissistic defenses, 미성숙한 방어기제immature defenses, 신경증적 방어기제neurotic defenses, 성숙한 방어기제mature defenses입니다. 방어기제는 전작에서도 언급했지만 자신을 파악하는 데 매우 중요하기 때문에 다시 설명해드립니다.

방어기제는 지그문트 프로이트의 막내딸 안나 프로이트 Anna Freud가 프로이트의 업적을 정리하고 구체화하여 사람의 마음이 어떻게 외부의 수많은 감정적 상처로부터 자신을 방어하는지 정리한 이론입니다.[22] 마음의 평정을 깨트리는 사건들이 내적 혹은 외적으로 발생할 때, 발생한 불안감은 자신을 위협하게 되며, 이때 불안을 처리하고 마음의 평정을 다시 회복하기 위해 반복적으로 사용하게 됩니다.

방어기제

방어기제는 감정적 상처로부터 마음의 평정심을 지키기 위해 자신도 모르게 무의식적으로 자신을 보호하는 마음의 방어 작용을 말한다. 방어기제는 누구나 가지고 있으며 그 사람의 성격적인 특성과 관련이 있다.[23]

베일런트는 방어기제를 '성숙도'에 따라 4단계로 분류하고,[24] 단계가 올라갈수록 더욱 성숙한 것으로 보았습니다. 또한 '성숙한 방어기제'를 사용하는 것이 행복하고 건강한 상태에 이르는 가장 중요한 요소임을 밝혔습니다. 미국정신의학

회에서의 진단기준 4판(DSM-IV)에서는 이를 일부 수정해서 아래와 같이 제시했습니다.[25]

1. 자기애적 방어기제

① **부정**denial : 현실에서의 고통을 인식하지 않기 위해 처음부터 그런 일이 없었다는 것처럼 무의식적으로 행동하는 것. 스스로는 인식하지 못한다.

  ⑩ 인터넷 쇼핑으로 비싼 옷을 구입하고 받은 뒤 자신이 구입한 적이 없다고 함.

② **왜곡**distortion : 자신의 내부적인 욕망에 의해 현실을 고쳐서 행동하는 것이다. 스스로는 인식하지 못한다.

  ⑩ 경제적으로 어려우면서도 자신의 SNS에는 부유한 것처럼 꾸미는 것.

③ **투사**projection : 자신의 결점, 받아들여질 수 없는 행동에 대한 책임 등을 타인에게 돌린다.

  ⑩ 자신이 잘 안 되는 이유는 배우자 탓, 부모 탓, 국가 탓인 사람.

2. 미성숙한 방어기제

① **행동화**acting out : 무의식적인 소망이나 충동이 감정을 동반해 의식에 떠오르는 것을 피하기 위해 말이나 행동으로 표현한다. 그렇지만 왜 화가 나는지, 왜 폭력을 사용하는지 잘 설명하지 못한다.

  ⑩ 음식점에서 음식을 늦게 가져오는 종업원에게 자신을 무시한다고 화를 낸다.

② **차단**blocking : 일시적으로 생각하는 것을 억제하는 것. 억제하는 동안 긴장

은 증가한다.

   🔵 남편과 어제 말다툼한 기억이 나지 않는다. 다만 남편을 보면 화가 많이 난다.

③ **건강염려증**hypochondriasis : 현재 상황을 회피하거나 관심받기 위해 자신의 병을 과장하거나 강조한다.

   🔵 암에 걸리지 않을까 걱정된다. 관심을 가져주면 증상이 줄어든다. 병원에 가서 검사를 받으면 정상이다.

④ **내재화**introjection : 대상을 비판 없이 그대로 수용하는 것이다.

   🔵 사이비 종교 교주의 말을 무비판적으로 그대로 수용하는 것.

⑤ **수동─공격적 행동**passive aggressive behavior : 다른 사람에 대한 공격성이나 불만을 그대로 표현하지 못하고 제대로 일을 하지 않는 것이다.

   🔵 아들에게 공부를 하라고 야단을 쳤더니 공부는 안 하고 스마트폰만 하고 있는 것.

⑥ **퇴행**regression : 현재의 발달단계보다 이전의 발달단계로 후퇴함으로, 현재의 위치나 성숙도를 후퇴하여, 두려움과 고통이 많은 사람들에게서 많이 나타난다.

   🔵 동생이 태어난 아이가 어린 아기처럼 되는 것. 부모님에 대한 사랑을 동생이 빼앗는다고 관심을 되찾으려는 행동을 한다.

⑦ **신체화**somatization : 우울, 불안 등의 정신적인 문제가 신체적인 증상으로 나타나는 것이다.

   🔵 전신에 통증이 있는데 검사상 뼈나 근육에는 이상이 없다. 스트레스를 받으면 더 아프다.

3. 신경증적 방어기제

① **통제**controlling : 자신의 불안감을 줄이고 내적 갈등을 해결하기 위해 주변에 있는 대상이나 사건을 과도하게 조정하고 이용한다.

   ⓔ 여자친구의 사생활을 통제하고 스마트폰의 내용을 확인해 다른 남자를 사귀고 있는지 감시한다.

② **전치**displacement : 적대감·폭력 등 공격적인 정서와 행동을 힘이 없어 위협이 되지 않는 사람이나 사물에게 표출한다.

   ⓔ 남편과 싸우고 나서 자녀들에게 화풀이를 한다.

③ **외부화**externalization : 개인 자신의 욕구나 기분, 태도, 사고를 외부세계나 외부대상에 있는 것으로 지각한다.

   ⓔ 내가 기분이 우울하니 길 가는 사람들의 얼굴이 모두 우울하게 보인다.

④ **억제**inhibition : 의식적으로 욕구나 생각 또는 감정 등을 억눌러버리는 것. 억압과는 달리 의식적이라는 차이가 있다.

   ⓔ 나를 무시한 사람 때문에 화가 나지만 참는다.

⑤ **지식화**intellectualization : 경험하고 싶지 않은 강한 감정을 분리시킨다. 위험한 감정과 충동을 실행에 옮기지 않고 지적 활동에 묶어두려는 노력이다.

   ⓔ 자신을 괴롭히는 친구를 때려주고 싶은 충동을 전쟁 게임으로 해소한다.

⑥ **고립**isolation : 바람직하지만 성과가 없을 것 같은 정서적 낭비를 억제하기 위한 방어기제이다. 상실, 실망 등에서 자신을 보호하기 위해 기대와 노력을 포기함으로 방패를 만드는 것과 같다. 박탈된 상태에서 성장해왔거

나 오랜 기간 좌절을 겪은 사람들에게서 많이 나타난다.

　ⓔ 남편이 바람을 많이 피는데, '남자는 다 그런 거야'라고 감정 없이 이야기함.

⑦ **합리화**ʳᵃᵗⁱᵒⁿᵃˡⁱᶻᵃᵗⁱᵒⁿ : 자신의 문제행동에 대해 그럴듯한 이유를 만들어내 받아들일 수 있을 만큼 합리적이고 이성적인 내용으로 재해석한다. 위의 부정과 혼합되어 사용되는 경우가 많다.

　ⓔ 내가 시험 전에 공부를 하나도 하지 않고 노는 것은 직전에 열심히 하기 위해서 긴장을 푸는 것이다.

⑧ **해리**ᵈⁱˢˢᵒᶜⁱᵃᵗⁱᵒⁿ : 의식에서 갈등을 분리시켜 감정을 의식하지 못하게 한다.

　ⓔ 폭행을 당한 사람이 그 사실 자체를 기억하지 못하고 그런 일이 없었다고 한다.

⑨ **반동형성**ʳᵉᵃᶜᵗⁱᵒⁿ ᶠᵒʳᵐᵃᵗⁱᵒⁿ : 받아들일 수 없는 충동·감정·생각이 의식의 반대 방향으로 나타나는 것이다. 불안을 막기 위해 흔히 사용한다.

　ⓔ 시어머니를 아주 싫어하는 며느리가 수시로 어머니의 안부를 묻기 위해 전화하고 목소리를 들어야 안심을 하는 것.

⑩ **억압**ʳᵉᵖʳᵉˢˢⁱᵒⁿ : 현실에서 받아들이기 힘든 충동이나 욕망을 의식의 세계로 나오지 못하게 무의식으로 밀어내는 것이다. 억압되어 있던 것들은 꿈이나 농담, 말실수로 종종 나타나게 된다. 죄책감·수치심·자존심이 상하는 경험일수록 억압을 사용하게 된다.

　ⓔ 자신이 싫어하는 사람의 이름이 잘 기억이 나지 않는 것.

4. 성숙한 방어기제

① **이타주의**altruism: 타인을 돕는 일로 대신해서 만족감을 얻는 것. 자신이 욕

구를 직접 충족하는 대신 다른 사람이 충족할 수 있도록 도와주고 대리

만족을 느끼는 것이다.

⑩ 자신이 어린 시절에 고생하면서 자랐는데 고아원에 자원 봉사를 하면서 어려운

아이들을 돕는 것.

② **예측**anticipation: 미래에 있을 불편함이나 갈등을 미리 내다보고 현실적으로

준비하는 것이다. 장기적 관점에서 무엇을 미리 준비해야 하는지 아는

능력이다.

⑩ 부모님의 건강이 좋지 않은 사람이 부모님과 같은 병에 걸리지 않기 위해서 미

리 건강검진을 하고 관리를 받는 것.

③ **금욕주의**ascenticism: 현실에서 경험할 수 있는 욕망의 충족과 쾌락을 없애

고 금욕을 통해 만족을 얻는 태도

⑩ 술로 인해서 사고를 많이 일으킨 사람이 금주를 유지하면서 술을 마시고 싶을

때 마다 명상을 하는 것.

④ **유머**humor: 불쾌하고 기분 나쁘거나 화가 나더라도 불쾌감이나 무안을 주

지 않고 농담으로 웃으면서 넘어가는 태도이다.

⑩ 배우자가 자신을 다른 사람과 비교하는 말을 들어서 화가 나더라도 표현하지

않고 웃으면서 넘어가는 것.

⑤ **승화**sublimation: 사회적으로 용인되거나 바람직한 목적을 추구하여 무의식

적인 욕망을 충족하는 행동이다.

  예 모든 여성들에게 사랑받고 싶은 생각이 있는 사람이 아름다운 여성용 옷을 디
    자인해서 많이 파는 것.

⑥ **억제**|suppression： 의식 차원에서 느껴지는 충동과 갈등을 축소하거나 조절
  하는 것.

  예 자신도 모르게 죽고 싶은 생각이 드는 사람이 운동을 하면서 생각을 조절하고
    건강에도 도움이 되도록 하는 것.

　영철이는 고등학생으로 한 달 전부터 학교를 가지 않고
집에서 게임만 하고 있습니다. 부모님에게는 학교에 가지 않
고 홈스쿨링으로 대학에 가겠다고 선언했습니다. 어제는 학
교에 가지 않고 하루 종일 방에서 게임만 하다가 부모님과 크
게 언쟁을 벌였습니다. 영철이는 부모님에게 온몸이 아프고
괴로워서 도저히 학교를 다닐 수가 없다고 했습니다. 하지만
병원에 가서 이런저런 검사를 해보니 건강에는 아무 이상이
없었습니다.

　사실 영철이는 학업 성적이 지난 기말고사에서 크게 떨
어졌습니다. 그런데 영철이의 성적이 담임 선생님의 실수로
같은 반 친구들에게 알려지게 되었습니다. 영철이는 친구들
이 자신의 성적을 입학 당시 성적으로 알고 있었기 때문에 공

부 잘하는 친구로 알고 있다고 생각했습니다. 그런데 자신의 성적이 하위권인 것을 들키면서 공부 잘하는 친구들이 자신을 왕따시키는 것 같다는 생각이 들었습니다. 이로 인해 학교에 가기 싫어진 것이었습니다. 그 뒤로 영철이는 집에서 총 쏘는 게임만 하루 종일 하고 있었습니다. 그리고 우리나라의 교육시스템이 좋지 못해서 학교보다는 혼자 공부하는 편이 낫다고 주장합니다.

영철이가 학교를 안 가고 게임을 하는 것은 '수동-공격적 행동'에 해당합니다. 총 쏘는 게임에 중독된 것은 선생님과 같은 반 친구들에 대한 공격성을 전쟁 게임으로 대신 표출하는 행동으로, 이는 '전치'와 '지식화'라고 합니다. 온몸이 다 아프다는 것은 '신체화'이고 교육시스템의 문제를 이야기하는 것은 '합리화', 공부 잘하는 친구들이 자신을 왕따시키는 것 같다고 생각하는 것은 '투사'의 기제로 해석할 수 있습니다. 모두 미성숙한 방어기제·신경증적 방어기제에 해당됩니다.

영철이는 그 뒤 담임 선생님과 만나 서로 진솔하게 이야기하는 시간을 가졌습니다. 담임 선생님은 자신의 실수로 영철이의 성적이 알려지게 된 것을 미안하게 생각했고, 영철이가 이번에 성적이 좋지 않았지만 앞으로 잘될 수 있는 잠재능력이 충분하다고 이야기했습니다. 같은 반 친구들도 다시 복귀한 영철이를 잘 받아주었고 "네가 없는 동안 걱정을 많이 했다"고 했습니다. 영철이는 자신이 어떤 부분이 부족했는지 파악하고 다음 학기에는 잘할 수 있도록 미리 준비하기로 했습니다.

영철이는 자신이 한 달간 학교를 안 나올 정도로 분하고 힘들었지만 '예측'이라는 방어기제를 사용해 시험을 미리 준비하고 '승화'를 통해 다시 공부를 시작해 예전의 능력을 발휘해보기로 했습니다.

하버드대학교 조지 베일런트 교수는 신체적·정신적으로 건강한 노화를 예견하는 일곱 가지 주요한 행복의 조건들을 꼽았는데, 첫 번째는 인생의 고통에 대응하는 '성숙한 방어기제'이고, 이어서 교육·안정된 결혼생활·금연·금주·운동·알맞은 체중이었습니다. 50대에 이르러 그중 대여섯 가지의 조건을 충족했던 하버드대 졸업생 106명 중 절반은 80세에도 '행복하고 건강한' 상태였고, 7.5퍼센트만이 '불행하고 병약한' 상태였습니다. 반면, 50세에 세 가지 미만의 조건을 갖추었던 이들 중 80세에 '행복하고 건강한' 상태에 이른 사람은 아무도 없었습니다.

베일런트가 이야기한 건강한 노화를 예견해는 일곱 가지

주요한 행복의 조건들 가운데 성숙한 방어기제·교육·안정된 결혼생활·금연·금주·운동·알맞은 체중이 예민한 분들에게는 더 중요합니다. 예민한 분들은 자기애적이나 미성숙한 신경증적 방어기제를 자신도 모르게 사용해서 대인관계나 가족관계의 문제가 일어나고 다시 예민해지는 악순환을 겪게 되기 쉽습니다. 베일런트에 의하면 50대 이후 사람의 삶을 결정하는 가장 중요한 변수는 47세 무렵까지 만들어놓은 인간관계라고 했습니다. 우리에게 일어났던 과거의 불행한 일들은 우리 미래를 결정하는 것이 아니며, 현재의 노력을 통해서 미래를 바꾸어나갈 수 있습니다.

내가 어떤 방어기제를 자주 쓰고 있는지 잘 생각해봅시다. 예민한 분들은 자신의 주변을 통제하고 자신이 원하는 방향으로 진행되도록 '통제'하고 자신의 문제를 직면하지 않고 남 탓을 하면서 '합리화'하는 경우가 많습니다. 불안할 때마다 남편과 아이들에게 화를 내기도 하는 '전치'를 하고 불안한 이유를 잘 생각하지 못하고 '억압'하는 일이 많습니다. 다른 사람들과 잘 어울리지 않고 혼자 지내기 쉽고 자신의 문제를 '고립'시켜 누구나 다 그런 것이라고 생각합니다.

편안하고 건강한 삶을 유지하기 위해서는 성숙한 방어기제로의 전환이 필요합니다. 모든 것을 자신이 다 조절할 수 없고 각자 스스로 하도록 자율성을 주고 배려하는 것이 필요합니다. 자신의 문제를 바라보고 바꾸고 변화하려고 노력해야 합니다. '화'가 나는 것이 다른 사람의 탓보다는 자신의 문제에서 생기는 것이 아닌가 내면을 바라보면서 직접적으로 부딪치지 않는 여유와 유머를 가져야 합니다. 혼자 지내기보다는 사람들과 어울리면서 바람직한 방향으로 예민성을 승화하는 것이 도움이 됩니다. 자신의 예민성을 관리하는 구체적인 방법을 실천해보는 것이 좋습니다.

가족과

분리 개별화를
해보자

우리나라는 주변인, 특히 가족과의 관계가 매우 강하고 평생에 걸쳐서 큰 영향을 줍니다. 이는 개인주의적이고 프라이버시를 중시하는 서양과는 큰 차이를 보입니다. 한국인들처럼 가족 간의 관계가 강하고 오랫동안 지속되는 나라도 많지 않을 것입니다. 대학입시를 앞두고 기도를 하고 손주를 봐주느라 황혼육아를 하며 나이가 들어서까지 자녀들에게 'as'를 멈추지 않습니다. 서양에서는 대학에 들어갈 나이가 되면 부모로부터 자립해 스스로 돈을 벌면서 생활해나갑니다. 한국인들에게 가족은 평생에 걸쳐 가장 중요한 영향을 주는 네트워크가 됩니다. 우리가 당연하다고 생각해왔던 것들이 어떻게 형성된 것일지 한번 생각해봅시다.

‘트라우마’란 큰 정신적 충격을 준 사건으로 인해 겪는 심리적 외상이라고 말할 수 있습니다. 트라우마 가운데 가장 큰 것은 ‘가족의 사망’입니다. 살면서 누구나 겪을 수밖에 없는 일이지만 그 트라우마는 평생에 걸쳐 지속됩니다. 매우 예민한 사람들의 경우에는 그 의미가 더 큽니다. 죽음을 이별을 넘어 버려진 느낌으로 생각하거나, 자신을 도와줄 대상이 없어진 느낌으로 생각하게 되고 그 생각에 계속 몰입하게 됩니다. 평소에 들지 않았던 죽음이라는 문제가 자신에게 현실로 와 있다는 느낌을 받습니다. 초등학교 아이들은 예민하지 않은 성향이라도 부모가 사망하면 자신을 버리고 떠났다는 느낌을 받게 되는 경우가 많습니다.

　예로부터 인류는 가족의 사망으로 인한 트라우마를 막기 위해 많이 노력했던 것 같습니다. 그중 가장 훌륭한 발명품은 ‘제사 의식’입니다. 박물관에 가보면 고대에서 중세까지의 예술 작품은 제사와 관련된 것이 많습니다. 제사는 삶과 죽음을 연결하는 의식이며, 산 사람들은 제사를 통해 돌아가신 분들을 만나고 소통을 하게 됩니다. 종교에서 보이는 의식들도 실제로 절대자에게 제사를 지내는 형태로 되어 있는 경우가 많습니다. 추석 때 지내는 차례나 조선시대 왕의 신위를 모아놓은 '종묘제례'도 조상에 대한 예를 갖추는 제사라고 할 수 있습니다.

그런데 특이한 점은 서양에는 병원에 장례식장이 없다는 점입니다. 한국처럼 병원에서 장례식을 치르게 하는 곳이 거의 없습니다. 그리고 주로 주택가에 묘지가 있는 경우가 많고, 가족들이 모여서 목사님과 함께 기도를 하고 관을 묻는 것으로 장례절차가 마무리됩니다. 서양의 장례문화는 종교의 부활사상을 바탕으로 하고 있습니다. 서양에서 죽음은 하느님의 부름을 받는 것이고, 언젠가 부활하여 하느님의 나라로 가야 하는 것이기 때문에 지하 세계에서 육신을 보존하여 부활의 때를 기다린다는 생각이 들어 있습니다.

이에 비해 우리나라를 비롯한 동양문화권에서는 현재가 중요하고 자식을 통해 자신이 계속 이어진다는 생각을 지니고 있습니다. 이 때문에 우리나라 사람들이 더 강하게 가족을 자신의 일부라고 생각하는 게 아닌가 싶기도 합니다. 하지만 이러한 강한 결속력은 '상실'의 문제를 경험했을 때 더 큰 트라우마가 될 수도 있습니다.

정신분석가인 마가렛 말러는 아이가 영아기로부터 아동기에 이르기까지 부모로부터 독립하여 분리되는 과정을 '분리 개별화Separation individuation'라고 했고, 피터 블로스는 청소년기에 부모로부터 심리적으로 분리되는 과정을 '이차 개별화 ^Secondary individuation'라고 했으며, 갤빈 콜라루소는 젊은 성인기에 일어나는 분리 개별화를 '삼차 개별화^Tertiary individuation'라고 했습니다. 분리 개별화는 그 사람이 독립적인 성인으로 자라나는 데 중요하고 세상에 나가서 사람들과 다양한 관계를 형성하는 데 중요합니다.

　만약 어린 시절이나 젊은 성인기에 분리 개별화를 잘 성취하지 못하면 가족의 죽음으로 갑작스럽게 감정의 동요를 직면하게 됩니다. 이 경우 마음이 준비되지 않아서 상처가 되고 결국 트라우마를 경험하게 됩니다. 과거에 대한 재경험과 불안을 느끼고 우울증이나 공황장애, 불면증이 발생할 수도 있습니다.

　분리 개별화는 매우 예민한 사람들에게 특히 중요합니다. 예민한 사람들은 대인관계를 피하고 주로 가족들과 함께 있는 경우가 많습니다. 물론 가족들과도 잘 지내지 못하는 경우가 많지만 다른 사람들보다는 가족들과 더 많은 상호작용을 하게 됩니다. 이때 가족들은 예민한 사람이 상실의 트라우마를 경험해도 견딜 수 있는 마음의 훈련을 경험하게 해줄 필요가 있습니다.

《오즈의 마법사》는 라이먼 프랭크 바움의 14부작 판타지 소설로, 캔자스의 시골마을에서 사는 소녀 도로시가 숙부·숙모와 살다가 토네이도에 휩쓸려 마법의 대륙 오즈에 떨어져버려 집으로 돌아가기 위해 펼치는 모험 이야기입니다. 도로시는 자신의 집과는 멀리 떨어진 곳에서 '분리불안'을 느끼지만 뇌가 없는 허수아비, 심장이 없는 양철 나무꾼, 용기가 없는 사자와 함께 서로 감정적 교류를 하면서 다시 집으로 돌아가게 됩니다.

이 이야기의 본질은 도로시가 자신의 집에만 있었다면 만나지 못했을 다양한 대상들과 어울리며 스스로 발전해나갈 수 있었다는 점입니다. 여기서 중요한 점은 가족 외에 목표가 같은 사람들을 만나야 한다는 것입니다. 부족한 부분이 있더라도 나와 같은 목표를 두고 함께 갈 사람들을 만나 서로 포용하면서 함께할 수 있는 기회를 가져야 한다는 뜻입니다. 분리 개별화를 하지 못하고 부모의 옆에서 밀착해만 있다면 '토네이토'가 왔을 때 다시 집으로 올 용기를 가지지 못하게 될 것입니다.

스스로 해보는 긴장이완훈련

하지만 여유 시간이 많지 않고 짧은 시간 동안에도 이완을 하고 싶은 분들은 아래 '긴장이완훈련'을 해보는 것도 도움이 됩니다. 특히, 항상 긴장 속에 있는 분들, 만성 불안, 불면이나 공황장애가 있는 예민한 분들에게 큰 도움이 될 수 있습니다. 누구나 쉽게 호흡과 근육 이완을 통해서 긴장을 낮출 수 있습니다.

긴장이완훈련

먼저 편안한 의자에 앉아보세요. 등받이가 있고 머리를 받아줄 수 있는 의자가 좋습니다. 의자에 앉아 눈을 감고 온몸의 힘을 빼보세요. 엉덩이는 조금 앞으로 해서 의자 등받이와 사이에 조금 공간이 생기도록 해주세요. 팔은 아래로 내려서 중력에 몸을 맡겨보세요.

천천히 아랫배로 복식 호흡을 보세요. 아랫배로 숨을 들이마셔서 배에 맨 벨트가 꽉 끼도록 하고요. 숨을 내쉴 때는 마치 수영장에 쓰는 고무 튜브에서 바람이 빠지는 것처럼 천천히 코로 공기를 빼주세요. 배가 홀쭉해진 후에는 다시 공기를 배로 들이마시도록 하세요. 이것을 '긴장이완훈련'이라고 합니다. 하나, 둘, 셋, 30번 정도 호흡을 하고 나서 눈을 떠보세요.

어떠세요. 이전보다 편안해지고 긴장이 이완된 느낌을 받게 되실 것입니다. 충분하지 않다면 몸의 힘을 덜 뺐을 가능성이 많습니다. 긴장을 빼는 것이 익숙하지 않을 수도 있습니다.

배우자와의
사별과

우울증
극복

　노년기가 되면 노부부 중 한쪽은 배우자가 자신의 곁을 떠나는 사별의 경험을 하게 됩니다. 사별은 자신의 소중한 사람을 잃는 상실의 경험이 될 수도 있고, 그동안 너무나 밉고 속을 썩이던 대상이 사라지는 경험이 될 수도 있습니다. 남편을 그렇게 미워하던 아내도 남편이 사망하고 나면 어느 순간 그리워지고 상실의 아픔을 경험하게 됩니다. 상실의 경험은 뿌리가 깊은 것입니다. 예를 들어, 어린 시절에 부모의 사망이나, 친구의 죽음 등 이전에 경험했던 상실의 경험들이 생각이 나기 시작하는데 그 기억은 슬픔의 감정과 결부되어 강렬하게 회상이 됩니다.

　배우자의 죽음과 홀로 된다는 것은 노년기에 경험하는

가장 큰 스트레스 중에 하나입니다. 2013년 한국인 수명 통계에 따르면 여성의 평균 수명은 85.1세로 남성 78.5세보다 7년 정도 더 깁니다. 따라서 결혼한 여성은 배우자의 사망을 경험하게 될 가능성이 높습니다. 세계적으로 널리 사용되고 있는 스트레스 척도인 홈스-라헤 척도를 보면 배우자의 사망을 100점 만점에 100점의 스트레스로 평가했습니다. 이에 비해서 이혼은 73점, 구속은 63점, 해고는 47점으로 더 낮습니다. 예전에 비해서 노부부만 사는 가정이 많고 이웃과의 교류도 예전같지 않은 상황에서 배우자의 죽음으로 혼자 고립되는 노인이 많습니다. 특히, 우리나라처럼 아파트 위주의 거주 문화에서는 더욱 그렇습니다.

암처럼 오랜 투병 끝에 사망하는 경우에는 주로 배우자가 간병하는 일을 맡았던 경우가 많습니다. 오랜 간병 끝에 사별을 경험하게 되면 허탈한 느낌이 들고 내가 잘못해서 사망한 것이 아닌지 하는 죄책감이 심하게 들 수도 있습니다. 병의 진단, 수술, 항암치료, 사망의 과정을 지켜보면서 '나도 저 병이 생기면 어쩌지' 하는 건강염려증에 시달리게 되는 경우도 흔히 있습니다. 건강염려증이 생기면 이전에 배우자가 아팠던 신체 부위가 아프기도 하고 비슷한 증상을 호소하는 경우가 많습니다. 간병의 후유증이 오히려 배우자가 사망한 이후에 더 심해지는 것입니다.

우리나라는 2014년 한 해 동안 70대를 사망률을 보면, 폐암은 인구 10만 명당 227.5명, 간암 106.8명, 대장암 89.0명, 80세 이상의 사망률을 보면 폐암 355.5명, 대장암 206.2명, 위암 201.0명 순으로 나타났습니다. 큰 충격을 주는 자살로 인한 사망도 70대는 인구 10만 명당 57.6명, 80대는 78.6명으로 나타났습니다. 국내 노인에서 자살로 인한 사망이 암으로 인한 사망과 비교해도 상당히 많은 것을 알 수 있습니다. 80대에는 위암으로 인한 사망자의 3분의 1이 넘는 수치입니다. 자살로 인한 배우자의 사망은 더욱 큰 충격을 주게 됩니다. 지나친 죄책감과 불안감으로 외상 후 스트레스 장애의 증상을 나타내기도 합니다.

대부분의 애도 반응은 정상적인 과정이며 우울증으로 진행하지는 않습니다. 시간이 지나면 회복이 되고 이전의 모습으로 돌아가 정상적인 생활을 유지하게 됩니다. 하지만 어떤 경우에는 우울증으로 진행하는 경우도 있습니다.

배우자와 사별했을 때 애도 반응과 우울증

우울증은 정상적인 애도 반응과 달리 질병으로 만성화되거나 재발하는 성향이 있습니다. 사별 후 초래되는 우울증은 배우자에 집착과 슬픔, 외로움으로 나타나기 때문에 환자와 가족들은 우울증이 생긴 것을 인식하지 못할 뿐만 아니라, 치료의 필요성도 부인하게 됩니다. 그러므로 정상적인 애도와 치료를 필요로 하는 우울증의 감별은 매우 중요합니다.

사별 후 발생하는 우울증의 특징적인 증상은 다음과 같습니다.

① 배우자의 사망을 자기 책임으로 돌리는 과도한 죄책감.

② 자신이 죽는 것이 오히려 나았다든가 함께 세상을 떠났더라면 좋았을 것이라는 생각.

③ 자신이 무가치하다는 생각에 집착하는 것.

④ 생각이나 움직임이 이전에 비해 매우 느려짐.

⑤ 심각한 기능의 장애.

⑥ 죽은 이의 음성을 듣거나 모습을 지속적으로 보는 환각 경험.

그러면 사별 후 정상적인 애도를 넘어서 우울장애에 이르게 할 수 있는 위험요인에는 어떤 것이 있을까요?

① **연령:** 노령층은 젊은 층에 비해 배우자와 사별에 대해 더 잘 적응하는 편이다.

② **성별:** 남성이 여성에 비해 더 적응이 어렵다. 즉, 나이 든 남성은 배우자의 사망 후 수주에서 수개월 내 사망할 확률이 그렇지 않은 사람에 비해 매우 높다.

③ **죽음의 양상:** 자살에 의해 죽었을 때, 뇌졸중이나 교통사고처럼 갑자기 전혀 예견하지 못한 상태에서 죽었을 때 유족이 느끼는 우울과 부정적인 감정이 유족보다 훨씬 오래 지속된다.

④ **사별 직후의 우울의 정도:** 사별 후 2개월 이내에 우울이 심해지면 더욱 심한 애도를 초래하게 된다.

⑤ **죽은 이와의 친밀한 정도:** 죽은 이에 대한 의존의 정도가 심했을수록 심하다. 실제, 고인과의 관계가 긍정적이었을수록 우울증이 더 심했는데 남녀에 따른 차이는 없었다.

⑥ **사회적 지지:** 가족이나 사회적 지지는 스트레스의 완충역할을 한다.

⑦ **다른 스트레스:** 상실의 경험이 반복될 때 가장 심각한 사별반응이 유발된다.

사별 후 발생하는 우울증을 예방하기 위해서는 몇 가지 중요한 점이 있습니다. 혼자 집에 가만히 있으면 깊은 우울에 빠지기 쉽습니다. 다른 사람에게 말을 걸고 대화를 하다 보면 새로운 희망이 생기고 우울한 생각에서 벗어나게 됩니다. 배우자의 사망을 자신의 탓으로 돌려서 과도한 죄책감을 갖지 말아야 합니다. 아무리 배우자의 건강을 챙기고 평소에 노력한다고 해도 지병으로 인한 사망을 피할 수 없는 경우가 많습니다. 아무것도 하지 않고 집에만 누워 있으면 밤에 잠이 잘 오지 않게 됩니다. 또한, 같이 집에 있던 사람이 없고 혼자 잠을 자게 되면 무섭기도 하고 금방 잠이 들지 않습니다. 이때 신문을 읽거나 독서를 해서 외부의 정보를 받아들이는 것도 도움이 됩니다. 낮에는 집 밖에 자주 나가고 산책을 하는 것도 기분 전환에 도움이 됩니다. 이웃과 가족들과 자주 연락을 하고 안부를 묻는 것도 중요합니다. 배우자가 사망한 후에는 건강염려증에 빠지기 쉽습니다. 건강에 대한 지나친 걱정이나 과도한 검사를 반복하는 것을 피하고 정기적으로 건강을 확인하는 것이 좋습니다. 식사량이 줄고 끼니를 거르기 쉽습니다. 영양이 부족하면 의욕이 떨어지고 우울증이 오기 쉽습니다.

배우자 사별의 경험을 극복하고 새로운 환경에 적응하는 것이 중요합니다. 집 안에서는 혼자이지만 집 밖에는 많은 사람들과 만날 수 있습니다. 다양한 방법을 통해 세상과 만나고 소통하는 것이 사별 후 우울증의 예방에 도움이 됩니다.

　　매우 예민한 사람들은 특별한 사람들이 아니며 우리 주위에서 흔히 볼 수 있고 가족이나 동료일 수도 있습니다. 트라우마를 경험하고 자신의 예민한 성향이 드러난 경우도 있습니다. 매우 예민한 사람들이 자신의 특성을 잘 이해하지 못하고 주위의 탓을 하게 되면 적응에 문제가 생기게 됩니다. 적응의 문제가 반복되고 트라우마를 경험하면 결국은 우울증, 불면증, 공황장애, 불안장애 등 정신적인 문제로 발생할 수 있습니다. 그렇게 되기 전에 미리 자신을 발견하고 잘 다룰 수 있는 방법을 터득한다면 예민한 특성은 장점으로 발현될 수 있습니다. 만약 치료를 받는 중이라면 잘 호전되는 데 도움이 될 수 있습니다.

저는 그동안 많은 환자들을 만나면서 '조금 더 일찍 그들을 만나서 이해를 시켜주었다면 이 지경에 이르지는 않았을 텐데' 하는 생각을 자주 했습니다. 저는 매우 예민한 사람들이 자신의 마음을 이해하고 다루는 방법을 터득하지 않고 살아가는 것은 마치 무면허 운전을 하는 것과 마찬가지라는 생각을 합니다.

만약 나의 배우자나 자녀, 직장 동료, 친구가 매우 예민한 사람이라면 그들을 이해하는 데 도움이 되지 않을까 합니다. 이 책을 읽는 분이 그들의 '안전기지' 역할을 해준다면 예민성을 잘 조절하는 데 큰 도움을 줄 수 있습니다. 매우 예민한 사람은 일반인들과는 다르게 오감의 감각에 민감하기 때문에 쉽게 화를 내거나 감정 기복이 생길 수 있습니다. 하지만 내가 똑같이 하면 그들은 자신의 예민성을 조절할 수 있는 기회를 얻지 못하게 됩니다. 자신보다 안정된 사람과 감정교류를 하다 보면 자신을 안정시킬 수 있는 기회를 갖게 됩니다.

매우 예민한 분들이 미래와 세상에 대한 두려움에서 벗어나서 앞으로 생길 일들에 대한 기대와 세상에 대한 탐구의 기쁨으로 살아가기를 기원합니다.

나만의 좋은 자동적 사고를 만들어보자

내가 가진 '나의 부정적인 자동적 사고'를 1부터 10까지 좌측에 적어봅시다. 그런 뒤 우측에 이를 대체하는 '나의 좋은 자동적 사고'를 적어봅시다. 처음부터 모두 다 채울 필요는 없습니다. 자신도 모르게 부정적인 사고에 빠져들 때 이 페이지를 보고 '나의 좋은 자동적 사고'로 전환해봅시다.

순위	나의 부정적인 자동적 사고	변화	나의 좋은 자동적 사고
1		➡	
2		➡	
3		➡	

순위	나의 부정적인 자동적 사고	변화	나의 좋은 자동적 사고
4		➡	
5		➡	
6		➡	
7		➡	
8		➡	
9		➡	
10		➡	

나만의 좋은 생활습관을 만드는 방법

내가 가지고 있는 '나의 현재 생활습관'을 그림에 적어봅시다. 그리고 다음 페이지에 이를 대체하는 '내가 앞으로 가질 생활습관'을 적어봅시다. 처음 부터 모두 다 지킬 필요는 없습니다. 자신도 모르게 생활습관이 흐트러질 때 이 페이지와 다음 페이지를 보고 '내가 앞으로 가질 생활습관'으로 전환 해봅시다.

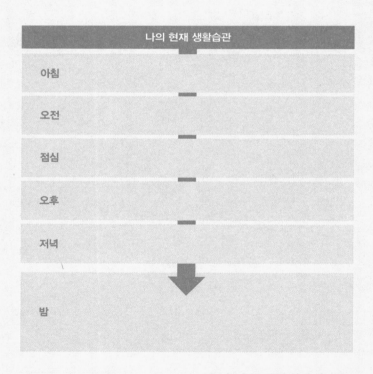

나의 현재 생활습관

아침	
오전	
점심	
오후	
저녁	
밤	

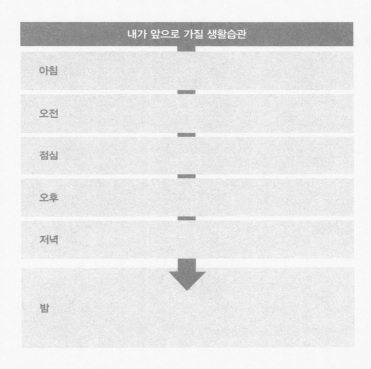

내가 앞으로 가질 생활습관
아침
오전
점심
오후
저녁
밤

체계적 탈감작법 훈련

내가 가지고 있는 두려움 중에 고치고 싶은 것을 아래에 하나 적어봅시다.

그리고 그 두려움을 10단계(가장 두려운 상황)부터 1단계(가장 덜 두려운 상황)

으로 나누어 적으세요. 그러고 난 뒤 그 사이 단계를 스스로 채워봅시다(예:

사람들 앞에서 말하기).

	내가 가진 두려움	예시
10단계 ( )		많은 사람들이 앞에서 혼자 10분간 말하기
9단계 ( )		
8단계 ( )		
7단계 ( )		
6단계 ( )		
5단계 ( )		
4단계 ( )		
3단계 ( )		
2단계 ( )		
1단계 ( )		친하지 않은 사람에게 말 걸기

- 1단계부터 하나씩 성공해보세요. 한 단계가 성공이 되면 괄호에 (∨) 표시를 하고 다음 단계로 올라갑니다. 10단계에 올라가면 내가 가진 두려움을 모두 극복하는 데 성공했다고 할 수 있습니다.
- 만약 다시 두려움이 생긴다면 1단계부터 올라가 보세요. 이전보다 훨씬 빠르게 10단계까지 진입할 수 있을 것입니다. 두려움이 없어질 때까지 1단계 → 10단계를 반복하면 도움이 됩니다.[26]

정신운동속도 측정[27]

이 테스트는 A와 B로 되어 있는데 두 부분 모두 종이 위에 분포된 25개의 원으로 구성됩니다. A에서는 원은 1~25로 번호가 매겨져 있습니다. 1에서 25번 원까지 펜을 종이에서 떼지 않고 가능한 빠르게 줄을 그어 연결시키면 됩니다. B에서는 숫자와 문자를 번갈아 줄을 이으면 됩니다(1-A-2-B-3-C…).

① 책의 다음 페이지에 있는 TMT A와 B와 연습 테스트를 미리 복사해놓습니다. 펜이나 연필, 스톱워치(스마트폰)를 준비합니다.

② TMT-A test 연습을 해봅니다.

③ 스톱워치를 켜고 TMT-A를 시행합니다.

④ 완료 후에는 스톱워치를 중단하고 시간을 측정합니다.

⑤ TMT-B test 연습과 TMT-B를 시행합니다.

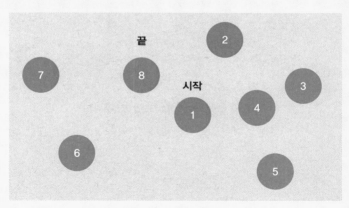

TMT-A test 연습

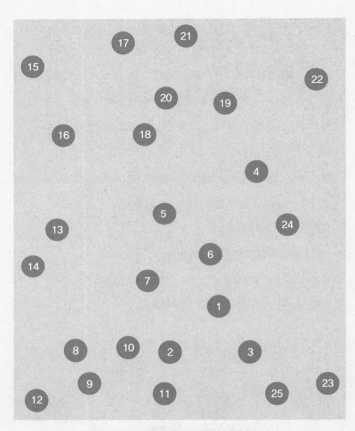

TMT−A test(스톱워치로 시간을 측정하세요)

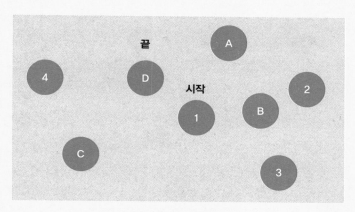

TMT-B test 연습

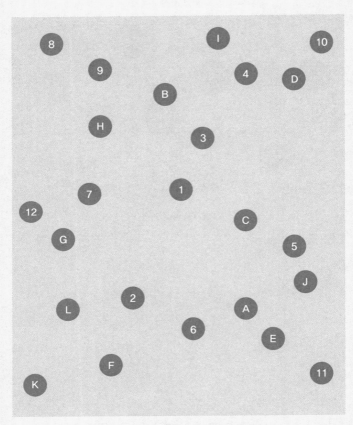

TMT-B test(스톱워치로 시간을 측정하세요)

결과 해석

TMT-A와 B에서 시간이 더 걸릴수록 정신운동속도의 지연이 있다고 할 수 있습니다. 연령에 따라서 차이가 있으므로 일반화할 수는 없지만 대략적으로 아래 표를 이용해 평가해볼 수 있습니다.[28] 정신운동속도가 느린 경우는 전문가를 찾아 정확한 평가를 받아보면 도움이 됩니다.

	정신운동속도 평균	정신운동속도 느림	정신운동속도 일반적
TMT-A	29초	78초 초과	대부분 90초 이내
TMT-B	75초	273초 초과	대부분 3분 이내

미주

1   Cho YH et al., Validation of the highly sensitive person scale for suicide screening in high-risk groups: A case-control study. P&FM 2023;7(1):25-32.

2   Aron EN, 《*The Highly Sensitive Person: How to Thrive When the World Overwhelms You*》, Broadway Books, New York, 1997.

3   Cloninger R, 《*The temperament and character inventory (TCI): A guide to its development and use*》, St. Louis, MO: Center for Psychobiology of Personality, Washington University, 1994.

4   Fox NA, Kagan J et al., The relation between reactivity at 4 months and Behavioral Inhibition in the second year: Replication Across Three Independent Samples. Infancy 2015;20(1):98-114.

5   제롬 케이건·김병화 옮김, 《성격의 발견-내 안에 잠재된 기질·성격·재능에 관한 비밀》, 시공사, 2011년.

6   존 볼비 지음·김수임 외 옮김, 《존 볼비의 안전기지-애착이론의 임상적 적용》, 학지사, 2014년.

7   Mandelli L et al., The role of specific early trauma in adult depression: A meta-analysis of published literature. Childhood trauma and adult depression. Eur Psychiatry. 2015;30(6):665-80.

8   Greven CU et al., Sensory Processing Sensitivity in the context of Environmental Sensitivity: A critical review and development of research agenda. Neuroscience and Biobehavioral Reviews 2019;98:287-305.

9   Myung WJ and Jeon HJ et al., Celebrity suicides and their differential influence on suicides in the general population: a national population-based study in Korea. Psychiatry Investig. 2015;12(2):204-11.

10   SBS뉴스, 〈국내 자살 18%는 유명인 자살 1개월 이내에 집중〉, 2015년 4월 22일 치.

11   Acevedo BP et al., The highly sensitive brain: an fMRI study of sensory processing sensitivity and response to others' emotions. Brain Behav. 2014;4(4):580-594.

12   Joseph RG, 《*Limbic System: Amygdala, Hippocampus, Hypothalamus, Septal Nuclei, Cingulate, Emotion, Memory, Sexuality, Language, Dreams, Hallucinations, Amnesia, Abnormal Behavior*》, University Press, Cambridge, 2017.

13   Roeckner AR et al., Neural contributors to trauma resilience: a review of longitudinal neuroimaging studies. Transl Psychiatry 2021;5:11(1):508.

14   *Eisenberger N et al., Does rejection hurt? An FMRI study of social exclusion*. *Science* 2003;10:302(5643):290-2.

15   Woo CW et al, Separate neural representations for physical pain and social rejection. Nat Commun 2014;17;5:5380.

16   Kim HS et al., Bullying, Psychological, and Physical Trauma During Early Life Increase Risk of Major Depressive Disorder in Adulthood: A Nationwide Community Sample of Korean Adults. Front Psychiatry 2022;25:13:792734.

17   Alzheimer's Association, Clinical Differentiation of the Major Dementias, Alzheimer's Association, Chicago, 2023.

18   아론 벡 지음·민병배 옮김, 《인지치료와 정서장애-인지치료 창시자 아론 벡이 저술한 인지행동치료의 고전》, 학지사, 2017년.

19   Onat S and Büchel C, The neuronal basis of fear generalization in humansNat Neurosci. 2015;18(12):1811-8.

20   Alzheimer's Association, Clinical Differentiation of the Major Dementias, Alzheimer's Association, Chicago, 2023.

21   조지 베일런트 지음·이덕남 옮김, 《행복의 조건-하버드대학교·인간성장보고서, 그들은 어떻게 오래도록 행복했을까?》, 프런티어, 2010년.

22   Anna Freud, 《*The Ego and the Mechanisms of Defence, Taylor & Francis*》, London and New York, 1936.

23   Brad B, Personality disorders: a dimensional defense mechanism approach. Am J Psychother 2010;64(2):153-69.

24   Vaillant, GE., Involuntary coping mechanisms: a psychodynamic perspective. Dialogues Clin Neurosci. 2011;13(3): 366-70.

25   American Psychiatric Association., 《*Diagnostic and Statistical Manual of Mental Disorders, Fourth Edition (DSM-5)*》, American Psychiatric Publishing, Washington, DC, 2020.

26   Dubord G, Part 12. Systematic desensitization. Can Fam Physician. 2011;57(11):1299

27   Corrigan JD and Hinkeldey MS. Relationships between parts A and B of the Trail Making Test. J Clin Psychol. 1987;43(4):402-409.

28   Lezak MD et al., 《*Neuropsychological Assessment*》, 4th ed. Oxford University Press, New York, 2004.

매우 예민한 사람들을 위한 상담소

© 전홍진 2023

초판 1쇄 발행 2023년 6월 30일
초판 4쇄 발행 2024년 1월 13일

지은이 전홍진
펴낸이 이상훈
편집1팀 김진주 이연재
마케팅 김한성 조재성 박신영 김효진 김애린 오민정
펴낸곳 ㈜한겨레엔 www.hanibook.co.kr
등록 2006년 1월 4일 제313-2006-00003호
주소 서울시 마포구 창전로 70 (신수동) 화수목빌딩 5층
전화 02) 6383-1602~3 | 팩스 02) 6383-1610
대표메일 book@hanien.co.kr
ISBN 979-11-6040-523-1 03180